经济学家拾趣

An Economist's Miscellany

From the Groves of Academe to the Slopes of Raisina Hill

[印] 考希克 · 巴苏（Kaushik Basu）◎著

陆殷莉◎译

中信出版集团 | 北京

图书在版编目（CIP）数据

经济学家拾趣 / (印) 考希克 · 巴苏著 ; 陆殷莉译
. -- 北京 : 中信出版社 , 2024.5
书名原文 : An Economist's Miscellany : From the Groves of Academe to the Slopes of Raisina Hill
ISBN 978-7-5217-5520-6
Ⅰ . ①经… Ⅱ . ①考… ②陆… Ⅲ . ①经济学－研究 Ⅳ . ① F0

中国国家版本馆 CIP 数据核字（2024）第 006570 号

经济学家拾趣
著者： ［印］考希克 · 巴苏
译者： 陆殷莉
出版发行：中信出版集团股份有限公司
（北京市朝阳区东三环北路 27 号嘉铭中心 邮编 100020）
承印者： 北京盛通印刷股份有限公司

开本：787mm×1092mm 1/16 印张：23 字数：250 千字
版次：2024 年 5 月第 1 版 印次：2024 年 5 月第 1 次印刷
京权图字：01-2024-1545 书号：ISBN 978-7-5217-5520-6
定价：79.00 元

服务热线：400-600-8099
投稿邮箱：author@citicpub.com

献给我的母亲乌沙·巴苏（1919—2010）

目录

增订版简介

我的《经济学家拾趣》一书是我在学术生涯之余写就的通俗散文集，时间截至2009年底。这一年的12月8日是我职业生涯的分水岭。那一天，我加入印度政府，正式出任首席经济顾问，并在这个职位上一直工作到2012年。在那几年里，我极少创作，写的多是与印度政策事务相关的备忘录和通知，而且大部分都没有署名。本书第一版收录了我的早期著作，而增订版又补充收录了我在政府任职近三年之后发表的文章和专栏。

我在2009年离开学术界和研究界，来到芮希纳山丘（Raisina Hill）的斜坡，进入了决策和政治的世界。这段经历对我来说是一次转型。在第一版《经济学家拾趣》中，开篇的两篇文章是我在刚刚进入印度政府担任首席经济顾问时创作的，其他所有文章都是我早前的作品。出任新职务之后，我决定不再为报纸和杂志撰稿，因为可能会存在潜在的利益冲突。我在芮希纳山丘宏伟高大的北区办公楼办公的那几年里，一直遵守着这种自我约束。之后我在位于华盛顿特区的世界银行工作了四年，这期间我又重新拾笔，但多数都是发表在世界银行网站上的博文。2016年10月从世界银行离职之后，我才重新开始在媒体上定期撰写文章。

两年后，牛津大学出版社的编辑们提议将这本书出一个增订版，我当时很担心是否能有足够的新素材。然而当我回顾总结过去六年的创作时，我惊讶地发现创作量超出了自己的认知。很显然，我已经弥补了在政府任职时失去的创作时间。能够收进第二版的有很多备选文章，这也正是增订版多出近150页的原因所在。

我需要自问的不是材料够不够，而是新版本能否带来附加价值。因为参与过真正的决策，所以我看问题时的焦点发生了转变，这让我相信新版本会有一些特别价值。希望增订版能够捕捉到我的双重视角：一个视角来自学术界的象牙塔，另一个视角则来自决策者所在的高位。

我对周围的世界一直有着浓厚的兴趣，但与其他人不同的是，我喜欢观察日常生活。我经常出门远游，外出旅行时，我不仅喜欢参观博物馆和陵墓，也喜欢观察不同社会的人事沉浮。拥挤的集市、破旧的小路、与普通人的交谈，这些就像华丽的宫殿和修剪整齐的花园一样让我着迷。我早期的很多文章就是从这种观察者的角度创作的。

在参与政策制定的那几年里，我不只是以观察者的身份与这个世界打交道，还是一个心怀理想、希望有所作为的积极参与者。这改变了我后期的写作，想必也使之增色不少。我不想评判哪一项事业更高尚，但我希望这两种视角能让增订版多一个维度，使读者有所收获。

我以前的学生让·德雷兹现在是一位知名社会活动家，他近来为阿吉特·米什拉和特里迪普·雷主编的《经济发展过程中的市场、治理和制度》（2017）一书写了一篇书评。由于上一段提到的原因，让·德雷兹在这篇书评中，就我研究经济学的初始动机向我发难。[1]

让·德雷兹在文中写道，大约40年前，我在讲课时提到我"研究经济理论只是为了研究理论本身，并不幻想它能帮助改善这个世界"（第1页）。随后他又写道："我有一种感觉，考希克的想法已经变了……（他）后来在经济政策领域涉猎颇深，甚至身居要职，而他在这些职位上从事的工作必然会改变这个世界。"

我不记得自己是否说过这些话，但我相信，我说这些话是因为我当时就是这么想的。至于我的想法有没有改变，这恐怕得令让·德雷兹失望了，我的想法并没有改变，请容我解释。

我不想评判是非好坏，但我必须承认，我在从事经济学研究的时候，初衷确实是为了研究经济学本身。我知道有一些高尚的经济学家从事这个行业是为了让世界变得更加美好，但我不是这样。我们周围的世界似乎一片混乱，经济问题给我们造成种种困惑，这些困惑又带来了哲学悖论，这些混乱、困惑和悖论对我来说是如此迷人，我想要弄懂它们，揭开它们的神秘面纱，向其他人解释它们是怎么回事。这是一种美学追求，与音乐、艺术或欧氏几何并无二致，我投身于此完全是因为情不自禁。而且，我必须承认，我在研究经济学的时候，"并不幻想它能帮助改善这个世界"。我想陈述两点，做一下自我辩护。

首先，我在2009年的时候，想要弥补之前的做法。这一年，印度总理曼莫汉·辛格突然邀请我担任政府首席经济顾问。我在

① 参见Jean Drèze, "Ajit Mishra and Tridip Ray (eds): Markets, Governance, and Institutions in the Process of Economic Development", *Indian Economic Review* 53, nos 1–2 (2019): 1–4。

《政策制定的艺术：一位经济学家的从政感悟》[①]一书中提到，在我斟酌是否进入政府任职时，我告诉自己，在此之前，我一直纵情于演绎推理和解决难题，如果我从研究中抽离出来，那只会是出于一个目的：为公众利益服务。在从事决策工作的七年里，我一直竭力遵循这一原则。

有人曾告诉我，大多数人每天用80%的时间做利己的事情，20%的时间做利他的事情。如果是这样的话，那我觉得自己也不算糟糕，因为我的时间差不多也是这样分配的，只不过方式上略有不同。我在工作生涯的前34年里做的完全是利己的事情，而在接下来的7年里，我尽量全部用来做利他的事情。这样算来，时间分配大致差不多。

其次，纯粹以研究为目的而进行的研究可能会带来一些意想不到且大有用处的发现。换言之，至少在科学和思想领域，一心以造福百姓为目标的做法可能并不是造福百姓的最佳方式。

本书既跨越了研究和决策这两个不同的世界，也跨越了两个截然不同的地理世界，即印度和美国，它们是我生活时间最长的两个国家。

前往西方求学的印度学生很少，我是其中之一。在完成海外学业后，这些学生会立即选择回到印度。这种选择很难解释，因为这并不是刻意的选择，而是本能的决定。我从未考虑过其他选项。我去了英国学习，学成之后就回到了印度。现在回想起来，我庆幸自己这样做了。对一个有意研究发展问题的经济学家来说，印度就像一个庞大的实验室，置身其中的我可以不分昼夜地进行观察和分析。的确，我从来没有做过严格意义上的实证研究。但

① 参见中信出版集团2016年中文版。——编者注

我会根据街角的交谈、集市上的观察，以及我目睹的印度人事沉浮，提出发展方面的问题，然后再试着解答这些问题。我从来没有正式学习过发展经济学，是我对印度经验的解读帮助我学会了这门学科。

在印度工作的那些年里，我有幸发表了很多研究报告，后来能够更换工作也是得益于此。这些年里，我对出版过程中的怪象也深有体会。我的论文《技术停滞、土地保有权法和逆向选择》于1989年发表在《美国经济评论》上，在此之前它曾有过一段曲折的经历。

我在印度写完这篇论文后，不知道能在哪里发表，于是想到了一些竞争不太激烈的期刊，我选择了《曼彻斯特学派》。这家期刊曾经发表过阿瑟·刘易斯关于二元经济结构的经典论文，但已风光不再。我觉得在这家期刊上面发表我的论文不是难事，于是就把论文提交了过去。几个月后，我收到了编辑的回信，随信所附的两份评审意见都不认可我的论文，其中一份认为这篇论文存在缺陷。编辑拒绝了我的论文。

我一直相信，严肃的期刊不会对论文的来源地产生偏见，然而偏见确实悄然出现。这并非有意之举，而是因为人们总觉得，一个领域内大家都在研究的问题才是最重要的问题。也就是说，如果你在一所顶尖院校工作，所研究的正是你的同事都在研究的问题，那么编辑就会默认你正在研究一些重要的问题。但是，如果你自己提出一个研究议题，而且不是顶尖院校涉足的领域，那么编辑和审稿人就很有可能会认为这不是什么重要的研究。这是一种下意识的偏见。我安慰自己说，我的论文就是这种偏见的牺牲品，但我还是很沮丧，于是把论文和评审意见扔进了德里经济学院的抽屉，准备就这样算了。

几个月后，我开始琢磨，我们这样给期刊排名是否合理。在大多数人看来，一篇被《曼彻斯特学派》拒稿的论文是没有机会在《美国经济评论》上发表的。我突然想到，我可以借这次机会，检验一下我们对期刊的这种理性排名是否合理。于是我把论文从抽屉里拿出来，火速发给了《美国经济评论》编辑部。几个月后，我收到了回复。他们接受了我的论文。编辑哈尔·范里安在回信中说，一位审稿人喜欢这篇论文，另一位审稿人则要求拒绝这篇论文，但他决定不采纳后者的意见。我一直很感谢哈尔，因为否决审稿人意见的做法非常罕见，而且还是为了一个名不见经传的作者，这个作者不是来自波士顿、坎布里奇、伊萨卡或旧金山湾区，而是来自德里马尤尔维哈一期住宅区。在把修改后的文章发过去出版时，我简直想要感谢《曼彻斯特学派》的审稿人，如果不是他们，就不会是这样的结果。

从根本上说，人生种种皆是运气，因为我们是环境和基因的产物，而这两者都是我们无法自行选择的。我怀疑很多人在潜意识里知道这一点，但他们选择不去提醒别人或自己，因为这样的神话大有用处。这与伏尔泰眼里的神有异曲同工之妙，据传他说过这样一句话："世界上本来就没有神，但可别告诉我的仆人。"由此看来，他也认为神的存在大有用处。

种种幸运为我打开了阅读、写作、授课和旅行的大门。这并不是一本专注于研究和分析的书，它所讲述的是周边的生活、不经意的相遇、城市和地区之行，这些都以特有的方式充实了我的生活。

书中还有几篇文章谈到了道德问题，因为我把道德看得很重，然而在经济学中道德却被淡化了。我所说的道德并不是指遵循神圣经文或遵守宗教准则，而是指基本的人类价值观：仁爱和怜悯，正直和谦逊。我们大多数人都具有这样的特质（只不过有些人特别擅长压抑它们）。这些道德观念与宗教或无神论都不冲突。如果一位宗教徒为了能上天堂而好好表现，那这并不是道德观念使然，而是精打细算的成本收益分析。我所说的道德在启蒙思想家身上体现得最为淋漓尽致。他们可以说是社会得以成功发展甚至是社会得以维持的重要基石。

基于一个特别的原因，这些道德观念在主流经济学中被忽视了。市场“看不见的手”的概念起源于亚当·斯密1776年的著作，里昂·瓦尔拉斯在19世纪末对它做出了更加精确的表述，肯尼思·阿罗和杰拉德·德布鲁在20世纪中期最终完善了这一概念。“看不见的手”揭示出，在特定的附带条件下，个体的自利行为可以促进社会利益。这一发现令人瞠目结舌，顿时吸引了业界的全部注意力。对于一些不善思考的业内人士来说，阿罗和德布鲁在著作中明确列出的很多附带条件都被抛在脑后，“自利”成了充分条件。近年来，人们越来越清晰地认识到，道德观念与个人驱动力一样，发挥着重要作用。它们是社会的螺母和螺栓。这些轻松的文章中穿插了这样一些严肃的主题，希望能起到一些说服作用。

这些文章的本意不是要对经济学发表什么深刻的洞见，不过我还是希望它们能够通过平实的描述和偶尔的反思，帮助我们理解这个世界，并激发一些读者去思考如何改善人类生活，消除我们身边的一些穷困不幸和资源匮乏问题。

我在写作《经济学家拾趣》的初版时，借鉴了一位数学家别具一格的文集，即李特尔伍德的《数学家拾趣》（*A Mathematician's Miscellany*）[1]，而现在也许我可以援引一下哲学家和逻辑学家蒯因的说法以及他那本别具一格的文集《一些离奇的想法——一部不连贯的哲学辞典》。在这本读来令人愉悦的书的序言中，蒯因指出，他的书中有几篇哲学文章，“不过，一些不太重要的主题在书中占到了一半以上，给我带来的乐趣也超过半数”。我的这本书与之类似。书中有几篇讨论经济学和当代经济问题的文章，也有几篇谈论价值和道德的文章，但我必须承认，不太重要的主题占据了全书的一半以上。蒯因说得很有道理，创作这些文章能给人带来极大的愉悦和乐趣。在这些文章即将付梓之际，我希望读者在阅读过程中，对作者写作时的快乐至少能够感受一二。

考希克·巴苏

于纽约

2019年3月20日

① 中译本又名《Littlewood数学随笔集》。——编者注

序　言

这些年来，我曾尝试过各种类型的写作。本书如实展示了其中的部分内容。这些章节的共通之处在于，我在写作它们的过程中感受到了无尽的快乐。撰写研究论文也能给人带来满足感，但这两者有着很大不同。通常情况下，论文写作需要付出长时间的努力，有时还会经历劳累不堪、心灰意冷等至暗时刻。本书收集的文章则与此不同，创作它们带来的是即时的快乐。

在给本书斟酌书名的时候，我借鉴了英国数学家约翰·伊登斯尔·李特尔伍德的名著《数学家拾趣》。李特尔伍德是一位著名的数学家，他一生成就无数，最为人津津乐道的就是他和哈代共同给数学天才斯里尼瓦萨·拉马努金教授过数学。他在工作之余创作的《数学家拾趣》后来成为一本名著。套用这样一本名著的书名似乎有些唐突，但我想不出更合适的书名。李特尔伍德在书中写到的一些谜题和悖论后来也广为人知。我不敢说本书的内容也同样深刻，但它确实也是一本杂记，书里包含了一部剧本、两部孟加拉语短篇小说的译文以及一款数独类游戏的介绍说明。

同时它也是一个经济学家的所见所感所悟，尽管内容各异，但大部分文章都涉及了经济学。这两点应该足以解释我为何选择这个书名。

2009年12月8日，我怀着激动和惶恐的心情，以顾问身份加入印度财政部。在那之前，我一直醉心于研究和授课，有时也会为大众媒体写写文章。由于两者之间可能存在利益冲突，我决定停止为媒体撰稿。我在专栏写了两篇"告别"文章，然后就此封笔。本书开篇正是这两篇专栏文章，余下部分基本都是我进入政府任职之前写作和发表的文章。

两年前，一家儿童读物出版商邀请我写一篇短文，谈谈我喜欢阅读的原因以及我阅读的书目。他们说要请一些"学者"写文鼓励孩子们多读书。这一邀请让我踌躇良久，因为我并不在他们所说的"学者"之列。但同时，我又觉得自己应该写这篇文章，因为这样做很有意义。虽然我不认为自己是个学者，但我想，让孩子们相信我是学者并激励他们多读书，这虽然有说谎之嫌，但功利主义哲学家应该会认同我的做法，于是我就答应了出版商。

不过，我在介绍自己的阅读生涯时，讲述的细节都是真实的①，也就是说，我最初开始阅读是为了在学校那群书呆子面前占据上风，我说的是我在加尔各答上学时，那些总在班上名列前茅的戴着厚眼镜的男孩。我也戴着眼镜，而且镜片的厚度直追那些"最强大脑"，但我的学习成绩却很糟糕。排名比我靠前的有很多学生，他们卖弄地谈论世界大事、印度历史和中国共产党领导层的

---

① 请参见我的《我阅读的原因和我阅读的书目》一文，载于2009年学乐出版社出版的《我为什么热爱阅读》一书。

名字。为了跟他们抗衡，我开始阅读。其实，要想学到这些知识，我也可以去请教别人，但这样的话，被我请教的人就会知道我才疏学浅。要想显得素来博学广识，读书是唯一的方法。

这是一场无望的战斗，我一直也没能赢得那些顶尖学生的另眼相看，更记不住中国共产党领导层的名字。但在这个过程中，我发现了自己的阅读兴趣。我从来没有像某些学者那样嗜书如狂，但我很快对一些作家和体裁着了迷。我看过柯南·道尔的全部作品，伍德豪斯的书我也照单全收，我还看过泰戈尔、般吉姆[①]和萨拉特·钱德拉的孟加拉语著作。我表亲的一个朋友跟我说起伯特兰·罗素的著作，这让我大开眼界。我意外地发现，即使最神圣不可侵犯的观点，比如与宗教、来世和婚姻制度相关的观点，也可以被质疑、被理论。如果经过理论，认为应该摒弃某一观点的话，那么也可以将之摒弃。我的父母虽然传统，但并不古板，在理性与某些公认教义相左的时候，我的父母从未让我闭嘴，在这一点上，我很幸运。

经过阅读的熏陶，我很快对写作产生了兴趣。我喜欢阅读哲学、世界政治、剧本和诗歌。我读过的剧本要多于我看过的戏剧。我要花很多时间去思考和写作，时间总是很紧张，所以我一般都会精挑细选。我爱看的是演绎派哲学、浪漫派诗歌、幽默诙谐的剧本和小说、耐人寻味的政治学。

这些兴趣爱好在本书中都有所展示。除了少数例外，书中文章大多短小精悍、内容繁杂。但我相信，就其中某些文章而言，要想将之读透并吸收，肯定不只是翻阅几页纸那么简单。我希望

---

① 又译班吉姆，印度孟加拉语小说家、孟加拉语现代文学的先驱。——编者注

它们能给读者带来思考。哈罗德·品特曾经写过一首很短的诗，内容如下：

> 我看到了黄金时代的莱恩·哈顿，
> 一次一次又一次。

他担心这首诗过于简短，就把诗寄给了他的朋友，剧作家西蒙·格雷。几天后他给格雷打电话，问他是否收到了这首诗。令他格外高兴的是，格雷回答说他已经收到了诗，但还没有读完。

我希望我的这本短文集不仅能给读者带来阅读的乐趣，还能引发他们的深思。

在将本书整理成册的过程中，阿拉卡·巴苏、苏普里约·德和什维塔通读了手稿并提出了一些意见，在此我要感谢他们的帮助。正如前文所说，本书的大部分内容是我在2009年12月进入政府任职之前创作的。2010年12月初，牛津大学出版社的编辑尼塔莎·德瓦萨给我打了个电话，对我略施压力，要求我在月底前交稿。我虽然答应了，但内心颇为忐忑。虽然我只需要几天时间就能完成全部手稿，但财政部的工作压力越来越大，尤其是联邦预算案即将出台，这让我担心能否赶在最后期限之前交稿。幸运的是，我在12月9日得了带状疱疹。虽然很痛苦，但我也得到了几天的喘息时间，从日常的办公室工作中脱身出来，完成了这本书。

我的母亲乌沙·巴苏于2010年10月7日去世，当时这本书正在创作之中。在那之前几天，我刚好决定将我在她90岁生日时写的一篇日记收入这本合集。我的母亲给我带来了很多灵感。她认为我拥有世间各种美好的品格，并对此深信不疑。无论我做什么，她的这种信念都不会改变。可以说它对我是没有任何约束力的，但它又确确实实对我产生了约束。在此，我谨将本书献给我的母亲。

考希克·巴苏

2010年12月25日

第一篇　开场白

第一章
进入北区

最后一篇专栏，最初一周

本周是我担任首席经济顾问的第一周，本文将是我的最后一篇专栏文章。在迈入新生活之际，我显然要做出很多调整，而不再撰写专栏文章和随之而来的失落与伤感只是其中之一。

我的办公室位于勒琴斯德里（印度政府所在地）庞大建筑群的北区，第一天来上班，我就明显感受到了种种变化。当我拿着饱经风霜的公文包和廉价笔记本电脑从大使牌轿车上下来时，有两个人不知从哪里冒出来，一把从我手里拿走了这些东西。我的第一反应就是追上去拿回我的东西。根据我的日常经验，假如我和妻子一起去什么地方，那么重物都会交给我，而不是交给别人。只有在遇到抢劫时，才会有人从我这里拿走东西，比如说威尼斯那一次。

免去行李负担之后，我轻快地走进屋顶高挑的大楼。到了办

---

* 《最后一篇专栏，最初一周》原刊于2009年12月18日的《印度斯坦时报》，原标题为《微分学》。《身处印度政府中心》最初于2010年1月6日发表于BBC新闻在线。

公室门前，我正要伸手去推巨大的木门，这时我的手下“星期五”为我推开了门。在这五天里，我的手一次也没有碰到办公室的门。它就像机场的感应门一样，只要有人走近，就会自动打开。

接下来最让我难以适应的并不是这些机械的、看似微不足道的事情，而是说话的艺术。这个问题之所以出现，是因为我的表述过于清晰。政治演讲的艺术显然就在于说一些听起来很有意义却缥缈不定的东西。没有人可以抓住你的把柄，因为没有人能说出来你到底说了什么。

这时我意识到，在我唯一一次尝试文学创作时，即2005年发表在《小杂志》上的剧本《火车经停贝拿勒斯》[①]，我曾预言般地塑造了这样一个人物。剧中有一家面向外国人的骗子旅行社，旅行社的导游拉楚是个不学无术的市井之徒。没有人可以指责拉楚提供了错误信息，因为他掌握了“不知所云”这门艺术。一群来自欧洲的旅行者向拉楚询问贝拿勒斯的历史，拉楚被问倒了，但他很快就回过神：“贝拿勒斯系座古老嘅嘅城市……韦恩驯服咗恒河，啲人最钟意奔腾唔息嘅河……”这些外国人似懂非懂地点着头，拉楚顿时信心大增继续说道，“卡利杜斯滕嚟嘞。阿格拉、斋浦尔……贝拿勒斯嘅历史”。

刚才我提到了威尼斯事件，那我就把这个故事说完吧，因为这是我引以为豪的一项成就。同时，该故事也展现了将理论（此处为博弈论）转化为实践的艺术，这是我在新岗位上必须要做的工作。

我和妻子阿拉卡在威尼斯圣马可广场外的一个路边摊上买了冰激凌，扒手出手的最佳时机就是双手都被占用的时候（我后来

① 本书收录了这部剧本（见第十四章）。

才意识到这一点)。买完冰激凌没几分钟，我就发现钱包不见了。钱包里装着现金、信用卡和旅行证件。阿拉卡想要立即去最近的警察局报案。但我觉得这样做对威尼斯有好处，对我俩却没什么帮助，而我并不想做什么慈善。我告诉她，现在有两种可能：小偷要么已经跑进了主广场上四处乱逛的人群中，要么还混在买冰激凌的那一小撮人群里。如果是前者，钱包就找不回来了；如果是后者，那就还有一线希望。就在这时，一对年轻人吃着冰激凌从人群中走了出来。他们有可能就是罪魁祸首，因为他们符合扒手的年龄特征，于是我们开始跟踪他们。我对自己说，如果真是他们偷的，那他们很快就会查看我们是否还跟在他们后面。很快，他们停下来看了看一家商店的橱窗，然后很随意地转回去。

于是我们也转过身，我告诉阿拉卡，现在我基本可以肯定是他们拿走了钱包。阿拉卡并不相信我，不过她在这些事情上很是英勇无畏，所以她立即走到他们面前，问他们在冰激凌摊附近有没有看到什么可疑的人，因为我们的钱包在那儿丢了。那个男人把他的口袋翻过来给我们看，说："你们要是觉得是我拿了你们的钱包，那就来检查我的口袋。"我用孟加拉语告诉阿拉卡，他这么说恰恰证实了就是他干的，我变得咄咄逼人，坚持要求检查他的背包。他同意了，然后说我们挡在了马路中央，最好挪到马路一侧去。在我们向马路一侧走去的时候，他的女朋友走开了。看到他这么配合地愿意开包检查，我示意阿拉卡不要让他的女朋友离开我们的视线，阿拉卡这会儿显然已经被我说服，因为她拉住了那个女孩。

在那个男人翻看他的背包时，我威胁说要报警。他意识到，游戏结束了，他让我小点声，然后喊了他女朋友一声，钱包在她的背包里。

那天深夜，我和妻子走到同一个小贩那里，又吃了一次冰激凌，以确保这件事不会给我们留下终身创伤，让我们从此对街角冰激凌敬而远之。

身处印度政府中心

现在距离我来到德里并在财政部担任政府首席经济顾问还不满一个月。我是突然收到任职邀请的，并为之斟酌良久。作为一名研究人员，我从事经济学是出于对艺术的追求，而不是为了它的现实意义。如果真要辩解的话，我只想说，这是做好研究的唯一方法。推动研究人员的主要动机是一种创造冲动，一种想要发掘艺术之美和秩序的冲动，发掘对象可以是自然界，也可以是社会，又可以是混乱的市场。

如果我离开象牙塔，进入政策和政治的世界，那我就得来到一个完全陌生的环境里工作——印度官僚机构是一个令人生畏的世界。此外，我还必须重新调整我的目标，因为我很清楚：如果我真做出这么重大的转变，那一定是因为我想为社会做一些有益之事，为创造一个更好的印度付出我最大的努力。

这样的目标让我望而却步，失败的可能性要大于成功的可能性。唯一令人安慰的是，康奈尔大学的一位同事笑着对我说："要是失败了，你可以回来写一本畅销书，谈谈印度的政治和政策。"我犹豫了一两天，然后毅然决然地接受了任命。

12月初，我搬到了位于勒琴斯德里北区的办公室。高大的办公楼是英治时期的建筑物，我已经进入了一头野兽的腹地。在此之前，我曾经以局外人的身份，透过不带任何倾向性的分析透镜，对这头野兽做了多年的研究。

第一周我过得痛苦不堪。收文篮上的待处理公文堆得直耸天际，后来有人告诉我，我的右手边有一个存放已处理文件的发文篮。议会方面和上层决策人士火速向我提出了一些经济问题。例如，我曾被问到的一个问题是，如果批准食品期货交易的话，是否会给食品现货市场的价格造成通胀压力。对于这类问题，我一般需要思考好几个月，查阅相关资料，然后再写出一篇论文。而到了这里，我得在24小时内给出答复。

这一周虽然充满了各种困惑，但也有一个惊喜。财政部工作人员的专业水平和敬业程度超出了我的预期。这完全有可能是近年来只在德里出现的现象，我在头几周里见识到的个人专业水平可以说与最出色的私营企业主都不相上下，甚至更胜一筹。此外，高层要员们不仅拥有过人的专业素养，待人接物时还出人意料地谦逊有礼。这对印度经济来说是个好兆头。

不过我要澄清一下，对于印度官僚机构的办事迟缓，我并没有改观。有足够的现实数据表明，印度审批新企业开办许可证的时间过长，关闭已破产企业的时间过长，执行合同的程序过于烦琐。我相信，如果精简程序，加快办理速度，其效果就会像开通城际快速列车、建设更好港口、提供充足电力一样。这样做可以产生神奇的效果，为印度整体经济注入活力。

根据我在政府内部前几周的所见所闻，我认为问题的根源在于系统设定的制度，而不是系统内部的人。就像是王牌司机陷入交通堵塞，这是对宝贵资源的极大浪费。

我们必须重新审视官僚机构的决策结构，这样才能快速批准开办新企业和关闭破产企业的许可证，在价格出现上涨苗头时及时发放粮食，在有人受到不公平对待时及时伸张正义，尽可能迅速地发放（或拒发）签证。

问题的部分原因在于我们对国家角色的认识存在偏差。国家必须是企业的推动者，而不是企业的替代者。印度人口庞大、国情复杂，政府不可能直接为所有人提供食物、教育和就业。因此，政府应该创造有利环境，让普通人相互提供这些重要的商品和服务。这就意味着，政府的默认选项应该是允许而不是阻止。在政府机构人才济济的情况下，我们如果按照这样的思路进行重组，必然能给印度的发展打上一剂强心针。

在踏入新的领域并努力做好分内工作的同时，我当然也会想念康奈尔的生活。1994年，我怀着忐忑不安的心情搬到了美国。甫一接触这所美国大学，我就被它的开放包容、它对个体自由和个人观点的高度重视，以及它的多元文化主义所折服。不过，说到多元文化主义，多元化的印度在这方面做得也很好。我在北区走廊听到的混杂了各种口音和风格的喧杂之声令人心安。

后记 该和我的专栏说再见了。最后我来讲一个故事吧，从这个故事可以看出多元文化生活的快乐与苦恼。一对新到美国的印度夫妇在开车经过拉荷亚（La Jolla）时，就这个小镇的名字应该怎么读而争吵起来。他们停下车在一家餐馆吃午饭，妻子问服务员："我和我丈夫都不知道这个地方的名字应该怎么发音。请问应该怎么读呢？"这位来自中国的服务员告诉他们："别担心。我在这里干了有一年了，发现好多人都读得不对。其实很容易的。你先说buh，再说guh，然后再说kingggg。"

第二章
模棱两可、含糊其词与经济学

对于经济衰退是否已经迫在眉睫的问题，专家们直到几周前都还各执一词。然而就在上周，美国国民经济研究局（NBER）——公认的经济衰退的最终裁定者——宣布经济衰退已经到来；还不只如此，事实上，经济衰退在2007年12月就已经开始了。看来我们不仅无法预测经济衰退，有时甚至还意识不到经济衰退已经发生。很显然，这对经济学专业人士来说不是什么令人愉快的事情。

这场金融危机发生的时候，几乎没有人预先发出警告，这导致经济学这门学科饱受诟病。有些批评言之有理，有些则不然。首先，我们需要认识到，在经济学中，预测是可以改变预测对象的。因此，就某些类型的经济现象而言，预测在逻辑上就不可能做得到。我们可以设想一下，如果提前一个月预测股价下跌，结果会是怎样的。如果有人掌握了这种艺术，那么，只要这个人做出这种预测，股价马上就会应声而跌，因为人们会纷纷抛售股票。所以，至今还没有人以提前预测股价下跌而著称。

其次，在这个人心不安的时代，人们要求经济学家不要犹犹豫豫，而是要明确表态，对危机的原因不要摇摆不定，要斩钉截

---

* 原文刊于2008年12月29日的《瞭望》（印度杂志）。

铁。然而，这是不对的。

我现在正在看卢梭的自传《忏悔录》。可怜的家伙，他到40多岁时终于成为文学家、音乐作曲家、对18世纪欧洲传统的尖锐批评家和伟大的哲学家，结果膀胱却出了问题。他一页又一页地哀叹"尿潴留"，哀叹他不能接受王公贵族的邀请，因为他害怕自己聊到一半就得跑去厕所。他去看了法国和日内瓦共和国最好的医生。接下来的内容颇为详细地描写了医生们的诊断，这些诊断让我想起金融专家对当前危机发表的论断。虽然对人体解剖学认识有限，但医生们还是自信地给卢梭开出了没有任何科学依据的治疗处方。

在上述情况下，正确的态度是承认我们并不知道这是怎么回事。因此，经济学家这个时候应该拿出怀疑态度并进行质疑。怀疑主义是知识进步的主要动力，我们应该为此感到庆幸。在古希腊，当知识发展达到顶峰时，怀疑主义哲学也达到了顶峰，这可能不完全是巧合。埃利斯的皮浪[①]被称为"幻灭论的鼓吹者"，他谈到了含糊其词的价值。皮浪的弟子泰门在其著作中写到了大自然本质上的模棱两可。大约在公元200年，塞克斯都·恩披里柯写了一系列挑战传统知识的著作。从他诸多著作的书名就可以看出这一点：《反独断论者》(*Against Dogmatists*)、《反物理学家》(*Against the Physicists*)、《反伦理学家》(*Against the Ethicists*)和《反学问家》(*Against the Professors*)。他的著作不止这些，不过从中可见一斑。

经济学最重要的开放式问题就是金融资产与实体经济之间的关联。如果一名商人有100万卢比的钞票被烧为灰烬，那么经济

① 皮浪，生活在公元前300年前后的古希腊哲学家。——编者注

中苹果、房屋和理发的总量会发生什么变化？我们不仅没有答案，甚至没有办法来回答这个问题。不搞清楚这个问题，金融危机和经济衰退之间的关系就会说不清道不明。

在这个快速提出观点、仓促予以确认的时代，我们都急于做出论断。然而，“社会现象”本质上就是说不清道不明的。如果忽视这一点，失败将是必然的。

后记 我听过一个故事，最能诠释何为含糊其词，虽然这个故事与科学和学术可能没有什么明确的联系，也没什么好笑的地方，但我还是想用这个故事来收尾。故事的核心是一位丈夫说的一句话，以及这句话会被人如何解读。一个女人死了之后，被装进棺材抬出家门，这时抬棺人撞到了一堵墙，然后他们听到了一声呻吟。他们马上放下棺材，真没想到，这个女人其实并没有死。她被抬了出来，经过护理之后又恢复了健康。十年之后，她死了，她的尸体被放进棺材，抬棺人抬着棺材出去时，只听她丈夫紧张地说：“小心墙壁。”

第二篇　学术僭言

第三章
外交政策与国内政策

中国的实力与科贝特的枪口

美国总统奥巴马刚刚结束了他的中国之行，这次访问在美国的保守派媒体上掀起了轩然大波。他们认为这是美国方面的屈服。1998年，比尔·克林顿访华时与时任中国国家主席江泽民举行了公开会晤，他在会上向中国施压；2002年，乔治·布什访华时也向中国施加了压力，而奥巴马这一次的访问明显不同于前两次。为了安抚中国，奥巴马总统无限期推迟了与达赖喇嘛在华盛顿的

* 《中国的实力与科贝特的枪口》原刊于2009年11月21日的《印度斯坦时报》。《浅谈〈123协议〉》原刊于2010年9月15日的《印度斯坦时报》。《印度全球化》是2005年4月4日至6日在新加坡举行的“应对全球化：中国与印度的经验教训”会议上所做讲话的修订版。此次会议是为庆祝新加坡国立大学李光耀公共政策学院落成而召开的。在此我要感谢Omkar Goswami和Jairam Ramesh的评论和对话。最初收录于由David A. Kelly、Ramkishen S. Rajan和Gillian Goh编辑，新加坡世界科技出版公司2007年出版的《应对全球化：中国与印度的经验教训》(*Managing Globalization: Lessons from China and India*)一书。《更进一步的机会》原刊于2017年9月15日的《印度快报》，原标题为《经济学涂鸦：更进一步的机会》。《减少不平等现象的伦理学问题》最初于2018年3月29日发表于报业辛迪加（Project Syndicate）网站上。

会见。他还在北京承诺说“我们承认西藏是中华人民共和国的一部分”。

然而，这并没有起到多大的作用。美国方面没有提出人权问题，也没有提出人民币被低估以促进中国出口的问题，而这两个问题是美国和其他工业化国家最为关切的问题。在美国的压力下，俄罗斯方面终于公开表态称他们愿意对伊朗实施制裁，以阻止其核计划。与俄罗斯不同的是，中国在伊朗问题上没有费心地去迎合美国的路线，而是强调称中国在这一外交政策问题上持有不同的观点。

正如《纽约时报》的一篇文章所言，这件事揭示了一个简单的事实：“美中关系已经今时不同往日，现在交锋的一方是实力下降的巨人，另一方则是略为张扬的后起之秀。”

美国的保守派媒体和众多右翼博主对奥巴马千方百计与中国讲和的做法深感不满。他们并没有看出来，这与奥巴马其实没有多大关系。这些年来，尤其是这几十年来，美国从中国进口的商品要多于它出口的商品。这导致美国的债务不断上涨，也使中国的外汇储备达到了令人咋舌的2万多亿美元。要知道，第二大外汇储备国日本的外汇储备量还不到中国的一半，从中就能直观感受到中国的外汇储备量有多惊人。如果中国大幅减持美元储备，美元就会崩溃，给美国经济带来毁灭性的后果。当然，这样的行动也会伤害到中国，因为它自己持有的储备价值会下降，但与美国遭受的重创相比，这样的伤害简直不值一提。

不管是在国内经济和政治政策问题上，还是在外交政策和国际政治问题上，中国都对全球最强大的工业化国家采取了强硬立场，而且事后毫发无伤。目睹这一切之后，印度的一些评论家开始哀叹印度的软弱，认为印度也应该采取类似的强硬立场。

然而，这恰恰是一种错误的结论。中国不是因为态度强硬才实力强大，而是因为实力强大，所以才能态度强硬。中国的实力和影响力全都源于几十年来以几乎难以察觉的速度缓慢积累起来的经济实力，而不在于它现在的行为方式。

这让我想起多年前看过的吉姆·科贝特的故事。时间太过久远，我也不太确定其中有多少是科贝特的故事，又有多少是我的想象。不论如何，这个故事都能很好地说明问题。吉姆·科贝特在库蒙地区的山上追捕一只危险的食人兽——老虎。我不知道罗宾是否和他在一起，但他肯定拿着枪。他听到有个地方有动静，正准备向那个方向扣动扳机，这时他突然意识到老虎正在另一个方向盯着他，而且距离非常近。如果他快速掉转枪口，那么等不到他扣动扳机，这只大猫就会扑向他。于是科贝特僵在当场，然后开始慢慢地、不易察觉地掉转枪口。老虎以为无事发生，就蹲在原地一动不动。经过漫长的15分钟，科贝特的枪口终于直指老虎。于是，游戏结束。

中国将科贝特缓慢掉转枪口的艺术玩得炉火纯青。中国以顽强的毅力，在漫长的时光里逐渐强化本国经济，慢慢积累全球信贷。这个过程始于尼克松时代，并贯穿了里根时代、克林顿时代和布什时代。变化是如此缓慢，以至于给美国造成了错觉，让它以为自己周围的世界一成不变。然而，世界确实发生了变化，奥巴马刚好赶上了变化之后的世界。

我不知道争取全球大国地位是不是切合实际的雄心壮志，不过，如果真的有志于此，那么应该学到的教训就是：不要一味地在语言和行动上虚张声势，而是要通过不懈努力来一步步提振经济。换句话说，就是要遵循“科贝特之术”。

浅谈《123协议》

过去几周里，我花了很长时间研究印度和美国关于核合作的《123协议》。现在我认为，如果印度拒绝该协议的话，将是一个错误的做法。

原油和石油进口足足耗去印度全部出口收入的三分之一，从而挤占了其他很多关键物资的购买空间。我们的煤炭储备预计将在几十年内耗尽。太阳能和风能等环境友好型能源是潜在的重要能源，但我们还没有掌握大规模生产这些能源的技术。在这种情况下，印度必须找到不会破坏环境的能源替代品。虽然核能符合这一要求，但是由于印度在1974年进行了第一次核试验，美国和其他国家不再向我们出售核能发电技术和燃料。自那以来，印度的核能生产能力已经严重受阻。

《123协议》之所以重要，是因为它能打破这一僵局，让我们自主生产能源，而且从长远看，能让印度摆脱对进口石油的严重依赖。在很多政策问题上，印度左翼力量的发声与主流立场格格不入，这样的发声很有价值，但他们对这份核合作协议的反对意见令我大失所望。他们主要提出了两点反对意见：该协议将剥夺印度再次进行核试验的权利，并迫使印度在外交政策上与美国保持一致。

这两点引发了很多争论。一些人认为，即使印度再次进行核试验，美国也不会对印度采取任何报复性措施；而且美国总统布什也向我们保证，协议中提到有必要遏制伊朗的那一条并不具有约束力，只是“建议性”条款。对于这些论点，有人反驳说，美国签署《123协议》是为了自身利益（这份协议的命名甚至来自美国1954年修订后的《原子能法》第123条），而且根据《海德法案》，如果印度再次进行核试验，美国将会采取惩罚性措施。

这些意见全都言之有理，但它们并不构成反对该协议的理由。真正与之相关的问题只有一个：这些情况是否会因该协议而变得更糟？答案是不会。如果印度进行核试验，或者在外交政策上偏离美国的路线，那确实很有可能引发美国的负面反应。但不管我们是否签署该协议，结果都是这样，美国也有可能会收回按协议本应提供给我们的设备和燃料。即使这样，印度也只不过是回到没有签署协议时的原点罢了。因此，这份协议造成不了什么伤害。

还有两点需要牢记。第一点涉及核供应国集团（NSG）。核供应国集团由45个成员方[①] 组成，是针对印度1974年的核试验而成立的，其宗旨是防止核材料出口到印度等尚未签署《不扩散核武器条约》（NPT）的国家。一旦签署了《123协议》，美国就会说服这些国家取消禁运。此举将给这些国家带来巨大的既得贸易利益，即便日后印度与美国关系恶化，水龙头也不太可能被再度关上。

第二点，有人担心印度将会任人摆布，这样的想法是一种不自信的表现，15年前还有可能，但现在绝对不会。如今，印度已

---

① 现为48个。——编者注

经成为一个不断发展的经济大国，无论我们是否与美国达成协议，我们都有能力在外交政策上坚持自己的路线。因此，不签署协议将是愚蠢的举动。

印度全球化

2005年2月23日，马丁·沃尔夫在《金融时报》上撰文谈到中国和印度：“因此，亚洲大国的经济崛起是我们这个时代最重要的事件。在不远的将来，它们的崛起将宣告历时5个世纪之久的欧洲人及其殖民衍生人种统治的结束。”看好中国发展的文章开始定期出现在媒体上，近来印度也成为被乐观预测的对象。泰德·菲什曼在《纽约时报杂志》[①]上撰文写道：“如果美国在全球市场上被取代，那必然是被中国取代。”在《国际货币基金组织概览》的一篇访谈中，国际货币基金组织印度事务负责人曾旺达表示：“印度是全球经济增长最快的国家之一，今后势必还会保持强劲的增长。”斯蒂芬·科恩的《印度：崛起中的大国》（*India: Emerging Power*）一书深具影响力，他在书中写道：“长久以来，印度一直被视为一个穷国。这种情况正在迅速转变，这将让印度在未来十几年里成为一个举世瞩目的‘大国’。”乔伊迪普·穆克吉在标准普尔的《信用周刊》中称赞中国和印度“在减贫和发展繁荣的市场经济方面是全球的榜样”，并指出，“自1978年改革开放以来，中国的国民收入已经翻了两番以上；自1991年开始经济自由化以来，印度人均收入几乎翻了一番”。李

① 《纽约时报杂志》是一本美国周刊杂志，隶属于《纽约时报》，主要出版长篇文章、特写报道和摄影作品。——编者注

光耀先生在某次会议上[1]致开幕词时，通过大量数据和详尽分析，指出印度将跻身全球经济发展的“最前列”。他还表示：“中国和印度将震撼全世界……在某些行业，（这些国家）已经超越了亚洲其他国家。”

在过去40年里，数个亚洲经济体出现了飞速增长，但只要亚洲最大的两个国家停滞不前，就没有人会像马丁·沃尔夫或李光耀那样谈论世界经济秩序的全面变化。不过，从20世纪80年代初的中国和90年代初的印度开始，媒体认知似乎已经发生了变化。越来越多的人断言，全球秩序将会改变方向，由八九个亚洲国家共同发挥主导作用。不过，在我们把“这个时代最重要的事件”当作现实之前，得先看看它的事实基础是否牢固。这到底是真实的情况，还是一传十、十传百造就的“真相”？

英国《侦探》杂志对美国新闻界再三核查事实的繁文缛节深感不满，它声称自己凭借的是“久负盛名的英国新闻界惯例”，即有些事实实在“太过精彩，所以不应对之进行核查”。我们千万不能沾上这种陋习，因为觉得一些“事实”具有很大的新闻价值，就不对它们进行核查。我的第一个目标就是批判性地审视我们这个时代的这一“大事件”。中国经济现在已经稳稳走上了快速增长之路，所以印度是问题的关键所在。印度人口约占全球人口的六分之一，因此，这个问题对印度自身来说非常重要，但更重要的是，印度（或中国）的经济如果停滞不前，就会大大削弱亚洲乃

① 指的是2005年4月4日至6日在新加坡举行的“应对全球化：中国与印度的经验教训”会议。此次会议是为庆祝新加坡国立大学李光耀公共政策学院落成而召开的。

至世界的整体增长前景。

接下来，我会仔细分析一下印度近来的表现。开门见山地说，这种乐观情绪是有道理的，然而未必总是落对地方。此外，在乐观之余，我们也需要意识到陷阱的存在。很多人在说到印度崛起时，都提到了它的地缘战略位置、国防能力和近来出色的经济表现。过去几年的数据显示，经济发展才是印度崛起的显著特征。虽然印度经济仍不稳定，但其发展的速度和方式都超出了人们的普遍认知。

本节会用很大篇幅讨论印度有哪些政策可以选择，还会探讨印度要怎样慎重选择才不会把事情搞砸。对印度来说，8%的GDP（国内生产总值）持续增长率是一个切实可行的目标。而且，中国在过去20年里都以接近10%的速度增长，丝毫没有减缓的迹象。有鉴于此，全球经济格局确实有可能在未来三四十年里出现前所未有的变化。

当然，也有可能会出现各种意外。一场战争不仅会终止经济增长，还会造成百姓伤亡。政局不稳可能会导致国家经济出现螺旋式下滑。就像人生一样，经济领域总会出现意外。一个世纪前，大多数观察人士都确信阿根廷会成为经济强国，很多人都不看好美国。在二战刚结束后的那些年里，除了日本之外，亚洲其他经济体不被任何人看好。韩国、新加坡、中国香港、中国台湾和马来西亚的表现颠覆了这些预测。目前对中国和印度的乐观预测也有可能再次被颠覆，这一点不容忽视。

因此，我们必须谨慎前行，尽量客观地评估政策选择。在这个全球化的世界里，很多政策选择都涉及国与国之间错综复杂的关系，因此我们也必须探讨这些问题。这些大国的快速增长使得它们不仅要对本国负起责任，也要对全球经济和政治负起责任。至于如何承担起这些责任，仍有很多问题没有定论。

全球化对各国有两个方面的影响。就印度而言，全球化是一个福音。印度充分把握住了全球化之机，调整经济结构，促进经济增长，其表现甚至有可能比中国更胜一筹。但是，全球化也可能导致大量人口被边缘化。这不仅会造成政治动荡，从道义上来说也是不可接受的。因此，在制订下一代改革方案时，需要牢记的一点是，我们的政策一定要更合理地分配收入，并抵消全球化的一些负面影响。

触发因素

李光耀曾著书介绍新加坡从贫穷小国到发达国家的发展历程，他在书中谈到了印度尚未发掘的潜力："印度是一个宏图未展的国家。"但他也指出，正在进行的变革有可能会启动印度经济的腾飞。他在书中写道，时任财政部长曼莫汉·辛格和商工部长奇丹巴拉姆曾在20世纪90年代初访问过新加坡。"两位部长都清楚应该如何推动印度经济增长，也知道必须做些什么"，"印度经济的增长动力来自财长曼莫汉·辛格"。

20 世纪 90 年代，人们对印度经济普遍是这种好坏参半的观感。过去 10 年或 12 年的发展超出了所有人的预期，导致全球舆论出现了上一节所说的戏剧性转变，一下子变得乐观无比。事实上，印度的增长表现自70年代末就开始改善，只是没有迹象表明这种改善能够持续，更没有迹象表明印度经济能够上升到有望让印度脱贫的高度。然而增长仍在继续，并不断加速：从1994年起，

GDP增长率连续三年突破7%；过去10年的年均增长率超过6%。印度的外汇结存几十年来一直徘徊在极低水平，但从90年代初开始上升。印度的储蓄率在60年代末的时候徘徊在12%左右，到70年代末已经升至23%。但这些被人反复提及的事实都不足以让人乐观地认为印度能够成为经济大国。宽泛数据之外的事实才是令人乐观的理由。

第一，在过去的十年里，印度不仅出现了高速经济增长，更重要的是，从两个社会指标看，这十年也是表现最好的十年。自印度于半个多世纪前独立以来，这十年的识字率增长速度超过了以往任何一年。而且在这十年里，贫困问题似乎终于开始呈现消减势头。我这么说并不是要掩饰不平等现象日益恶化这一不争的事实，后面我会谈到这个问题。

第二，印度企业首次登上全球舞台，虽然只是初露头角，但稳扎稳打。这是过去两三年里才出现的情况，即便在五六年前人们都不敢做此预想。其中的推动力来自方方面面。最初是软件公司，如印孚瑟斯（Infosys）、威普罗（Wipro）等公司，它们在全球舞台上一举成功，给印度公司带来了巨大的广告效应。[①]这些公司以高质量产品和“干净的业务”闻名，而这正是印度企业格外稀缺的两种资源。印度庞大的外汇储备在印度公司的国际化进程中发挥了作用。在资产不到10亿美元的福布斯最佳公司排行榜上，2001年有10家印度公司，2002年有13家，2003年有18家。

第三，美国的总统竞选让印度的外包业务得以坐收渔利，这

① 如想了解该行业蓬勃发展背后的动力，请参见Narayana Murthy（2004）、Singh（2004）和Basu（2004a）。

可以说是一个意外收获。总统候选人约翰·克里在竞选初期曾批评过那些将后台工作外包给发展中国家的美国公司。后来他意识到，针对贫穷国家大谈特谈保护主义的做法在经济学上并非明智之举，在道德层面也不值得称道，于是改变了口风。但是，媒体一抓住这个话题，就开始大做文章。多位作家和电视评论员，如美国有线电视新闻网（CNN）的卢·多布斯，不遗余力地诋毁那些因为贪图利润而将工作外包的美国公司。

对于很多贪图利润却不知道这一巨大商机的美国小公司来说，这简直就是一种号召。那些雇用了五六名秘书的公司经理意识到，他们只需要两三个随叫随到的人，其余人员都可以安置在贫穷的英语国家，这样他们就可以发大财了。对第三世界来说，外包业务一再受到抨击，结果反而带来了广告效应，这可真是意外的惊喜。毕竟在美国电视上投放广告是非常昂贵的，因此他们绝对不会自掏腰包。从中受益的有好几个国家，而印度已经形成了组织架构，也有现成的讲英语的工人，因此格外受益。各项统计指标都显示，在过去一年里，印度外包业务量激增。更有意思的是，现在突然兴起了隔间作业，即三四个人坐在一间屋里，紧盯着电脑，为美国和欧洲的公司效力。

第四，几乎没有人注意到，印度和中国之间出现了新的协同作用。这无疑得益于中国加入世贸组织并取消进口数量限制，也得益于印度经济的进一步成熟。在过去三年里，中印两国贸易出现了非常快速的增长，喜马拉雅山脉不再像过去那样是构成现代贸易的一大障碍。[①] 2003年，中印之间的贸易总额达到76亿美元；

---

① 不过，即使从历史上看，印中交流也超出了大众的认知（Sen，2004）。

两年后，贸易总额预计将超过170亿美元。印度意识到，这一惊人增长具有一定的战略价值。对美国来说，符合自身利益的做法是分别加强美印和美中的贸易关系及政治关系，从而保持更好的经济和政治平衡，而美中关系已经处在高位，因此印度将成为焦点。

最后，所有这些强劲的经济发展都与一个偶然的政治变化同时发生。不管人们对此持何种道德立场，但事实就是，随着全球恐怖活动频现，美国的政治利益与印度的政治利益已经趋于一致。正如美国驻巴基斯坦前大使托马斯·西蒙斯指出的那样，苏联于1989年2月撤出阿富汗，而克什米尔的叛乱活动从这一年的夏天开始加剧。这绝非巧合，原本与苏联人交手的一些宗教激进主义势力显然投入了新的事业。

如今这是美国和印度需要共同面对的问题。此外，印度和美国有着相似的政治制度，因此对美国来说，印度是一个天然的战略伙伴。此外，中国必将崛起成为世界强国，美国对此深感忧虑，因此很有可能会采取利用印度来抗衡中国的政策，尤其是在康多莉扎·赖斯担任国务卿之后。

马六甲海峡每年会有6万多艘船只通航，是西方与亚洲贸易的重要通道。正因为如此，在未来的中美冲突中，它可能会是一个潜在的爆发点。印度海军在马六甲海峡的存在感越来越强，这显然是在美国的默许下进行的。

对印度来说，要想维持这些经济和政治优势，就得对自身利益做出务实的评估。但我认为，在这个过程中，印度也得坚持某些价值观。它需要与中美合作，但也需要拥有相应的实力，在全球政治和国内经济政策问题上保持道德独立。为此，印度可能需要放弃一些短期利益，但从长远看，它将赢得更多的尊重。

除非印度出现重大失误，或者不慎卷入某场惨痛的战争，或者因为贫富差距过大而导致政局不稳，否则印度的增长势头都应该会持续下去。8%的持续增长率和贫困率的快速下降完全是切实可行的目标。

基础要素

前文推进得有点过快了，要想了解印度经济增长加速以及印度近来经济结构变化背后的主因，我们需要往回追溯到几十年前。还有一点需要牢记在心：一国经济的整体增长是一种复杂的现象，其原因必然是多方面的，地理、文化、领导力和全球形势全都发挥着各自的作用，缺少任何一个关键因素都有可能导致原本繁荣的经济陷入停滞。话虽如此，但人们还是可以尝试着找到经济体蓬勃发展的背后主因。不过，在回答这个问题时，必须确定快速增长期最早出现在什么时候。就印度而言，有两个备选答案，即20世纪70年代末和90年代初。

乍一看，增长率数据和图表（表3.1和图3.1）并不能说明什么，原因是印度的增长率峰值基本保持不变。然而，仔细研究一下数据就会发现，经济下滑在这些年已经变得不那么严重。这确实是印度经济近来表现较好的关键所在。事实上，自1980年以来，印度没有任何一年出现过负增长，而在此之前，这种情况有过4次。

表3.1　印度增长率和国内总储蓄率，1950—2001年　（单位：%）

	国内总储蓄率	按生产要素成本计算的GDP年增长率		国内总储蓄率	按生产要素成本计算的GDP年增长率
1950—1951	8.9	–	1972—1973	14.6	–0.3
1951—1952	9.3	2.3	1973—1974	16.8	4.6
1952—1953	8.3	2.8	1974—1975	16	1.2
1953—1954	7.9	6.1	1975—1976	17.2	9
1954—1955	9.4	4.2	1976—1977	19.4	1.2
1955—1956	12.6	2.6	1977—1978	19.8	7.5
1956—1957	12.2	5.7	1978—1979	21.5	5.5
1957—1958	10.4	–1.2	1979—1980	20.1	–5.2
1958—1959	9.5	7.6	1980—1981	18.9	7.2
1959—1960	11.2	2.2	1981—1982	18.6	6
1960—1961	11.6	7.1	1982—1983	18.3	3.1
1961—1962	11.7	3.1	1983—1984	17.6	7.7
1962—1963	12.7	2.1	1984—1985	18.8	4.3
1963—1964	12.3	5.1	1985—1986	19.5	4.5
1964—1965	11.9	7.6	1986—1987	18.9	4.3
1965—1966	14	–3.7	1987—1988	20.6	3.8
1966—1967	14	1	1988—1989	20.9	10.5
1967—1968	11.9	8.1	1989—1990	22	6.7
1968—1969	12.2	2.6	1990—1991	23.1	5.6
1969—1970	14.3	6.5	1991—1992	22	1.3
1970—1971	14.6	5	1992—1993	21.8	5.1
1971—1972	15.1	1	1993—1994	22.5	5.9

（续表）

	国内总储蓄率	按生产要素成本计算的GDP年增长率		国内总储蓄率	按生产要素成本计算的GDP年增长率
1994 — 1995	24.8	7.3	1998 — 1999	22	6.6
1995 — 1996	25.1	7.3	1999 — 2000	22.3	6.4
1996 — 1997	23.2	7.8	2000 — 2001	–	5.2
1997 — 1998	23.5	4.8			

资料来源：《印度经济统计手册》，印度储备银行，2001年。

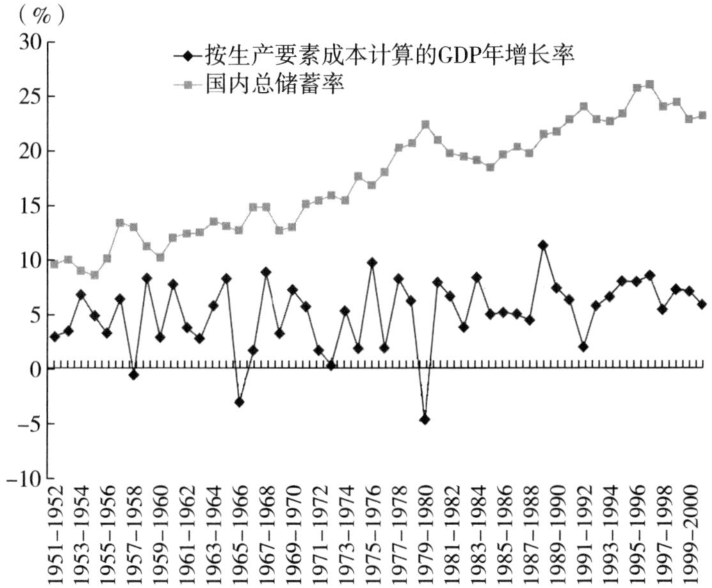

图3.1　印度增长率和国内总储蓄率，1950—2001年

资料来源：同表3.1。

有一个巧妙的方法可以看出这一点，那就是构建一个移动平均值。我们如果在每个年份都绘制出前10年的平均增长率，就会得出印度财政部《2003—2004年经济调查》中所示的图表，即图3.2。计算出平均增长率之后，就能相当清楚地看出其中的变化，在20世纪80年代初开始向上移动。另一种方法是研究每个计划期（通常是五年）的平均增长率。表3.2列出了相关数据。从这个表中，我们马上就可以看出，70年代末出现了一次跳跃式变化。1975—1977年，英迪拉·甘地在印度实行了独裁统治，印度的经济学家在谈起这一时期的紧急状态时总觉得不太自在。但不可否认的是，虽然这是一段痛苦经历，但正是因为这一段痛苦经历，紧急状态下的印度在经济表现上有了突破。经济增长在1975—1976年[①]达到了惊人的9%；在1974—1979年的第5个五年计划期间，人均收入增长率第一次超过了5%。此后，印度经济就再也没有低于这一水平。因此，70年代末的跳跃式变化是不可否认的。

表3.2　印度各个五年计划期的年均增长率

		按生产要素成本和1993—1994年价格计算的GNP年均增长率(%)
第一个五年计划期	1951—1956	3.7
第二个五年计划期	1956—1961	4.2
第三个五年计划期	1961—1966	2.8
第四个五年计划期	1969—1974	3.4
第五个五年计划期	1974—1979	5.0
第六个五年计划期	1980—1985	5.5
第七个五年计划期	1985—1990	5.8
第八个五年计划期	1992—1997	6.8
第九个五年计划期	1997—2002	5.6
平均	1951—2002	4.4

资料来源：《2001年国民账户统计》，印度统计部；《2003—2004年经济调查》，印度财政部。

① 独立之后的印度只有一次超过了这个水平，即1988—1989年。

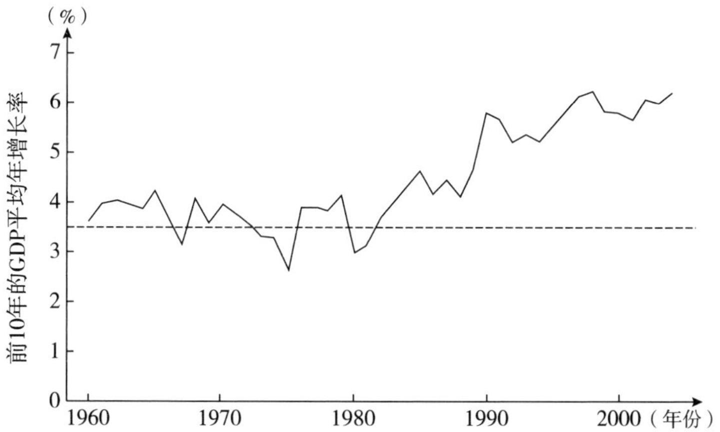

图3.2　移动平均增长率

资料来源：《2003—2004年经济调查》，印度财政部。

从图3.2和表3.2可以看出，下一次跳跃式变化出现在20世纪90年代初，很多人探讨过这两者中哪一个时期真正摆脱了过去，代表着某种深层变化，而不只是暂时的表面变化（Basu，2000，2004a；Rodrik and Subramanian，2004）。我认为，70年代末80年代初确实出现了一些变化，但印度经济真正起飞是在90年代初。80年代之所以出现较高的增长率，部分原因在于大量的政府借款、巨额的财政赤字以及高企的国际债务。90年代初的危机虽然是由海湾战争引发的，但不管有没有海湾战争，危机早晚都会爆发。

此外，80年代初的大部分成就要归功于一小撮企业家，他们与政府关系密切，突破了当时印度的官僚主义束缚。这确实推动了经济增长，但从长远看，可能会对经济和政治体制不利，因为这有可能会让印度滑向裙带资本主义，这种风险即便在今天也不能说完全没有。70年代末80年代初唯一的根本性变化是，印度的储蓄和投资率在过去10年里出现了前所未有的增长（见表3.1，另见Majumdar，1997）。

我认为，20世纪90年代初的改革带来了可持续的变化。印度取消了工业许可证，下调了关税，各邦政府有了更大的自由去进行全球投资，政府推出的改革措施也第一次尝试着放宽竞争，并允许看不见的市场激励机制发挥更大的作用。对于一个新兴成长的经济体来说，总是存在着这样的风险：市场机制失灵，少数工业企业控制市场，从而对经济造成长期伤害。印度也绝不敢说自己就能幸免于此，但从90年代开始，真正的竞争性市场有了上场的希望，而90年代的增长速度也确实超过了以往所有时期（Ahluwalia，2002）。

如果不是因为1997年之后的经济增长放缓，印度的增长速度还会更快。但这种放缓可以说是国家无法控制的。从1997年7月开始，泰国陷入了该国最严重的危机，而危机又迅速从一个国家蔓延到另一个国家，吞噬了亚洲大多数经济体，随后又蔓延至全球其他地区。印度当时基本没有国际经济往来，其资本项目可兑换性极低，贸易占GDP的比重也很小，因此没有受到资本外逃或卢比崩溃的直接打击，但也不得不应对全球经济的降温，印度的增长率随之下降。

随着亚洲金融危机的过去，印度经济再次反弹，人均收入增长率在2003—2004年达到8.5%，在2004—2005年达到6.9%。识字率和贫困率等社会指标的变化也表明，90年代的变化更为深刻。如前文所述，印度的识字率在1991—2001年迅速上升，从52%升至65%。以生活在贫困线以下的人口占比来衡量，贫困率在90年代末也有所下降。有人估算称，下降幅度很大，不仅百分比下降了，而且生活在贫困线以下的绝对人数也减少了（Deaton，2001；

Deaton and Drèze，2002）。虽然在绝对数字是否下降的问题上，可能存在一些争议（Sen and Himanshu，2004）[①]，但现在看来，贫困人口的占比肯定是下降了。

如果20世纪90年代初标志着印度经济的起飞，那么主要原因是什么呢？我认为，最重要的原因在于印度的对外经济部门。印度对外经济部门的危机触发了改革并成为增长的引擎。印度整体经济已经从全球化中获得巨大收益，而且在未来仍有巨大的收益空间。

1991年6月，印度在国际债务问题上处于违约边缘，国际收支赤字居高不下，外汇结存岌岌可危（仅够支撑13天的正常进口贸易），财政赤字高企。这些情况促使印度政府在1991年和1992年进行重大改革，调低了高得离谱的进口关税，提高了经常项目可兑换性，取消了工业许可证，出台了各种激励措施，以吸引外商直接投资和证券投资这两种形式的外国资本。印度在20世纪80年代初就实现了较高的储蓄率，上述变化立足于这一基础（当时储蓄率在23%左右浮动），推动了经济强劲增长。

对整体增长进行剖析之后就会发现，受影响最大的是对外经济部门。印度的外汇结存稳步增长，目前已达到1 300多亿美元这一令人安心的水平（见表3.3和图3.3）。信息技术部门

① 引起争议的原因是印度全国抽样调查（NSS）决定将大多数商品项目的消费基准期从30天改为7天。为了平滑过渡，他们决定在第55轮全国抽样调查中，同时收集“过去30天”和“过去7天”的消费数据。这两组数据之间存在显著一致性，显然其中一个问题可能已经“污染”了另一个问题，而这必然会引发争议和困惑。不过，虽然在贫困问题上存在争议，但在不平等问题上，人们几乎达成了完全的共识，即不管是从地区看，还是从个体看，这个问题都在稳步加剧。

在这十年里有了令人瞩目的飞速发展（Narayana Murthy，2004；Singh，2004）。印度从全球化中获得了巨大的收益。我们看一下信息技术部门的产出去向，就会发现60%的产出都被出口至其他国家。这个部门在全球舞台上声名鹊起之后，给整个印度带来了推广效应，其他部门很快也跟着崭露头角，如生物技术乃至钢铁部门。根据《多种纤维协定》，取消配额之后，印度的纺织品出口预计将从目前的每年140亿美元升至2010年的500亿美元。

表3.3　印度的外汇储备

年份	外汇储备/百万美元	商品和服务出口总额/百万美元	短期债务，相对于外汇储备的百分比	债务清偿百分比
1977	5 824			
1990	5 834	18 477	129	35
1994	25 186	26 855	14	26
1998	32 490	34 298	16	18
2002	75 428	52 512	10	14
2005	130 000	68 000		

资料来源：《经济调查》（多个年份），印度财政部；印度商务部新闻稿。

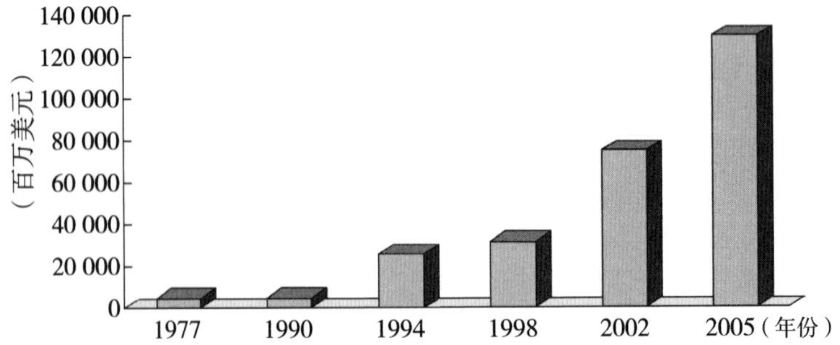

图3.3　印度的外汇储备

下一轮改革

虽然前方看起来一片光明，但我们仍然任重道远。印度还是一个极度贫穷的国家。尽管贫困率已经下降，但不平等在加剧，甚至有可能达到破坏稳定的程度。印度需要在数个政策领域做出努力，以大幅减少贫困，让最底层的20%人口共享繁荣成果。说完这个笼统的结论，接下来我会具体论述下一轮改革的五个基本政策方向。

首先，政府关注的都是货币供应、贸易平衡和预算赤字之类的重大问题。这些当然很重要，但是经济失败往往不是因为这些，而是因为我在其他地方说过的经济的“螺栓和螺母”[①]出现了故障。诸多研究表明，在合同执行、官僚机构办事难易程度、创办企业和关闭企业所需的时间等方面，印度都要落后于其他国家。我们有确凿的统计数据来评估印度在这些具体问题上的表现，表3.4总结了相关数据。如果想在印度创业，平均需要88天才能拿到必要的许可，在中国需要46天，在马来西亚需要31天，而在新加坡和美国则分别只需要8天和4天。如果企业遇到有人违反合同的问题，那么在印度需要一年的时间来解决这个问题，在中国需要180天，在新加坡需要50天。[②]不过，在印度，能够创业并让合同得到执行不是真正的难题，真正的难题是如何关闭企业。处置一起破产案件在新加坡需要8个月，在马来西亚需要26个月，而在印度需要136个月。

① 请参考我在BBC新闻在线的专栏。

② 在爱打官司的美国，所需时间似乎和印度一样长，不过我对这个数据持怀疑态度。

表3.4 经济系统中的“螺栓和螺母”（2003年）

	创办企业需要多少道流程	创办企业需要的时间（天）	企业注册费用（占人均收入的百分比）	强制执行合作需要多少道流程	强制执行合同需要的时间（天）	解决公司破产问题需要的时间（月）	劳工法规指数：最灵活（0）—最僵化（100）
印度	10	88	50	11	365	136	51
中国	11	46	14	20	180	31	47
马来西亚	8	31	27	22	270	26	25
美国	5	4	1	17	365	36	22
新加坡	7	8	1	23	50	8	20

资料来源：《世界发展指数》，世界银行，2004年。

在我看来，这些是经济取得成功的关键因素。如果国家能够有效行使这些职能，市场就能处理其余大部分问题。要想做到这一点，就需要实施全方位的治理改革。很多主流经济学家认为，政府要做的就是少插手。当然，要是能这么简单就好了。在现实世界里，经济要想繁荣发展，政府就必须履行某些职能，我们从表3.4可以看出这一点，各国在创办企业或执行合同时需要经过的政府流程在数量上差别很小。事实上，印度在强制执行合同时所走的流程要比新加坡、美国或马来西亚少很多。因此，即使政府取消相关流程和法规，也不能解决这个问题，更何况现代经济离不开这些流程和法规。一个现代经济体的政府需要大量法规和程序，这是无法回避的事实，所以政府必须学会快速有效地完成这些工作。

政府的当务之急是尽快设立为全新发明申请专利的机制。为自己的创意申请专利并不是什么慷慨大方的做法，但如果业界都这么做，那我们在这个问题上也就没有太多选择。根据现有的最新可比统计数据（World Bank，2005），2002年，印度人在印度申请的专利总数为220个。这肯定要少于工业化国家，但真正令人惊讶的是差距之大。同年的美国数据是198 339，日本数据是371 495。这并不是说印度没有开展足够多的科研工作。按照第三世界的标准，印度在这方面表现得相当出色。2001年，在印度发表的科技期刊论文数量为11 076篇，美国和日本分别为200 870篇和57 420篇。

在美国，每所大学和大型研究机构都设立了为创意申请专利保护的机构。印度和大多数第三世界国家一样，需要朝着这个方向努力。这项任务不能完全交给市场，政府必须担起大部分责任。

第二，必须推行劳动力市场的重大改革。印度1947年颁布的《劳资纠纷法》（Industrial Disputes Act）[①]造成了一个遗留问题：解雇或裁减工人极为困难。颁布这部法律时，人们认为它将有助于就业。但很显然，雇主如果知道自己无法裁减工人，就有可能不打算再雇用工人。近来我去探访过德里郊外的一些纺织厂，Orientcraft是美国百货公司的主要时尚服装供应商，其首席执行官告诉我，时尚行业的需求有很大的季节性，而印度又很难在淡季解雇工人，因此他的做法是全年只雇用淡季所需的工人数量。

眼下的问题已经超出了劳动法的范畴。这些法律催生了一种文化，即不管业绩如何，都要保证就业，结果造成劳动力需求低下，从而伤害了工人利益，这也是我主要关心的问题。虽然法律确实需要改革（Basu，2006a），但劳动力市场上的很多事情都取决于更无形的因素，如规范和制度。因此，政府在必须全面推进的

① 有意思的是，该法案于当年4月生效，彼时印度尚未独立。

改革这方面，首先必须告知工会，我们之所以需要做出这些调整，并不是为了其他经济部门，而是为了工人本身的福利。

劳动法的自由化应与基本社会保障和福利制度的实施同步进行。印度可以建立一个最低社会福利制度，为那些暂时失业的工人提供基本保障。稍后我会再谈谈直接福利干预这个话题。

第三，基础设施仍然是进一步发展的瓶颈。糟糕的道路、破旧的港口、时断时续的电力供应和不够完善的机场设施正在扼杀多个行业的生机，尤其是那些需要把握住销售时机的行业，如服装行业。一件衣服从印度的工厂进入纽约的百货商店，平均需要32天，而在某几个东亚国家，这个时间会缩短一半。官僚主义是其中一个重要因素，但同时，印度的港口又小又旧，大型船只根本无法停靠。因此，服装只能通过支线船舶转运至其他港口的母船，然后再踏上前往欧洲和美国的漫漫长路。

第四，政府必须投入资金从多个维度大力发展基础设施。基础设施投资可以极大地促进私人部门就业，这是在不造成财政压力的情况下创造就业机会的最佳方式。当然了，投资本身也需要钱，这些钱又从何而来呢？政府应该同时使用借款和部分外汇储备，但首先要确保这些项目是切实可行的（Mukhopadhyay，2004）。

一些分析人士，包括国际货币基金组织的一些经济学家，从财政审慎的角度出发，提醒政府不要这样做。他们的顾虑，即我们不能把政府的外汇储备视为自由资金是对的，但结论却是错的。假设X先生在纽约赚了100美元，回到德里把这笔钱换成了卢比。印度的外汇储备将增加100美元。如果政府现在花了这笔钱，而X也花掉由100美元兑换的卢比，那么我们最终就会赚100花200，因此，印度的财政赤字将会上涨。

但是，若是这笔钱不是用于消费（如支付工资或补贴产品），而是用于投资，那么赤字压力就未必是坏事。事实上，在印度经济处于当前紧要关头的情况下，我们需要盖紧收入赤字（revenue deficit）的盖子，而不是整个赤字的盖子，这正是我的建议。这就像一个人有1 000卢比，但决定花费20 000卢比来创办一家新工厂。他的财政预算必然会出现赤字。至于这是不是一个好主意，关键在于我们对他经营工厂的能力有多大信心。

所有投资都存在着所谓的“甘德风险”。1938年，甘德国际机场①是全球最繁忙的机场。对穿越大西洋的飞机来说，它是一个至关重要的加油站。当地政府通过计算得出结论认为，随着空中交通量的增长，甘德国际机场必然会面临越来越大的需求，因此当地政府投入巨资来扩建机场。但令人始料未及的是，飞机的燃油效率大大提高，结果甘德国际机场现在成为利用率最低的机场之一。

对于这类由于突然的技术变化或意外的政治转变而导致的风险，我们无能为力。唯一的败笔就是因为害怕出现这种情况而不去作为。印度正处于上升期，因此，冒着风险去扩建基础设施是值得的。当然，在这样做的时候，我们必须小心谨慎，保持警惕。如果使用部分美元储备，印度将会面临流动性危机的风险。但从另一方面来说，使用美元的好处在于，对印度商品的需求不会立即上升（这有可能会导致通胀）。诀窍在于卢比借款和美元储备要配比得当。

上述政策还会产生正面附带效应，即提高印度的投资率（总

① 位于加拿大纽芬兰省，修建于1936年。——编者注

投资占国民收入的百分比）。印度可能永远赶不上中国逾40%的投资率，但现在是时候突破30%大关了。自20世纪70年代末达到20%以后，印度的投资率就再也没有出现过长期增长。事实上，投资率在90年代末还曾经略有下降，而这正是印度需要采取的第四个政策方向，即提高其停滞不前的储蓄率（见表3.1）。这个问题在一定程度上是由政府的高额收入赤字造成的，现在得考虑采取政策干预措施来纠正这个问题了。

第五，国家需要出台一系列更具创造力的直接干预措施，以提高贫困阶层的生活水平。要想做到这一点，政府就需要采取有针对性的干预措施，降低文盲率、发病率和不平等，等等。教育、卫生和社会保障方面的支出是需要花钱的，不过，我们如果把富人和权贵间接享受到的巨额补贴加在一起（大家可以想想富人居住的城市维护得有多完善），就会发现没有什么借口去克扣用在穷人身上的资金。此外，印度政府（来自税收和其他来源）的总收入占国民收入的13%。这远远低于潜在水平。大多数斯堪的纳维亚国家的这一数据是40%左右，新加坡是25%，美国是21%。政府如果在提高面向贫困人口的支出时，努力纠正这一问题，就可以控制住预算压力。当然，重要的是设计出不会对市场效率造成太大伤害并能带来正向净收益的干预措施。印度有极大的行动余地，主要得看政府方面有多大的决心。

不平等问题与贫困问题存在一定的区别。政府应该采取更多措施，但与此同时，有一个事实也是无法回避的，即在今天的全球化世界中，单个国家在不平等问题上能做的非常有限（Basu，2004b），不平等问题需要全球政策协调。我在之前的文章中（Basu，2006b）阐述过这个问题，基本思想就是这样的。在全球化背景下，劳动力市场上技术过硬的专业工人正在获得更大的国际流动性。因此，第三世界国家的最高薪水正在上升。除非进行全球协调，将收入差距控制在一定范围内，否则，只是单个国家采取措施来过度压缩收入差距，就会导致专业劳动力和资本的流失。而这将会阻碍增长，超过一定程度之后，甚至会加剧贫困。单个国家在尝试消除不平等时，必须牢记单边政策行动的这种后果。

在之前的文章中，我曾尝试着阐述这样一条原则：在控制不平等的时候，务必不能加剧贫困（Basu，2006b）。在我看来，除非各国对公平政策进行协调，否则这一限制在发展中国家很快就会产生束缚。问题是，虽然我们目前有一些国际组织来协调贸易政策（世界贸易组织）、劳工政策（国际劳工组织）和其他诸多问题，但没有一个机构或组织来协调各国的公平政策。在这个领域，我们显然需要着手建设全球性机制。

更进一步的机会

“产业政策”是经济学领域由来已久的概念，它强调了政府对特定部门加以关注并予以激励的重要性。人们认为这种做法能够产生足够的溢出效应，从而推动整体经济增长。反对产业政策的也大有人在，他们认为国家不该出面挑选赢家和输家，但事实上，英国、德国和其他国家在工业革命期间以及中国近来都曾使用过这种政策并取得了极大的成效。

我不想争辩孰是孰非，只想指出印度政府应该格外关注以下两个领域：医疗旅游和高等教育。20世纪90年代初的时候，印度在前一领域取得了巨大进步，但眼下该领域似乎已经失去活力，被其他新兴国家抢占了先机，我们需要在这方面付出更多努力。还有一个领域同样前景广阔，那就是全球高等教育中心。在这两个领域，政府无须特别费力就可以成绩斐然，鉴于我本人的专长，在此我将重点讨论第二个领域。

有证据表明，从古希腊到19世纪的英国和20世纪的美国，当国家在高等教育和研究方面表现出色时，它们的经济发展也会非常出色。由于历史原因，印度在这方面有很大的优势。第一，殖民历史虽然给印度造成了很多伤害，但也给印度留下了一个优势：令人庆幸的是，英国人在离开印度时，无法带走他们的语言。英语是世界上最重要的语言，印度在英语方面的优势是一个天然的有利条件。第二，由于印度开国元勋，尤其是贾瓦哈拉尔·尼赫鲁的远见卓识，印度着力推动高等教育和培育科学素养，成立印度理工学院和印度管理学院等院校，并扶持了一些优秀院校。

我们可以从间接数据中看到这段历史赋予印度的优势。美国有一项庞大的海外学习计划，参加该计划的学生将从本国院校抽身出来，前往其他国家接受教育。在这一计划下，2014—2015年共有313 415名学生出国求学，求学人数最多的目的地是英国，有12.2%的学生去了那里，其次是意大利（10.8%）和西班牙（9%）。令人惊讶的是，印度的表现也不差。它在最受欢迎目的地排行榜上名列14（1.4%）。

如果我们能够立足上述优势，为私立大学和研究所创造空间，让它们发展壮大，那印度就可以成为各国学生的目的地。不要把这弄成慈善行为，我们的目标应该是提供高质量教育，并为此向国际学生收取全额费用（不过，我建议对贫穷国家的学生进行补贴）。

投资于这一领域的私人公司在收费和工资方面需要有一定的

灵活性。在美国，大学争相聘请最优秀的教授，因此工资差别很大。我并不希望出现这样的局面，但事实已然如此，因此，要想取得成功，印度必须给予私立大学这种自由。其中一些院校可能会与美国、英国和其他地方的院校建立伙伴关系，对此我们应该欣然接受。

在今天的美国，很多好大学的学费都在6万美元以上（按年计算）。如果印度的大学能够自由定价，那它们可以收取比如2万美元的费用，提供同等的教育，而且仍然有利润可赚。如果求学四年的话，学生就可以节省逾16万美元的学费。到时候不仅会有来自发展中国家的学生，也会有来自发达国家的学生。除了创造有利的环境，这样做的最大好处是，政府不需要再做太多。这项投资将会带来巨大的回报。

通常情况下，我们的重大计划之所以会失败，并不是因为犯了大错，而是因为细节没有到位。政府必须关注到细枝末节。比如，应该让学生一次性拿到两年、三年或四年的学习签证。如果每6个月都要受签证处官僚主义的摆布，那么不管是多么优秀的教育，都不会有人愿意过来求学。如今，一些退步团体想借“印度教特性”① 的名义让印度开倒车。如果想让我们的高等学府蓬勃发展，就必须限制这些团体参与课程制定。

印度在这个领域有着足够多的企业和足够大的利润潜力，只要政府秉持这一基本理念，私立大学马上就会涌现出来，展开实际教学工作。正如拉坦·塔塔在《印度经济学牛津指南》（*Oxford*

① 原文为Hindutva，也可译为印度教性、印度性或印度教民族主义。“印度教特性”思想是一种印度教民族主义思想，它强调印度教文化和印度教传统，目的是建立一个印度教占据主导地位的印度国家。——译者注

Companion to Economics in India）中所写的那样，只要政策到位，印度就可以“利用本国的科学和工程学人才库来创造价值”。

当然，监管是必要的，但监管的主要目的不能是控制工资、课程和校园言论，而是要确保学生不被欺骗。印度的一些私立教学机构误导学生，在就业记录和学费方面向他们提供虚假的信息。其中一些机构在招生时只让学生缴纳少量费用，然后在教学过程中逐渐收费。我们需要通过切实而简明的监管来阻止这种行为。

在这种新环境下，院校的质量会参差不齐，只有少数几所大学能够达到国际一流标准。这也在所难免。如果我们想让800所大学（截至2017年2月，印度共有789所大学）都达到统一标准，那它们只能是平庸得整齐划一。

诚然，私立大学有可能会看重商业上更有利可图的学科教育，而一个国家的进步少不了文学、诗歌和纯数学这些没有什么直接商业价值的学科。如果一个国家成为全球教育中心，就可以带来大量收入，这样政府就可以承担起责任，为本国公民提供这些类型的教育。政府还应承担起责任，确保所有印度人都能接受教育。尤其是印度有很多极端贫穷人口，应为这些人提供免费教育。

但是，即便有上述这些问题需要注意，政府在教育部门的投资回报率仍会高得惊人。很少有部门能够与之匹敌。

减少不平等现象的伦理学问题

全球各地的经济不平等已经达到令人担忧的程度，其影响正蔓延至政治和社会领域。经济不安全感推动了中东地区的暴力冲突，导致法西斯主义在欧洲一些国家再次抬头，尤其是匈牙利和波兰。即使在美国等老牌民主国家，经济边缘化也强化了沙文主义和种族优越论，还导致了其他一些社会问题，如阿片类止痛药滥用成风。

这样的趋势已经持续了一段时间，不过纽约市立大学的布兰科·米兰诺维奇（Branko Milanovic）表示，1988年至2008年出现过一次重大转变。这是一个“高度全球化”的时期，全球有两个群体从中受益，即富国和穷国中最富有的1%人群以及少数亚洲国家（中国、印度、印度尼西亚、泰国和越南）的中产阶级。此外，世界银行的数据显示，截至2013年，7.66亿人（约占全球人口的10%）仍然生活在每日消费不到1.9美元的极端贫困中。

人们已经写了很多文章探讨我们需要采取哪些政策来纠正这种令人沮丧的局面，然而，富国和发展中国家的权威声音（可悲的是，甚至还包括被误导的穷人）声称，目前的收入差距是公平的，因为这是自由市场的结果。因此，要想说服他们支持补救性干预措施，就需要更深入地研究不平等现象的基本逻辑和伦理问题。

我在阅读克里斯·休斯的精彩著作《公平机会：反思不平等与赚钱之道》（*Fair Shot: Rethinking Inequality and How We Earn*）时，一直在思考这个问题。休斯与马克·扎克伯格共同创立了脸书（Facebook），现年34岁的他已经家财万贯。他在书中动情地讲述了自己在北卡罗来纳州小镇成长过程中的种种经历：笨拙地想要融入“白人富家子弟”，成为同性恋承认出柜，在学校表现出色，被哈佛大学录取。

休斯与扎克伯格成为室友，这完全是运气使然。他在书中花了很大篇幅讲述运气对个人成败的决定作用。虽然休斯的父亲告诉他，要想实现“美国梦”就得靠自己努力，但休斯最终得出了相反的结论。他在书中写道：“我在脸书的成功使我意识到，一些看似微不足道的小事，比如在大学里选择跟谁一个寝室，会对你的余生产生巨大的影响。”

休斯对不平等问题提出了自己的解决方案，那就是对富人征税，以便为中下阶层提供最低收入保障。令人欣慰的是，美国顶级富豪中至少有一些人能够诚实地承认制度的不公平，即使他们自己就是靠制度发家致富的。

要想弄懂不平等的逻辑和伦理问题，就有必要对休斯所说的运气展开更进一步的研究。并不是说他有一部分财富来自运气，确切地说，他所有的财富都来自运气。运气决定了休斯足够聪明，能够进入哈佛大学，并在那里遇到扎克伯格。同样，扎克伯格小时候跟着他父亲学会了雅达利BASIC编程，这也是运气。

有人辩称努力工作也很重要，想借此来反驳上述观点，但这种说法其实不得要领。毕竟，一个人是否有强烈的职业道德，这本身就是运气使然，因为它取决于一个人的基因构成、环境和教养。因此，运气是财富的首要决定因素，这意味着经济不平等缺乏道德伦理上的正当性。

在这一点上，很多用心良苦的激进分子会得出结论说，有鉴于此，我们必须做到完全平等。但没有什么“有鉴于此”。确保公平和公正固然重要，但消除贫困和给予中产阶级更多发展机会也很重要。在当前环境下，如果推动绝对平等，有可能会削弱工作积极性，导致大范围的经济崩溃。以往很多出自善意的社会实验项目已经导致了这种结果。

我们只能在两者之间取得平衡。现如今的不平等达到了令人无法接受的程度，因此我们需要采取干预措施，改善教育和健康，像休斯建议的那样，推行能够起到再分配作用的税收措施，但同时我们也需要容忍一定程度的收入差距，以保持人员和经济的运转。

休斯关于最低收入保障的建议是正确的，但如果将它视为灵丹妙药，那就大错特错了。为了便于讨论，我们来假设这样一种情况：最贫穷的一半人口无法购买某种疫苗来确保基本健康。人们可能会认为，如果保障每个人的最低收入，就能纠正这种不公平的现象。

现在再假设某种关键资源的数量只够为一半的人口生产疫苗。在这种情况下，不管给最贫穷的那一半人口多少钱都无济于事：药品的价格会不断上涨，最终还是只有最富有的那一半人口才负担得起。在物资匮乏的情况下，确保公平结果的唯一方法是通过抽签来发放疫苗。

因此，收入保障的有效性取决于经济的总体平衡。各种复杂的情况都有可能出现，刚才所说的疫苗只是其中一例。要使休斯的计划奏效，我们必须预判诸多有可能出现的意外情况，然后设计一套体系来先发制人。

参考文献

Ahluwalia, Montek S. (2002), ‘Economic Reforms in India since 1991: Has Gradualism Worked?’, *Journal of Economic Perspectives*, 16(3): 67 - 88.

Banerjee, Abhijit and Thomas Piketty (2003), ‘Top Indian Incomes, 1956 - 2000’, mimeo, MIT.

Basu, Kaushik (2000), 'Whither India? The Prospect of Prosperity', in R. Thapar (ed.), *India: Another Millenium*? New Delhi: Penguin Books.

Basu, Kaushik (2004a), 'The Indian Economy: Up to 1991 and Since', in Kaushik Basu (ed.), *India's Emerging Economy: Problems and Prospects in the 1990s and Beyond*. Cambridge, MA: The MIT Press.

Basu, Kaushik (2004b), 'Globalization and Development: A Re–examination of Development Policy', in Akira Kohsaka (ed.), *New Development Strategies: Beyond the Washington Consensus*. New York: Palgrave Macmillan.

Basu, Kaushik (2006a), 'Labor Laws and Labor Welfare in the Context of the Indian Economy', in Ravi Kanbur and Alain de Janvry (eds), *Poverty, Inequality and Development: Essays in Honor of Erik Thorbecke*. Norwell, Massachusetts: Kluwer.

Basu, Kaushik (2006b), '*Globalization, Poverty and Inequality: What is the Relationship? What can be Done?*', World Development, 43(5): 53 – 62.

Cohen, Stephen (2001), *India: Emerging Power*. Washington, DC: Brookings Institution.

Deaton, Angus (2001), 'Adjusted Indian Poverty Estimates for 1999 – 2000', mimeo, Princeton Research Program in Development Studies.

Deaton, Angus and Jean Drèze (2002), 'Poverty and Inequality in India: A Reexamination', *Economic and Political Weekly*, 7 September, 37(36): 3729 – 48.

Lee Kuan Yew (2000), *From Third World to First: The Singapore Story, 1965–2000*. New York: Harper Collins.

Lyall, Sarah (2001), 'Recipe for Roasting the Sacred Cow, Tastelessly', *New York Times*, 12 November.

Majumdar, Mukul (1997), 'The East Asian Miracle and India', Asiatic Society, Calcutta.

Mukhopadhyay, Partha (2004), 'Force–Funding of Infrastructure: Off –budget and Off –Key' , *Economic and Political Weekly*, 2 October, not 39(40): 4396 – 8.

Narayana Murthy, N.R. (2004), 'The Impact of Economic Reforms on Industry in India: A Case Study of the Software Industry' , in Kaushik Basu (ed.), *India's Emerging Economy: Problems and Prospects in the 1990s and Beyond*. Cambridge, MA: The MIT Press.

Rodrik, Dani and Arvind Subramanian (2004), 'From Hindu Growth to Productivity Surge' , NBER Working Paper. Available at www.nber. org/paper/w10376 (accessed on 18 February 2011).

Sen, Abhijit and Himanshu (2004), 'Poverty and Inequality in India, I and II' , *Economic and Political Weekly*, 18 September and 25 September, 39(38 – 9): 4247 – 63, 4361 – 75.

Sen, Amartya (2004), 'Passage to China,' *New York Review of Books*, 2 December, 51(9): 61 – 5.

Singh, Nirvikar (2004), 'Information Technology and India's Economic Development' , in Kaushik Basu (ed.), *India's Emerging Economy: Problems and Prospects in the 1990s and Beyond*. Cambridge, MA: The MIT Press.

World Bank (2005), *World Development Indicators 2005*. Washington, DC: World Bank.

第四章
在路上

旅行者指南

我在德里的有闲阶级朋友会向我感叹通胀时代的生活有多艰难，对此我很少能够产生共情。对这个阶层的人来说，通胀只是

* 《旅行者指南》原刊于2008年6月22日的《印度斯坦时报》。《印度东部蛮荒之地》最早于2008年2月13日发表于BBC新闻在线。《置身于萨巴特克人之中》原刊于2009年8月28日的《印度斯坦时报》。《在慕尼黑与经济学和禅学相遇》原刊于2007年12月8日的《印度斯坦时报》。《你好！欢迎来到以色列》原刊于2007年2月17日的《印度时报》，原标题为《祝你平安 双手合十：穿越分裂之地的旅行》。《在富士山脚下祷告》原刊于2007年9月30日的《印度斯坦时报》。《令人失望的“空中王公”》最初于2006年12月25日发表于BBC新闻在线，原标题为《印度品牌的形象问题》，此处略有改动。《飞机起飞与经济起飞》原刊于2007年7月11日的《印度时报》，原标题为《该起飞了》。《非洲日记片段：约翰内斯堡、比勒陀利亚及迪普斯洛特》最初发表于2013年3月28日的世界银行博客。《萨摩亚日记》最初发表于2013年9月6日的世界银行博客。《不丹：喜马拉雅地区的发展经济学》最初发表于2015年1月12日的世界银行博客。《来自马来西亚的明信片：轻轻穿过雾霾》最初发表于2013年7月1日的世界银行博客，原标题为《轻轻穿过雾霾：来自马来西亚的明信片》。《更为宽容的印度教》原刊于2018年6月22日的《印度快报》，原标题为《经济学涂鸦：更为宽容的印度教》。《真诚：一段旅程，一种教育》原刊于2018年8月20日的《印度快报》。《佛罗伦萨一夜》原刊于2018年10月19日的《印度快报》，原标题为《经济学涂鸦：佛罗伦萨一夜》。《都灵奇迹》原刊于2017年12月28日的《印度快报》，原标题为《经济学涂鸦：都灵奇迹》。《神是否存在？几种可能的假设》原刊于2019年3月7日的《印度快报》。

意味着他们现在得花更多的钱来撑门面。然而，为了一次性回应他们，我将专门讨论一些基本的经济学问题，即如何做到既不大手大脚又能不落人后。

我们都知道从前门登机时那种恼人的感觉：商务舱乘客在宽大的座位上舒展着四肢，你得在他们不屑的目光中沿着过道一路走下去。以下是避免这种情形的一个小技巧，一进入商务舱，你就开始看座位号，停顿一下，眯起眼睛，与你手中的机票对一下，然后再慢慢向前走。每走几步就重复同样的动作。那些穿着高定西装的人就会以为你乘坐的也是商务舱，这会儿走走停停只是因为你还没有找到座位。这样的话，你就会得到商务舱所有乘客的尊重，除了最后一排，他们显然能看到你进了后面的舱室。

不管你出门去了哪里，总有一些多事之徒不停地用闪亮的黑莓手机或苹果手机给你发消息。这些手机确实有一些优点，但我们可以不花一分钱就享受到其中最大的优点。每次你发送电子邮件时，在写完结束语后，手动输入“此信息发自我的黑莓手机”。你也可以把这句话放进电子邮件的“签名栏”，这样你就不必每次都手动输入了。你很快就会声名远扬，成为黑莓手机的拥有者，而你的银行卡余额却不用缩水。

21世纪的印度人喜欢游走四方。假设你到了某个遥远的以文化和历史著称的地方，比如意大利，那你肯定要去看看那些著名的博物馆——佛罗伦萨的乌菲齐美术馆和锡耶纳大教堂。要想真正看懂那些雕像和壁画，了解那些石头背后的历史，你需要一个导游，但请导游的费用可不便宜。好在你只要稍稍动动脑筋，就可以一分钱不用花。进去以后，先看看前面几件展品，在那附近徘徊片刻，基本上你会等来一个斯堪的纳维亚旅游团。他们总是会请一个讲英语的导游，只要看到这样一个旅行团，就跟着他们走吧。

一件标准的“商品”是指这样一件东西：如果一个人拥有了它，另一个人就没法再拥有。我所消费的苹果就是这样一种商品。在经济学语言中，“公共品”与此截然相反：一个人消费了它之后，其他人也可以免费消费。如果一个富人安装了一台机器来清除工厂烟囱排出的烟尘，那他可以享受到清洁的空气，其他人同样可以。因此，大多数环境产品都是公共品。

当然，你不应该偷听其他人请的导游的讲解，不过如果导游是在给一大群人讲解，他所说的话就会成为一种“公共品”，你只需要厚颜无耻一点就行。如果导游指责你，让你感到不太自在，那还有一种更高级的技巧可以在极端情况下使用。在大多数斯堪的纳维亚旅行团中，都会有一个被收养的南亚孩子，站在那孩子旁边，从大人们的肢体语言中可以看出，这个孩子是旅行团中的一员，因此导游会把你当成从印度农村过来看望侄女的叔叔。

在这些文化气息浓厚的地方，总有一些学者型游客，他们拿着一本厚厚的博物馆艺术品介绍，在每一幅壁画前都看个没完没了，而你却拿着一本薄薄的《欧洲各大博物馆》名录，像一阵风一样从旁边经过。不要因为这类游客而产生自卑感，要知道，一年以后，你们两个人将会是一样的。他不会记得自己仔仔细细看过些什么，而你也不会记得自己走马观花看过些什么。

印度东部蛮荒之地

印度东北部地区位于中国、缅甸和孟加拉国之间，通过孟加拉国以北的一片区域与印度其他地区连接在一起。这是一片优美迷人的土地，有着和善的居民、古老的文化和丰富的自然资源。一个精明的观察家马上就可以推断得出，这是一个充满对立、纷争不断并处于无政府状态的地区。东北部地区的七个邦组成了一个多元化地区，这里有多种宗教、方言和部落，各自都有独特的历史和文化。

米佐拉姆邦有一个玛拿西人（Bnei Menashe）部落，他们以犹太人自居，声称是古代玛拿西部落的后裔。还有一些来自附近比哈尔邦的群体，如来到阿萨姆邦茶园工作并定居在那里的群体。他们要求享有“原住民”的特殊权利，但这一要求受到了当地人的质疑。当地人认为，他们在迁移之后就已经失去了原住民地位，因为他们不是阿萨姆邦的原住民。

在该地区的所有邦中，情况最糟糕的是曼尼普尔邦。1月8日上午，我乘坐靛蓝航空的短途航班，从古瓦哈提飞抵曼尼普尔邦首府因帕尔。

众所周知，雷沙德·卡普钦斯基是我们这个时代一位了不起的旅行作家，但他的身份不只如此，他也是一位哲学家，对人类处境有着敏锐而富有同情心的观察。卡普钦斯基在前往偏远地区游历时，随身携带着古代最伟大的游记——希罗多德的《历史》。根据这一经历，他写出了自己的经典著作《与希罗多德一起旅行》，我正在效仿他的做法，只不过我在旅程中携带的是他的著作。

抵达因帕尔时，我只觉得头痛欲裂，到了尼玛拉酒店毫无艺术气息的大房间后便瘫在了床上。我想看看书，结果却睡着了。当我醒来时，冬日的阳光正透过敞开的窗户照进来。从阳台望去，可以看到坦格尔巴扎的杂乱无章——街道没有铺设沥青，屋顶参差不齐，建筑物抹了半截水泥，低矮脱垂的电线在不同方向上纵横交错，电线下面搭着支线的小店面有着生锈的铁皮屋顶。一抹亮色来自那些穿着漂亮phaneks（类似于纱丽的裹身式衣裙）披肩的女子，她们似乎生来就拥有一种游刃有余的优雅。

这里基本看不到印度经济繁荣的迹象。这是一个经济崩溃、失业率居高不下、电力供应时断时续的地区。有人跟我说，在大多数时候，直接用手触摸那些裸露的电线都不会有事。

晚上，我去曼尼普尔邦一位老朋友家里吃饭。那是一座建成已有300年的老房子，风景如画，有着古朴的庭院、幽深的楼梯、薄纱的窗帘和走在上面咚咚作响的木地板。要想到达那里，先得开车经过一条布满石头、坑坑洼洼的道路，这条路已经修了4年。我们到了之后，刚好赶上停电，于是我们点上了灯笼和蜡烛。在回去的路上，街上一个人都没有，因为太不安全了，旅馆已经将卷帘门拉下来，并用挂锁把它们拴在地上。

东北部地区其实有着丰富的人力资本——米佐拉姆邦的识字率仅次于喀拉拉邦，其历史可以追溯到两千年前。拉坦·提亚姆的曼尼普尔剧院在国际上闻名遐迩。一个11岁的男孩在演奏塔布拉鼓时表现得就像一位大师。他叫哈尼·肯奥，是一个神童。毫无疑问，他的身影以后还会更多地出现在我们的视野里。在我前去演讲的各个机构和大学里，大家都非常活跃、非常投入地参与讨论。

但在这些表象之下，正暗流涌动。叛乱组织时不时就向官员、店主和教授勒索钱财，绑架事件频繁发生，行驶在高速公路上的卡车经常被各方势力截停，要么货物被没收，要么在交“税”之后获准通过，基本没有什么像样的新产业进入该地区。

印度政府需要立即采取三项行动。第一，建立法律和秩序。政府必须取缔敲诈勒索，并明确征收税款和动用武力是政府的特权。马克斯·韦伯曾提醒过我们，国家必须拥有“暴力垄断权”，也就是说，有权动用武力的只有国家。第二，政府必须投资建设公路、铁路、金融服务和电力基础设施等。第三，政府必须加强该地区与印度其他地区的文化和学术互动。

如果我们不尽快采取行动，该地区完全有可能陷入前所未有的自相残杀。对于一个拥有巨大潜力的地区来说，这实在叫人扼腕叹息。

置身于萨巴特克人之中

从纽约来到墨西哥之后，和煦的天气、热带花朵散发出的似曾相识的香气以及周围的褐色色调实在令人陶醉，我这个印度人毫不费力就能融入其中。要去瓦哈卡，就得在墨西哥城转机。就在机场专列的车门即将关上时，一位印度男子衣衫不整地走进来，车外的一位女士向他保证，这确实是开往1号航站楼的列车。他误以为我是墨西哥人，没有理会我，而是转向过道那边的美国人：“这趟车是去1号航站楼的吗？”几分钟后，他转向我，一字一顿地问：“你会说英语吗？”然后，他压低声音，免得被那个美国人听到：“这趟车是去1号航站楼的吗？”在我们抵达目的地之前，他已经问遍了整个车厢，别人都说我们印度人小心谨慎，倒也不是全无道理。

不过接下来我要去和一些印第安人[1]——特奥蒂特兰的萨巴特

① 印第安人与印度人的英语均为Indian。——译者注

克人——共处三天。这个小镇距离瓦哈卡大概一小时车程，曾经是萨巴特克文明的中心。据说萨巴特克人向好战的阿兹特克人供应手艺精湛的编织地毯，从而避免后者对他们发起战争。萨巴特克人可能不像其他一些中美洲群体那样四处征战、声名赫赫，但他们的文化具有坚韧不拔的品质，时至今日仍在蓬勃发展，并不逊色于公元前500年，那个时候，附近的阿尔班山成为一个拥有天文观测台和体育场馆的大城市。

这里的土地非常便宜，因此，虽然我借住的那一家——安娜·伯莎和她的丈夫奥兰多·洛佩兹、她的兄弟罗伯托、她优雅从容的母亲玛莎莉娜——一贫如洗，但他们拥有一片土地。那是一大片长方形的土地，四周围着高墙，其高度暗示着该地区不时会发生叛乱行动。在院子里，奥兰多夫妇和他们的女儿丹妮拉、安娜·克里斯蒂娜、妮亚拉以及他们的一些亲戚占据了三个角落。剩下的空间是山羊、驴子、公牛、公鸡和火鸡的住所。白天的时候，动物们就在数目众多的针叶树、仙人掌、石榴和酸橙树下自由漫步。

奥兰多身上有一种无声的威严感，让我想起了已故演员桑吉夫·库马尔。奥兰多每天在瓦哈卡的路边出售他们编织的地毯，罗伯托则在大片的灌木丛地和起伏的山丘上放牛。晚上等他们俩回来后，一家人会聚在一起吃晚饭，主要是玉米饼和玉米汤。也许是因为我们第一次吃晚饭时谈到了当地的梅斯卡尔酒，所以我就把玛莎莉娜喊成了“梅斯卡莉娜”。这相当于把一个苏格兰家庭中的老夫人称为“威士忌娅”，两兄弟强忍着不笑，安娜·伯莎却大笑起来，最后，玛莎莉娜脸上也闪过一丝淡淡的笑意，这让我松了一口气。

等到夜幕降临特奥蒂特兰，环绕小镇的山丘就渐渐消失在黑暗之中。我们聊着天，奥兰多织着地毯，玛莎莉娜和安娜·伯莎梳理着原棉，并将梳理过的棉花捻成线。

我迫切地想看一看他们一家人的所有活动，所以凌晨5点就醒了，比《预知死亡纪事》中圣地亚哥·纳萨尔在那个致命黎明醒来的时间还要早30分钟——那一天，他将死在一个中美洲小镇。吵醒我的不是主教那艘船的轰鸣声，而是驴子的叫声。玛莎莉娜要去磨坊磨玉米，为做玉米饼做准备，我想和她一起去，结果她已经出门了。

白天，我们把孩子们送去贝尼托·华雷斯小学。丹妮拉的老师不在，所以她就陪着我们去了一趟市场，当地人在那里买卖村里的工艺品和食品，如奶酪条、酸奶、猪皮。在市场的一个角落里，有一个开放的摊位，这是少数几个卖咖啡的地方之一，我坐在戴着宽边帽的男人中间，喝了一“碗”咖啡。丹妮拉虽然害羞地说她已经吃饱了，但还是坐在我旁边，喝着热巧克力，吃了一些饼干。

即将离开的那天早上，我没带翻译，独自在市场漫步，喝着热巧克力，观察着人们的日常生活。萨巴特克人让我感到陌生，我肯定也一样让他们感到陌生。他们停下来看着我，有人想起前一天见过我，于是对我微笑，以示欢迎。

我坐在这个陌生的集市上，清晨的阳光照在满是露水的草地上，不远处是可以追溯至2 000年前的废墟。这个小镇与我所熟悉的世界天差地别，耳畔传来的萨巴特克语不同于我以往听过的任何一种语言。然而，一种突如其来的归属感涌上我的心头。尽管在语言、服饰和其他方面存在差异，但我不由自主地觉得我与他们的共同之处要大于我们之间的差异。在过去的两天里，我与他们共同经历的那些小小的温情与悲欢让我觉得，我在心底深处能够理解他们，就像他们能理解我一样。我们同为人类，拥有共同的历史，虽然已经有了长达三万、四万或五万年的分离，但不变的是，我们拥有数百万年的共同历史，很可能还拥有成千上万的共同祖先。

在慕尼黑与经济学和禅学相遇

在这个商业和技术时代，世界是否变得过于机械了？几个月前，我在“BBC在线”上发表了一篇文章，名为《是时候给南盟改头换面了》。几天后，我发现这篇文章被关联到一个“拉皮手术”网页上。网页上除了我的文章之外，还有“腹部整形术”“吸脂手术”和“减肥过滤器”等链接。这显然是机器人智能的功劳，如果有人工的参与，就不会出现这种情况。

从某种程度上说，艺术和商业是两极分化的。然而，如果一个社会试图用一样来弥补另一样，那么整体来说会得不偿失。19世纪，托马斯·卡莱尔在英国哀叹，由于经济学的兴起（他称之为“沉闷的科学”），艺术正在毁灭。他的这番哀叹在当时也许不合时宜，但对今时今日的印度来说，倒也应景。我们在颂扬财富女神拉克什米的时候，确实有可能会忽略非商业社会领域——艺术、音乐、优质电影和数学。

上个月，我在慕尼黑与经济学打了四天交道之后，发现自己（独自一人）还有两天的空闲时间。于是我坐地铁到了美丽的玛利亚广场，然后从那里步行去了现代艺术陈列馆和伦巴赫美术馆。20世纪初的德国艺术堪称人类最非凡的成就之一，表现主义、桥社、青骑士都在德国找到了归属。青骑士运动实际上就发生在慕尼黑，其成员瓦西里·康定斯基和他的搭档加布里埃尔·穆特（在我看来加布里埃尔更有天赋）、弗朗兹·马尔克和雅夫伦斯基都在尝试新的艺术形式和色彩。

我突然觉得，从长远看，经济和艺术的崛起有一些共生性。艺术需要创新，也离不开对卓越的追求，而这也是经济持续进步的要素，只是方式不同而已。如果我们在急急忙忙投身商业的时候，置艺术和美学于不顾，那肯定不利于文明，而从长远看，可能也不利于商业本身。

19世纪，巴伐利亚君主希望慕尼黑及其周边地区既成为伟大的工业中心，同时也成为世界音乐之都。该地区的艺术在皇室的支持下蓬勃发展。可以说，如果不是卢森堡公爵慷慨相助，卢梭恐怕写不出《社会契约论》。

在现代世界，我们不再依靠国王和贵族的赞助，而是依靠我们的大学和机构来为各种创新者提供一个家园。在印度，虽然管理学院和工程学院表现不俗，但大学体系举步维艰。文学、艺术、数学和抽象科学无法带来直接的商业价值。因此，如果交由市场摆布，这些学科往往就会枯萎。但在历史进程中，它们发挥着根本作用，推动着人类的创造力，因此政府理应给予支持和推动。

后记 在乘机离开慕尼黑的途中，有人与我聊起了另一个不经常与经济学相提并论的话题——宗教。我旁边坐着一位德国学者，他听说我是教授，于是在我还没来得及告诉他我对这份职业不太上心的时候，他就操着一口磕磕绊绊的英语，滔滔不绝地大谈经济学和宗教。过了一会，我开始走神，这时他突然问我："禅是印度的吗？"[①] 我不知道话题是怎么转向东方宗教这个复杂的问题的，就结结巴巴地说起来。不过角色的转换让我大为高兴，于是我以独白的方式说了大概10分钟，中间没有任何停顿，免得让他有插嘴的机会。

我对禅学的所有知识在半分钟内就可以说完，因此最后那九分半钟的独白让我自己都心生佩服。他很有礼貌，耐心地倾听着，不过，对于这一大段毫无意义的关于大乘佛教的阐述，虽然他谦逊有礼地点着头，但看上去满脸困惑，就好像他没想到我会说上这么一大段来回答他的问题。后来我终于明白了他满脸困惑的原因。我们之后又聊了更多，顺带吃了早餐、喝了咖啡，这时他问我："禅（森）是唯一一个获得诺贝尔经济学奖的印度人吗？"

你好！欢迎来到以色列

我随着蜿蜒曲折的队伍，走到以色列本·古里安机场的移民处，伸手去拿我的签证、回程机票以及邀请我在希伯来大学和特拉维夫经济学院做讲座的信函。之前曾有人提醒我说，机场工作人员喜欢刨根问底，所以我做好了在气势上压倒他们的准备。结果令人惊喜的是，移民官是一位和蔼可亲、肤色偏深的女士，她看了看我的印度护照说："您好，是第一次来以色列吗？"她解释说自己是犹太人，来自孟买，34年前移民到以色列。她问了我十几个关于印度的问题，对我的兴趣远远超出了其职责范围，这显

① 此处应指印度诺贝尔经济学奖获得者阿马蒂亚·森（Amartya Sen），Sen与Zen（禅）发音相近。——译者注

然是思乡情结所致。

几分钟后我就出了机场，坐上出租车，行驶在443号公路上，前往耶路撒冷。路边闪过一个书写了厚重历史的告示牌。告示牌上写着“拉姆安拉”[1]，指示的是一条向北而去的道路。

耶路撒冷有着石灰岩房屋、柏树和蜿蜒小路，它是一个见证了一切的城市。它是耶稣基督的圣地，是战火与屠杀之地，是主权争夺之地。你可能只是短暂到访，比如我这次过来只待五天，但这座城市会以其他城市无法做到的方式诱惑着你。事实上，有一个医学术语叫“耶路撒冷综合征”，指的是耶路撒冷游客暂时出现的精神错乱和情绪高涨。

站在老城区的苦路（Via Dolorosa）上，似乎可以遥想当年的画面：耶稣背负十字架走在鹅卵石路上，因重压而倒地，圣女维罗妮卡为他拭面。在这座带有城墙的古城里，穆斯林区与犹太区比邻而建，而犹太区又与基督教区比邻而建，各种古老文化和宗教在此形成了大杂烩。在希伯来大学一位年轻博士后的陪同下，我参观了哭墙、圆顶清真寺和圣墓，并在丽娜餐厅吃了早午餐，这家供应鹰嘴豆料理的餐厅虽然很小，但很有名。

在某一天下午，我和我的朋友、经济学家约西·泽拉一起探索了“百倍之地”（Mea Shearim），这是耶路撒冷著名的极端正统社区。我们一边谈论着经济理论、共同的朋友和世界政治，一边走过那些看起来就像孟买宿舍的简陋房屋。街道上，男子穿着长袍，女子穿着神秘的黑衣，小孩子因为穿着传统服饰而愈加可爱。出了百倍之地，是一条安静的殖民时期的街道，埃塞俄比亚教堂就在这条街上。

---

① 巴勒斯坦临时首都。——译者注

在耶路撒冷的最后一个晚上，我和另一位经济学家朋友漫步在美丽的“七家之区”，抽着水烟，喝着酒，听着耶路撒冷的历史过往，最后在一家名叫Barood的餐馆里吃了饭。是的，这个词翻译过来的意思是“火药”。

夜幕降临，音乐声从咖啡馆和酒吧流淌出来。我意识到，耶路撒冷这座城市是多么浪漫，同时又是多么悲伤。盛开着杏花和仙客来的耶路撒冷是一座美丽的城市，光是城中的女子就足以让你驻足回首，她们有的是犹太人，有的是阿拉伯人，还有黑眼睛的埃塞俄比亚人。几乎每块石头上都留有历史过往的印迹。然而所有这一切也都被笼罩在耶路撒冷特有的悲伤之下，处处都没有安全感，无论是进咖啡馆还是进博物馆之前，每个人都要接受搜身检查。少数族裔，比如我在餐馆里和出租车上偶遇的阿拉伯人，认为自己在这片充满敌意的土地上被边缘化了，沦为了二等公民。站在希伯来大学斯科普斯山的山坡上，人们可以望见远处的隔断。一侧是犹太人定居者光洁明亮的白色房屋，一侧是巴勒斯坦权力机构治理下的巴勒斯坦人家园，房屋和街道都破旧不堪，居民的日常生活对外一览无余。

这是一个遍地都是检查站和路障的国家，很容易让人心生绝望，而政府采取的错误激进政策于事无补。令人庆幸的是，这片土地也拥有充满活力的媒体和非同寻常的声音，这些声音能让人产生道义上的共鸣，跨越种族和宗教界限，唤醒我们共同的本心。我想到了吉迪恩·利维和阿米拉·哈斯的专栏，也想到了达娜·国际[①] 的歌（顺便说一下，达娜不仅尝试着模糊种族界限，也

① 达娜·国际（Dana International）：以色列流行音乐明星，也是一位跨性别女性。——译者注

尝试着模糊性别界限）。

最后一天晚上，我从贝特哈克莱姆社区打车前往我在斯科普斯山住宿的酒店。出租车司机是个年轻的乐天派，他问我来自哪里，虽然我是从美国过来的，但这个问题问得模棱两可，于是我选择了更具异国情调的回答——“印度”。

“我喜欢印度，”他说，然后半是疑问半是感叹地补充说，“圣雄甘地的国家！”

我觉得没有必要纠结细节，就回答说：“是的。”

“他还是总理吗？”

“现在不是了。”

“可圣雄甘地很了不起，”他对这样的变化感到失望，“那现在谁是总理？”

“曼莫汉·辛格。”

“辛？他是中国人吗？”

我跟他说，1962年的中印战争并没有给印度带来这么糟糕的结果。我想他并没有听懂我的意思，但他还是热情地笑着说了句“namaste”[①]。我真的很想知道，在他眼里这个词是什么意思。

在富士山脚下祷告

前段时间，我去箱根住了几天，这是一个风景怡人的山间度假胜地，距离东京有几个小时的车程。连绵起伏的乡间满是郁郁葱葱的杜鹃花丛，云雾散开的时候，我们就能透过粉红色和淡紫色的花朵，看到富士山像一件完美无瑕的艺术品一样直耸天际。

① 意为你好或双手合十礼，表达尊重和感恩。——译者注

我们印度人有一种根深蒂固的文化习惯，只要有免费美食，我们就会暴饮暴食，像骆驼喝水一样。因此，第一天晚上，我在会议宴会上大吃特吃寿司和腌鱼，当天夜里两点，我在酒店房间里病倒了。

在这之前，我只有过一次食物中毒的经历，那是我在德里从事第一份工作的第一周，我在大学咖啡馆吃了著名的“羊肉多莎饼”。当时我们人生地不熟，我的妻子在半夜时分跑去找隔壁的乔罕，据说他是一名医生。匆匆赶来的乔罕一边整理晨衣，一边问我是否想吐。我说是的，他想了一会，严肃地说：“这表明你感到恶心。”

不管大家怎么评价他的推理能力，反正他从随身携带的盒子里拿出针剂，给我打了一针。30分钟后，我好了。

唉，时隔20年，此地又离德里数千英里[①]远，我到哪里去找这位医术高明的乔罕医生呢？我在此地唯一认识的就是日本经济学会主席，但我不愿意这么一大早就把他叫醒，而且，说不定他这个时候也在与腌鱼的“后劲”做斗争呢。

可能是因为空灵的富士山就近在咫尺，我突发奇想：为什么不试试祷告呢？我小时候非常虔诚，经常祈祷，我的母亲和家中长辈都以我为荣。但等我到了十几岁，开始明白道理之后，我就放弃了信仰。我亲眼所见的人间悲苦让我无法相信这世间会有一位法力无边而又心怀仁慈的神。如果他真的法力无边，那他必然不够仁慈，才能对人世间的种种苦痛置之不理。如果他真的仁慈良善，那他显然没有无边的法力来仁爱世人。我并没有像一些思想家（如伯特兰·罗素）那样，在抛弃童年信仰时深感焦虑，我只是觉得，如

① 英里为英制长度单位，1英里约等于1.609千米。——编者注

果我非去相信无凭无据的东西，那将是不诚实的做法。我得对老式印度教的宽容表示敬意，我那些极为虔诚的亲人没有因为我的个人信仰而批判我，我相信有些亲人还格外虔诚地代我做了祈祷。

总之，在那个悲惨的夜晚，我要么叫醒日本经济学会主席，要么在富士山脚下静静死去。在这样的两难境地，似乎有必要试试祷告。于是，我有些难为情地跪在床上，双手合十，说道："神啊，请怜悯我，让我康复。你如果对我迫不得已才来找你的做法感到不满，那就换个角度想一想。其他人日夜向你祷告，既没有什么规律，也没有什么理由，而我从来没有这样做。我上一次祷告应该是在几年前，所以现在请你务必帮我这个忙。"

然后我就安静地躺下了，15分钟后，我完全好了。

从这件事中，我们可以得出两种推论：要么神并不存在，那晚发生的事情纯属巧合，要么神存在，并且爱我，因为我缺乏信仰，没有天天用祷告去打扰他。

令人失望的"空中王公"[①]

"朝气蓬勃"也许可以用来形容印度，但显然不能用来形容印度航空。我最后一次乘坐"空中王公"是在十多年前，因此很想看看这个在印度首屈一指的国际航空公司现在是什么状况。于是，上个月在我需要尽快前往印度时，我决定乘坐印度航空的航班。

当我进入机舱时，一名技术人员正坐在我的座位上，修理连接在座位把手上的手持电视遥控器。我告诉他我不打算看电视，他松了一口气，立马走人，留下遥控器悬在半空。自带魔术贴的

① 指印度航空，王公（Maharaja）是印度航空的吉祥物。——译者注

座套有几处已经剥落。卫生间的一些设备被棕色胶带固定在原地，皂液器并不出液，有一块包在玻璃纸里的香皂，不过这玻璃纸十分难拆，我费劲全力想要取出香皂，结果把它给捏扁了。

在我们做好起飞准备后，飞行员——据口音判断是位美国人——告诉我们，他刚刚接到地面控制中心的通知，前方正在排队，我们得等一个多小时才能起飞。当然，航线过度拥挤并不是航空公司的错。90分钟后，在人们摆出各种休息姿势的情况下，我们的飞机轰隆隆地驶向跑道，没有人提醒我们要调直座椅靠背。我旁边的那位女士正以接近平躺的姿势打着呼噜，飞机起飞时，机舱里看起来就像在上演现代舞蹈，乘客们就像要杂技般被轻轻抛到空中。

在过道另一侧，17B座位有一个其他座位都没有的奇特装置——一个安装在扶手上的狭长的、类似托盘的结构，往过道里突出了约4英寸。飞机起飞后不久，该座位上的乘客，一位身材矮小、戴着眼镜的先生，发现了这个神秘装置。他肯定是位科学家，因为他在研究这个装置时，那种专心致志就像是法拉第在观察电磁波，或是莫蒂默·惠勒爵士在研究刚刚发现的“死丘”遗迹。

科学家在发现一个谜题后，不会马上投入大量时间去解题，而是会先看这个谜题是否已经被人解开了。这位乘客凭着科学家的敏锐直觉，问路过的女乘务员这个托盘是做什么用的。这位乘务员显然不是玛丽·居里，她第一次注意到这东西，并大声说：“先生，这是一个托盘。”

“谢谢，谢谢，”这位礼貌得无可挑剔的科学家说，然后迟疑地补充说，“但是，我想问问为什么只有我的座位配了这么高级的装置？”漂亮的女乘务员没有因为这一反常的自然现象而感到困扰，她咯咯笑着说：“这样您就可以把杯子或碗放在上面啦。”

“那是自然。”“法拉第”说道，决定放弃他的求知欲。

用餐时间过去了好半天之后，在距离终点还有两个小时的时候，这位面带微笑的乘务员才给大家发放了飞机上的菜单。

在我从德里返回的旅程中，我那个机舱的音响系统出了问题，安全告示由一片嘈杂声交织而成，间或会出现“氧气”“救生衣”等令人惊恐的词语。如果你以为可以通过电视屏幕来观看演示，那就又要多失望一次了。屏幕上就像在放卡通节目，一些模糊而肿胀的脸正在演示如何佩戴氧气面罩，而面罩都是像素化的，就像在新闻频道上裸奔者被警察带走的画面会打上马赛克一样。

然而，11月刊的机上杂志*Namaskaar*自豪地告诉旅客：“印度航空被《TTG亚洲》《TTG中国》《TTGmice》《TTG-BTmice中国》的读者一致评为‘南亚最佳航空公司’。”（让我恼火的是，学校的老师没有教过我TTG是什么意思。）“在芭堤雅举行的第17届年度旅游大奖颁奖典礼上，TTG亚洲媒体集团向印度航空公司颁发了这一奖项。”

印度一直在斥资向全球宣传印度品牌，这没有问题，但对一个国家来说，最好的广告就是这个国家在全球都有目共睹的实际产品。不幸的是，印度航空公司上演了这样一场令人失望的演出。印度显然有能力做得更好，从印度的国内航空公司就可以看出这一点，我在德里、海得拉巴和加尔各答之间乘坐的是捷特航空公司的航班，其服务质量毫不逊色于全球各地最出色的航班，甚至更胜一筹。

考虑到印度航空公司的战略重要性，我们应该怎么做呢？私有化是当务之急，但是单凭私有化可能还不够。美国的国内航空业是完全私有化的，监管力度也很小，但其运营状况很糟糕——准点率极低，服务质量低下。显然，私有化必须与明智监管相结合。

但最重要的是，高层对卓越的追求才是关键。正是这一点成就了今天的印度信息技术业和制药业，而正是高层管理人员的漠不关心造就了今天的印度航空公司。我们需要让印度航空公司的高层管理人员负起责任：这不仅仅是一家经营不善的航空公司，更重要的是，它为印度做了负面广告。

飞机起飞与经济起飞

印度机场有一些有趣的古怪之处。以现代化的自动饮水机为例，由于印度人的聪明才智，自动装置被完全省去了。有一天，我试着向德里机场的一台机器投币，一位中年女士拦住我，从我手中拿过硬币，像魔术师一样灵活地拆开机器的前面板，把硬币塞了进去，从自动出杯器中拿出一个塑料杯，放在水龙头下，转动一些旋钮，神奇的液体流了出来。

然而，在飞往加尔各答的印度航班上，当乘客被告知飞机上的音乐系统出现“短路”时，就没那么有趣了。音乐既不能关掉，也无法流畅播放。因此，我们会听到“Mera joota hai Japani”的曲调，然后是几秒钟的沉默，之后是“lal topi russi, phir bhi”，再一次沉默……前15分钟还让人觉得有趣，两个小时后，这简直让人抓狂。

更糟糕的是，我近来在孟买机场的印度航空公司航站楼里花了四个小时（原本应该是一个小时）等待前往德里的航班，航班信息显示屏上的内容与广播的内容并不一致，而广播的内容又与地面实际情况不符。此外，广播系统不仅被用来向旅客广播通知，还被用来向中央工业安全部队的工作人员发送信息：“中央工业安全部队的工作人员请打开18号登机口。”这句话被多次广播，语气也越来越强硬。

一个名为“欢庆”的摊位推出了20卢比的茶水，但一位昏昏欲睡的管理员让我们去另一个摊位“乔治亚”购买，在那里我们被告知机器已经坏了。印度航空公司的工作人员完全不提供帮助，唯一的善意来自一个等身立牌，上面是一位空姐微笑着双手合十。整个画面与所谓的印度繁荣相去甚远，它就像一个失败国家的怪诞再现。

印度的国营航空公司和近一百家机场简直令印度蒙羞，我们的高层领导和体制内的官员应该偶尔来个微服出行，看看这些地方的状况。

有些人可能会说，乘坐飞机旅行的只有一小部分印度人，因此，如果印度政府的宗旨是为穷人和弱势群体服务（我相信政府应该以此为宗旨），那么在国家的优先事项清单中，机场肯定被排在后面。

这种论述是站不住脚的。经济是复杂的有机体，一些看似与政策目标相去甚远的部门实际上起着至关重要的作用。航空部门就是如此，它是一种基础设施，能够使经济更好地运转，也有潜力帮助到所有阶层，包括那些从未乘坐飞机出行的人。此外，这是一个一举一动都在公众视线里的部门，因此更是举足轻重，它可以为国家带来巨大的“广告效应”，从而推动贸易和外国投资。

正是出于这些更深层的原因，我一直在关注德里新近私有化的机场及其规划方案。负责建立并运营德里私有化机场的主要是GMR集团，我花了一些时间与他们沟通，并仔细研究了规划蓝图。规划方案和初始落实都非常到位，我们有理由相信，再过三四年，德里机场将向21世纪迈出一大步，为整体经济带来巨大收益。

我并不认为私有化是解决所有问题的灵丹妙药，欧洲和东亚也有公共部门运营出色的范例，但事实就是，印度公共航空公司和机场管理机构的表现十分糟糕。一些统计数据就足以说明问题。直到最近，机场内务人员的缺勤率都超过35%，与之相比，印度公立小学的教师简直可以说是勤勉的楷模，他们的工作日缺勤率为25%。

再以免税店为例。机场管理局曾以每年2亿卢比的价格将其交给印度旅游开发公司。现在，GMR集团将其交给了Alpha Futures，预期收入将超过10亿卢比。早些时候，机场的广告收入约为每年3 000万卢比，现在，这一数字预计达到4亿卢比。

这些额外收入几乎是凭空而来的：只需要寻找最高出价人，并培训出充满活力、能干高效的员工，就可以获得这笔收入。根据私有化协议，政府将获得销售总额的45.9%。而所有迹象都表明，这将超过政府自己运营整个机场的收入。

机场的很多功能，如海关和进出机场的道路交通，将继续由政府负责，因此GMR集团的高层管理人员担心机场的成败将在很大程度上取决于这些服务的质量。他们能够意识到两者是相辅相成的关系，这很了不起，我也确信很多事情都取决于此。不过，如果机场的主要职能得到改善，应该会对与之互补的国有部门产生有益的影响。在不远的将来，德里似乎有望运营一家像新加坡樟宜机场那样相对高效的大型机场。

非洲日记片段：约翰内斯堡、比勒陀利亚及迪普斯洛特

我从未想过自己会沦为那种以阅读预算演说报告为乐的人。因此，当我发现自己在坐上从华盛顿经达喀尔前往约翰内斯堡的长途飞机后，开始翻阅南非财长普拉温·戈尔丹刚刚在南非议会发表的预算演说报告时，不由得大为震惊。更糟糕的是，我很快就发现自己在看这份报告时，有一种愉悦感。这种愉悦来自两个方面：首先，他的演说流畅自然，带有卓越的感染力；其次，他在演说中认识到，无论身处世界何处，我们当下面临的问题在本质上都是相似的。南非正在努力控制其财政赤字，提振低迷的经济增长，控制严重的不平等现象。我思考着这些问题，打起了瞌睡。等我醒来，机舱里一片漆黑。我很好奇前往非洲的都是什么样的人，于是就环顾四周打量起来。在这个机舱的乘客中，20%是黑人，70%是白人，90%的人在看《涉外大饭店》[①]。

当我在约翰内斯堡的奥利弗·雷金纳德·坦博国际机场走下飞机时，我只觉得天朗气清，只有非洲的天空才会如此明澈。人们的热情和微笑让我想起了泰戈尔那首著名的孟加拉语诗歌的开篇，这首诗的名字就叫《非洲》，诗中的诗句一直在我脑海中静静回响。这首诗是泰戈尔于1936年创作的，即墨索里尼入侵埃塞俄比亚一年之后：这是一位诗人对强权野蛮行为的抗议之作。

世界银行驻比勒陀利亚办事处的官员前来接机，其中有阿萨德，还有桑迪普，雅各布将在接下来的两天里负责我的出行。他

① 《涉外大饭店》是由约翰·麦登执导的喜剧片，讲述了一群英国老人在印度旅游的过程中逐渐找回生命真谛的故事。——译者注

聪明过人，每当被一个问题难住时，不管是与街道方向、南非政治还是与历史有关的问题，我们只需探身询问雅各布即可。一位美丽动人的女士走过来和我握手，告诉我她是我的安保官，在我逗留此地期间她会陪在我身边。

我们开车前往比勒陀利亚的酒店，沿着打理良好的林荫道一直前行，路边闪过气派的住宅。有两辆豪车停在一个十字路口，一个衣着光鲜的男人（应该是其中一辆车的乘客）被另一个男人（可能是另一辆车的乘客）按倒在地。这画面令人不安，我问雅各布发生了什么事。“他们在打架。”雅各布实事求是地说，这让我无法再深入调查下去。

世界上很少有国家像南非那样背负着如此沉重的历史负担。残酷的种族隔离不仅是该国历史书中的沉重话题，也是当代政策辩论和文件中的沉重话题。南非是一个集第一世界和第三世界于一体的国家，中间几乎没有过渡地带。漫长的种族隔离历史几乎给所有统计数据都蒙上了一层阴影。白人失业率处于可控水平，黑人失业率则会把欧元区危机中表现最糟糕的国家都衬托得相当出色。健康指标、贫困人口数量和人均收入也是如此。在今天的南非，政策掌舵者是一个杰出的群体，但其面临的挑战也同样不容小觑。历史会是一个棘手难题。以前在种族隔离法下，有色人种必须在黄昏前离开主要城市的辖区，现在已经没有这样的要求，但由于贫穷和居住费用，他们中的很多人还是会这样做。他们会回到乡镇，那里的土地很便宜，房费也不太昂贵。事实上，在过去十年里，居住在乡镇的黑人比例从30%上升到了37%。

我来南非主要是为了参加一个有关乡镇经济的会议，会议之前的那一天没有什么安排，我坚持要去一个乡镇看一看。

第二天早上，我的陪同人员有：和我一起从华盛顿过来的塞莱斯廷，世界银行驻当地办事处的阿萨德和桑迪普，我的安保官和一名专为此次乡镇之行安排的特别武装安保人员（也是一名女性）；两名来自巴西的访客，阿纳克劳迪娅和爱德华达，他们是研究贫民窟问题的专家；张晓波是研究中国乡镇企业的专家，也是我在康奈尔大学教过的学生，多年后我俩又重逢了；还有一些当地人。我们的目的地是迪普斯洛特，这个乡镇位于比勒陀利亚和约翰内斯堡之间，现有居民约20万人。

要进入迪普斯洛特，得先进入一个现代化购物中心，该购物中心与雅加达、新德里或华盛顿的购物中心相比毫不逊色。商场经理姆佐帅气迷人，他自豪地带我们四下参观，介绍商场出色的运营状况。然而，一进入这个庞大乡镇的内部，人们就会看到截然不同的画面。迪普斯洛特是在1994年凭空出现的，是流离失所者和低技能工人在此落脚的结果。随着时间的流逝，很多人因为找不到工作，已经从低技能滑落到没有技能。这里的地形崎岖不平，到处都是废铁和石棉，道路坑坑洼洼，没有排水管道。即使是穷人的房屋，外面也装了带刺的铁丝网和护栏。

我们随机敲开屋门，走进一些人的家里，也与街头小贩和当地商人进行了交谈。人们告诉我，等到天黑之后，我们就不可能再找到人交流，因为那个时候家家户户都会大门紧闭，街上空寂无人，案件频发。在犯罪猖獗的地区，作为个体的居民往往都亲切友好，此地居民的友好坦诚让我大感意外。有个开朗的年轻人来自普马兰加（Mpulanga），他在此地开了一家小饭店，饭店里只有一个开放式炉子和一些破旧的桌椅。他向我解释说，对于他那间“餐馆”使用的土地和破旧建筑，他既没有所有权，也没有租赁权，因此频频受到警察的骚扰。

卖菜的小贩克里斯蒂娜说，她随时做好了准备，警察一来，她就带上货物跑路，因为她的店面和土地也没有使用权和租赁权。有一位非常得体的女士是拎着一个手提箱从纳塔尔来到这里的，现在经营着一家由两间屋子组成的五金店。我们问她，既然没有所有权，那她有没有可能被赶出去，她毫不犹豫地告诉我：“随时都有可能。”

面对如此尖锐的财产所有权问题，不难看出，只有那些对风险有着超强承受力的人才会在此创业，难怪创业的人少之又少。迪普斯洛特的居民很少去附近的城市（如约翰内斯堡和比勒陀利亚）工作，因为交通不便，费用高昂。那些在城里上班的人，平均要把收入的20%花在交通上。由于出去工作的人很少，也就不值得建设更为高效的交通运输方式，而由于缺少高效的交通运输，也就没有太多人出去工作。这真可以说是“第二十二条军规”般的困境。下午晚些时候，我们在迪普斯洛特边上一家名为Mome's的餐馆吃了午饭，经营这家餐厅的麦克斯韦是一个和蔼可亲的人。罗杰斯先生是一名镇议员（总共只有两名议员），他和当地一些商业人士与我们共进了午餐，我们讨论了乡镇经济问题。不难看出，此地迫切需要政策支持。人们赖以生活或经商的土地必须具备可以交易的产权。这种权利可以是所有权，也可以是租赁权，但必须透明公开，人们得有出售这些权利、随意搬迁的自由。我不禁想起我和帕特里克·爱默生合写的一篇论文（2000年发表在《经济学杂志》上），我们在文中阐述了明确的财产和租赁法能发挥的作用。其次，需要国家介入，提供最基本的基础设施，包括法律和秩序等软性基础设施。

我被关在会议室里度过了接下来的那一天。世界银行非常全面地收集了迪普斯洛特的数据，并深入分析了该镇面临的挑战。我们不仅与研究人员，也与当地行政人员、不同城镇的官员以及南非财长等几位高官就此展开了大量讨论。我们探讨了南非面临的问题，巴西处理城市贫民窟的模式，以及中国大规模专业化生产单一产品的镇和村庄。我们得知，中国有一个城市生产的领带占到了全球总销量的40%，有一个城镇生产的纽扣占到了全球销量的一大部分。

我在当天晚上以及会前会后与多位身居要职的南非决策者进行了沟通交流，谈话不可避免地转向了金砖国家这个议题，因为南非当时正在筹备金砖国家峰会。我们讨论了正在拟议中的金砖国家银行。在去世界银行任职之前，我一直在研究金砖国家银行的规划蓝图，因此有几个人很想听我谈谈这样一个多边银行的职能范围。不过，人们最感兴趣的还是欧洲，这也是这个全球化世界的一个标志。欧元区的危机何时才能结束？该地区的边缘国家是否会分裂出去？这种情况会对南非、印度、巴西、中国和印度尼西亚等新兴经济体产生什么影响？我阐述了自己一段时间以来所持的观点：至少在2015年初之前，欧元区的日子都不会好过，因为届时会有一堵还款巨墙逼近银行。

通过在比勒陀利亚、约翰内斯堡和开普敦以及早些时候在其他很多论坛上与决策者的交流，我意识到人们为什么这么不信任公开声明。尽职尽责的政策制定者应当平息市场情绪，安抚民众，告诉他们刚刚发生在希腊、塞浦路斯或其他地方的危机只是一些孤立事件，不会蔓延至更多经济体。话是这么说，但即便领导人告诉民众刚刚发生的危机只是一起孤立事件，不会蔓延至更多经济体，也没有人相信他们。由此造成的净损失是，即使确实不存在溢出风险，也没有任何语言能够传达这一信息。正是因为如此，我认为我们必须尽可能说出真相，即使在敏感和棘手议题上也该如此。这种做法偶尔可能会导致股市轻微震荡，但从长远看，信誉的提高会让我们受益匪浅，因此值得一试。虽然牺牲了一些眼前的平静，但我们能够获得长远的稳定。

南非的乡镇会议结束后，我和塞莱斯廷访问了威特沃特斯兰德大学和开普敦大学，并发表了演讲，又会见了多位官员，包括南非社会保障局的负责人，他们正在着手推进社会福利发放工作中的个人生物识别。然后，我们在10月6日出发前往达喀尔。而这又是另一个故事了。

萨摩亚日记

每次去一个鲜少有人涉足的地方时，最令人不安的莫过于当地人流露出来的惊讶之情。我还记得自己乘坐索蒙航空公司的飞机从莫斯科前往杜尚别时，一位年轻的塔吉克斯坦女乘务员在得知我是居住在华盛顿的印度人后，一脸疑惑，字斟句酌地问我："我想请问一下，您为什么要去塔吉克斯坦呢？"这番询问似在暗示我决策失误，叫我不由心生疑虑，而火上浇油的是，阿里斯托蒙·瓦卢达吉斯，一位天资过人的经济学家，也是我在世界银行的顾问之一，在飞机起飞十分钟后宣布："到目前为止，一切顺利。"这番话本意是一种安抚，却叫人越发不安，因为听他这意思，在这次旅程中，如果十分钟没有发生意外，那就值得干一杯。

我去萨摩亚的时候，也是同样的情形。飞机上坐满了萨摩亚人，他们简直就像是从保罗·高更的壁画中走出来似的。此外还有几个冲浪者和一些传教士。来自世界银行的我和吉米·奥拉索不属于任何一类，因此少不了要受一番审问：我们为什么要去那里？萨摩亚这个国家的确是一个不同寻常的访问对象，它小得不能再小，人口不到20万，资源少得可怜，只有渔业和一些农产品，不过风景非常壮丽。对经济学家来说，这样一个经济体连基本生存都是一个难题，这样一个国家从哪里获得规模经济来制造汽车、建设医院、生产服装？它又能向其他国家提供多少渔业产品和旅游服务来支付这些费用？有没有可能帮助萨摩亚人形成一支稳定的劳工队伍——既包括技能工人也包括非技能工人——到其他国家务工，并靠他们汇回来的收入为生？在接下来的三天里，我发现自然灾害主导了萨摩亚人的生活，那么该怎样提供保障来抵御这些风险？在这样一个小得不能再小的国家，怎样去实施货币政策？

在为期三天的短暂访问中，这些疑问以及其他一些问题一直萦绕在我的心头。我找到了其中一些问题的答案，但对其他很多问题仍然一筹莫展。对于如何减轻风险并推动经济发展，我有了一些想法，并与总理图伊拉埃帕、财长福穆伊纳、央行行长阿塔丽娜（一位女性）、卫生部几位高官（七位女性和一位不太自在的男性）举行了长时间的会谈。所有会议的细节都将被写入各种官方文件和返程后必须递交的调研报告之中，我就不再在博客上赘述了。

萨摩亚重新激活了我长期以来的自我定位——一位隐秘的人类学家。当时我正在飞机上，阅读着玛格丽特·米德的《萨摩亚人的成年》，该书的开篇就像晨间的拉加曲一样能够唤醒人的内心：

> 一天的生活从黎明开始……年轻人的呼喊在黎明前就从山坡上传来。夜间躁动不安的他们一边匆忙干着自己的事儿，一边劲头十足地相互呼喊……晨曦铺在柔软的棕色屋顶上，细长的棕榈树映衬着无色的、明亮的海面，显得格外突出。恋人们或是从棕榈树下，或是从独木舟的阴影中，悄悄溜回家去，这样在日光照射进来的时候，每一个人都睡在了该睡的地方。虫鸣声漫不经心，面包果树上传来一声声尖锐的鸟叫。

我知道，米德的萨摩亚人类学研究在准确性上受到了质疑，尽管如此，这些优美的语句还是捕捉到了萨摩亚的本质。这可能是我在地理上的一种见异思迁，总觉得新近到访过的国家是最好的地方，是一个我可以安家的地方，就像罗伯特·路易斯·史蒂文森曾在萨摩亚首都“城市”阿皮亚（Apia）外的一座庞大庄园安家一样。刚刚离开萨摩亚的我只觉得它是全世界最美丽的地方，有起伏的山丘、热带的花卉、温和的民众（用该国一家印度餐馆年轻老板的话说就是“人们非常老成”），生活没有紧迫感。最后一天，在赶飞机离开之前，我和吉米、梅娃、安东尼娅一起去爬山，刚提到的伟大作家史蒂文森就长眠于这座山峰。站在山坡上，可以看到这个国家壮阔的景观，也能明白他为何会被吸引至此。

目前也有一些外地人定居于此。一天早上，我们去离阿皮亚不远的地方见万妮亚·陶勒阿洛。万妮亚是位了不起的女性，她于1976年从新西兰搬来此地，嫁给一个当地人——她名字中的“陶勒阿洛”应该就是这么来的——并在这个村子里安了家。目前她的主业是绘画和经营一个艺术展览馆，展览馆展示的是当地萨摩亚人的手工艺品和艺术作品。她的作品充满了创意和想象力，她的家本身也是一件艺术品，我们稍微费了一番口舌才得以进门参观。

即便如此，我们仍无法忽视一个事实：萨摩亚有自己的难题。这是一个贫穷的国家，生活在灾难的边缘（仅2012年12月的热带气旋“埃文”就摧毁了全国16%的资产），基本享受不到现代生活的便利。然而，这个国家有它的神奇之处：虽然贫穷（3%的人口生活在每天1.25美元的贫困线以下），但并不脏乱。这一点很是令人费解，因此，一个熟知撒哈拉以南非洲或南亚地区贫困局面的人很容易被蒙蔽，以为这里没有贫困。萨摩亚、塞内加尔和南非等国情况迥异，使用的却是相同的贫困标准，这个问题确实令人费解。这里有一座监狱，我听说里面有囚犯，不过该国的犯罪率可以忽略不计。我后来得知，萨摩亚的警察不能带枪，而美国的普通公民都可以。

这里也有等级制度和精英主义，但有一点让我心生敬意。周日早上，我在熙熙攘攘的鱼市上看到渔民向普通民众出售捕来的鱼，其中就有像高更画中那样用热带花朵装饰在发间的女子。在我离开鱼市后不久，总理来到市场给自己和家人买鱼。(市场上的一个人后来告诉我：“你可能没认出他来，因为他戴着帽子。”)

乍看上去，岛民们似乎体重超标，但这其实是因为我们的很多看法带有社会偏见。他们身上有一种与生俱来的魅力，很快就能让你打消这样的看法。当地报纸《萨摩亚观察家》就对来自该岛的世界小姐参赛者、美丽的佩尼娜做出了简洁有力的点评——她“打破了选美比赛的陈规”。

我上面提到的那家印度餐厅名叫蒂非莫阿那。我们在阿皮亚来来回回转了好多次，每次都能看到它。因此，最后一天晚上，我和吉米决定从我们所住的塔努阿土西塔拉酒店走到那家餐厅。我们出发的时候，天色已晚，街上空荡荡的，只有几个流浪汉和几条流浪狗。我很想知道，是谁拥有这么浪漫的灵魂，跑到这么远的地方来开一家餐馆。餐馆经理是一个年轻人，来自孟买卡延（Kalyan）。他的姐夫在斐济做生意，三年前来到此地，粗略估算了一下在萨摩亚开一家印度餐馆的经济可行性。他们从德拉敦（Dehradun）带来了两个厨师，一个负责烧烤，另一个负责其他所有事项。他们雇用了一些当地的帮手，蒂非莫阿那就这样开张了。七八个深夜食客舔舐着手指，啧啧有声，由此看来，它提供的服务满足了在开办之前潜在的纳克斯式需求[①]。

我知道，一个局外人很容易被萨摩亚不可抗拒的魅力征服，而忽略了这个小国面临的诸多挑战。这对该国人民来说是不公平的。萨摩亚面临的其中一个巨大挑战是环境问题。对这个国家来说，全球变暖和海平面上升不只是一个学术问题，该国的每个公民都深知这一点。自然灾害越发频繁，2009年的海啸和2012年底的热带气旋“埃文”留下的痕迹仍历历在目，我走了很多地方，目睹了这些灾难造成的破坏，发生海啸的地方和明信片上绘制的美丽太平洋岛屿没什么两样。问题是，在海岸

① 这里意指非投资品需求。美国经济学家纳克斯（R. Nurkes）在英国经济学家辛格（H.W. Singer）的基础上阐发了贫困的恶性循环理论，认为贫困既是资本形成不足的原因也是其结果。贫困的恶性循环从供给侧看是因为资本形成不足导致生产率低，这又导致收入不足和储蓄过低，进而使资本形成不足；从需求方面看则表现为收入不足导致购买力不足、市场狭小，对投资品需求不足，进而使资本形成不足和生产率低下。两个循环相互作用，使经济难以实现增长，走出贫困陷阱。——译者注

和陡峭的山脉之间，只有一小片地方，当海啸袭来时，人们被困于此；他们匆匆忙忙地往山上爬，很多人被海浪卷走，伤亡惨重。

现在，世界银行牵头开展了多项行动：一些简单的举措就能带来攸关生死的变化，比如安装警报和通告系统，提醒居民风暴和海啸即将来袭；沿着山坡修建道路，这样居民就可以爬到安全的地方。此外还需要将一些重要的建筑，如学校，搬到高处，因为即便我们最终能够阻止全球变暖，这个过程也还要持续一段时间。萨摩亚不是一个富裕国家，要想尽快完成这些任务，就迫切需要外界的持续支持。世界银行目前参与了该国两个主要岛屿，即萨瓦伊岛和乌波卢岛的全面建设，修建道路并为其他基础设施提供支持，但眼下挑战重重，需要更多的全球力量支持和参与。

紧凑而奇妙的三天旅程很快就接近尾声，在我准备离开萨摩亚之际，我问阿皮亚的一位居民：“萨摩亚的犯罪率和盗窃率为什么这么低？”他回答说：“因为我们的房屋是完全开放的，没有墙，也没有门，所以没有人敢进去偷东西。”我得承认，当我走向停机坪上即将载着我们飞越广袤太平洋前往奥克兰的飞机时，我试着剖析这番话的逻辑，并不由自主地想，这样的逻辑只有在萨摩亚这个令我心仪的国家才说得通。

不丹：喜马拉雅地区的发展经济学

要想降落在不丹的帕罗机场，飞机需要做一个问号状的动作，同时迅速降低高度，以免机翼蹭上帕罗河谷周围的喜马拉雅山脉。帕罗河谷也是不丹首都廷布的所在地。同机的一位乘客告诉我，全球只有九名飞行员接受过这种降落训练。我平时很少祷告，这回却用掉一次机会，祈祷我们所坐航班的飞行员就是这九个人之一。我想，可能正是因为我祈祷的次数不多，所以才如此有效，我们的飞机平稳降落，安全落在停机坪上。

在为期四天的访问里，我先是与来自不丹和邻近国家——印度、孟加拉国、斯里兰卡、巴基斯坦、尼泊尔和阿富汗——的经济学专业的学生们见了面并给他们做了讲座。这是世界银行赞助的一个项目，旨在推进区域内的学术合作和交流。在不丹之行接近尾声时，我与该国各地的政策制定者、思想领袖和企业负责人举行了圆桌对话并共进晚餐。在访问期间，我与首相策林·托杰见了两次面，探讨不丹面临的挑战；我与不丹的财政大臣以及皇家货币局[①]的官员会面进行了磋商；与不丹研究中心主任达索·卡玛·乌拉进行了沟通，并与不丹第五世国王吉格梅·凯萨尔·纳姆耶尔·旺楚克陛下有过一次令人难忘的对话。

此行的一个亮点是我参观了廷布郊区的两个城市基础设施发展项目，同行的有不丹首都的市长金莱·多吉和世界银行驻当地代表兼高级经济学家吉纳维芙·博伊罗。这两个项目得到了世界银行的资助。除此之外，我还与世界银行的乔·钱一起徒步走上了宏伟的杰里寺，两个小时之后，我从山上走下来，感觉自己就好像在冥想营里经受了为期一周的洗礼。

不丹是一个神奇的国家，既传统又现代，其他国家几乎不会这样。该国佛教文化盛行，生活的方方面面都透露出与生俱

① 即不丹央行。——编者注

来的简单朴素。与此同时，该国也在推行高标准的环保和有机农业，并尝试将禁烟范围扩大至全国，而不仅仅是建筑物和公园内。

不丹面临的发展挑战在很大程度上起因于这两个特点：根深蒂固的传统习俗和对现代可持续性的追求。该国在消除极端贫困方面取得了显著成效，生活在1.25美元（经购买力平价调整）贫困线以下的人口比例从1981年的47%降至2011年的3%。就百分比而言，其下降幅度是各国之最。世界银行《2014年不丹贫困状况评估》指出，不丹的增长一直是包容性增长，这是一个社会流动性很高的国度。

然而，也有一些令人担忧的阴云。不丹有过一段时间的快速发展，在2011年甚至出现了两位数的增长，但由于全球经济增长放缓，外加国内宏观结构承受重压，如经常账户出现高额赤字，因此该国GDP增长率在2013年放缓至2.1%。此外，按照欧元区的标准，不丹的失业率虽然不高，但也有所上升，尤其是受过教育的年轻人的失业率出现了明显上升。

要想在保护该国宝贵文化遗产、坚守环境承诺的同时应对这些挑战，并非易事。几乎每一场讨论和双边会议都会谈到这一点，南盟八国的区域合作议题同样屡被提及，对于内陆小国不丹来说，这一区域合作尤为重要。

水力发电和对印度电力出口是该国重要的商业领域，另一个具有巨大潜力的部门是旅游业。该国有一项不同寻常的旅游政策，除极少数情况外，要求每名游客每天至少消费250美元。虽然可以理解该国为什么急于推行“高价值、低影响”的旅游政策，但这一方案显然不是最优政策。首先，我认为不丹可以做到旺季多收费，淡季少收费，从而提高利用率，增加旅游收入。此外，该国可以使用非线性定价，甚至可以采取拍卖体系，提高旅游业带来的收入。

我没有明确的解决方案，但我知道，通过严谨的分析，再稍稍辅以运筹学，该国就能提高旅游部门的收入和创造就业机会的能力。我这么说是因为我有过亲身经历，我在印度工作时，政府计划拍卖3G频谱，据我们估算，其大约价值70亿美元。令人庆幸的是，政府决定通过专业拍卖的方式，而不是以政府估算的价格来出售3G频谱，结果拍卖所得的资金是估算价格的两倍都不止。良好的政策设计能够发挥出令人意想不到的作用。

不丹在培育人力资本、促进居民健康方面取得了成功，因此，它也应该能够发展其教育、信息技术和数字数据管理部门，这些部门的发展可以帮助吸收本国受过教育的劳动力。

最后，该国在区域间贸易和旅游方面有着巨大的发展空间。南亚是全球经济一体化程度最低的地区之一。当然，仅凭一国之力是无法推动区域间经济合作取得成功的。这很大程度上取决于各国共同的决心，也取决于印度这个地区大国的决心。这个问题应该被视为南亚地区需要优先关注的事项之一，也许小小的不丹可以发挥中立作用，推动大国行动起来。

在亚洲以及广义上的东方，成功发展、表现突出的城市和地区往往被冠以“东方某某地”之名。在不丹这个宁静地依偎在高山之间、居民热情友好的国家度过了奇妙的四天之后，我决定颠覆这一传统，将瑞士视为“西方的不丹”。

来自马来西亚的明信片：轻轻穿过雾霾

引言

我的马来西亚之行始于该国遥远的东部边界，沙巴州的首府哥打基纳巴卢（Kota Kinabalu）。这个陌生的名字让我意识到自己已经离家甚远。与当地百姓、政客、艺术和手工艺大师见面交谈之后，我很快就发现加里曼丹岛这个古老的岛屿体现出了人类历史迁移的种种神秘和浪漫。当地居民看起来像是一直定居在此，但其实他们经过长途跋涉，穿过危险的荒野和海洋才来到这里。他们以现代人的身份来到了这片古老的土地之后，很快就被同化，成为下一拨抵达者和像我们这样的现代游客眼中的土著。

在哥打基纳巴卢机场迎接我和弗雷德里科、维维安、库普（财政部的一名高级官员）的是一位迷人的年轻女子，名叫伊坦。她身材高挑，头上戴着头巾，包住了头发。伊坦解释说，她有部分阿拉伯血统，部分中国血统，还有部分比尤血统，这是一个古老的部落民族，她微笑着补充说，她对自己的定位是比尤人。

沙巴州似乎是不同文化、不同民族的大熔炉。从我的酒店窗户望去，可以看到大海，海的边缘处有一个不规则的蓝色顶篷，人们告诉我，这里原本是菲律宾移民经营的集市。两个男人自在地蹲坐在那里聊天，由此可见，沙巴州是近来才获得中等收入地位的。令我印象最深的是，在沙巴艺术学校，两个明显做过变性手术的学生非常自在地坐在男生和女生中间，一边说笑，一边绘画。这才该是评判文明程度的标准。

经济及挑战

从加里曼丹岛来到吉隆坡之后，最先映入眼帘的便是雾霾。马来半岛被笼罩在印度尼西亚燃烧木材和草炭而产生的雾霾之中。我们抵达的时候，“API指数”（一个衡量雾霾强度的指数）的读数与意大利主权债务在GDP中所占比重不相上下。请读者自行理解吧。雾霾带来了一股淡淡的烟熏香，让人无处可逃。对于这个问题，我的解决之道是说服我的大脑相信，有人在附近打翻了一瓶拉弗格单一麦芽威士忌。这种做法很有效，我享受着此行的每一刻。

我此次前来是为了看看马来西亚面临的经济挑战，发布《马来西亚经济监测报告》，与总理纳吉布·拉扎克在位于布城[①]的办公室见面讨论马来西亚的经济问题，在总理的经济委员会上发言，探讨世界银行和马来西亚进一步合作的空间，并见一见那些手掌舵柄、指导经济方向的决策者。根据目前的预测，该国在2013年和2014年的经济增长率为5.1%。

根据《马来西亚经济监测报告》，2013年第一季度增长缓慢，但回弹的国内需求正在推动经济复苏。消费者和企业支出的增加预计将提振GDP，而该国的涉外经济部门将会抵消财政紧缩政策对国内经济的影响，成为提振经济的关键驱动力。

马来西亚的贸易以原油、棕榈油、天然气和橡胶为主，而我们都知道，把所有鸡蛋都放在“商品篮子”里并非明智之举。由于中国和欧洲等主要出口市场增长乏力，因此对大宗商品的需求受到抑制，而且在全球供应充足的大背景下，马来西亚需要加快

① 马来西亚的联邦行政中心。——编者注

结构改革，以确保维持其经济的多元化和增长活力。

到目前为止，马来西亚做出了合理的政策选择，确保将资源开采带来的收入以设备、建筑和教育的形式重新投资于经济。这为高速增长提供了支撑，人民也得以分享经济增长的成果。20年来，底层40%农村家庭的平均收入每年提高7.1%，贫困率迅速下降。

世界银行设定了两个新目标：一是到2030年将极端贫困率降至3%以下，二是让各国最贫困的40%人口的实际收入出现增长。有鉴于此，我比以往任何时候都相信，我们可以从马来西亚学到很多。之前我并不知道，早在世界银行设定目标之前，马来西亚就已经自行设置了以该国最贫困的40%人口为重点关注对象的目标。

马来西亚最令人印象深刻的是它为改善营商环境而做出的努力，政府官员被反复提醒，他们的任务是帮助该国公民，为企业家创造高效的营商环境。这一点在某些治理领域比较明显，比如我们在访问马六甲的城市改造中心时就有明显感受。现在，护照在收到申请后两个小时内就能发放。

马来西亚面临着巨大的挑战。这是一个多文化、多民族的社会，不得不面对所有这类社会都必须处理的矛盾和裂痕。它必须继续推进产业多样化和现代化，最重要的是，它必须建立人力资本，促进研究和创新。

更为宽容的印度教

我出生在加尔各答，并在那里一直生活到17岁，然后去德里上了大学。我经常来这座城市，在这里也一直有一个家，也许是因为太过熟悉，所以我从来不觉得有必要下笔写写这座城市。

这个月早些时候，我的心态变了。我一时兴起，决定在白鲁尔庙（Belur Math）过上一夜。这是罗摩克里希那传道会（RKM）的寺庙建筑群，位于恒河西岸的城市外围。罗摩克里希那传道会是这样介绍白鲁尔庙的："坐落于恒河西岸，占地40英亩……来自世界各地、信奉不同宗教的人将这里视为朝圣之地。对宗教并无兴趣的人也会前来这里感受宁静祥和的氛围。"最后这句话意味着我不会被拒之门外。

一路穿过加尔各答蜿蜒的小巷和拥挤的街道，那些身着衬衫的男子只身将头探出窗外，然后突然之间，寺庙出现在眼前。这是一个无比宁静的地方，坐落在古老恒河的河岸上，沐浴在阳光下，与恒河一样散发出永恒的气息。这样的永恒气息被很多歌曲吟唱，如布蓬·哈扎里卡对布拉马普特拉河的赞叹和Pussycats的《密西西比》。

大约120年前，辨喜[①] 在临河而建的房间里写下的一段文字很好地捕捉到了这一点："此刻我正在恒河岸边白鲁尔庙的房间里写作。如此静谧，如此安宁！宽阔的河流在明朗的阳光下翩翩起舞。只有在货船偶尔经过的时候，船桨溅起的水花才会打破寂静。"

罗摩克里希那传道会具有卓越的组织能力，从它在印度各地开办的学校、高校和医院就可以看出这一点。每天都有数以千计的访客和游客落脚白鲁尔庙，但这里却一尘不染。它的各项活动，包括各种社会福利工作和诵读赞美诗，都像钟表一样精准运作。

---

① 又译斯瓦米·维韦卡南达，著名哲学家和宗教改革家，印度教最有影响的精神领袖之一，新吠檀多思想的首倡者。——译者注

6月12日傍晚，我和妻子来到传道会的国际招待所后，立刻就感受到了这一点。办理入住手续的职员愉快地告诉我们，早餐在早上6点半供应。我问了一个住酒店时都会问的常规问题：早餐会供应到什么时候？他很困惑，重复了一句“早餐在6点半供应”。他着重强调了“在”字，这就已经说明了一切。

晚上没有什么事情可做，我们与几位僧侣和一些游客聊着天，听着传教士们神秘的诵经声，古老的德鲁帕德音乐飘扬在空旷的主庙里，人们安静地坐在那里。我们出来的时候，天色已晚，人群都已散去，时钟不再报时，唯有深邃的河流奔腾不息。

国际招待所就在传道会正式场所的外面，位于一条狭窄小道的拐弯处，旁边是一处圣人陵墓，我们看到几个人在那里一直交谈到深夜。显然，这一片地方都由罗摩克里希那传道会监管，小路安静而整洁，上方有几盏明亮的路灯，驱散了夜晚的黑暗。透过百叶窗的缝隙，偶尔可以看到路人经过：身着橘黄和白色衣物的僧侣、结束一天劳作回家的工人，以及穿着镶有红边的传统白色纱丽、眉心点有吉祥痣的女子。

第二天早上是个挑战，我们被告知，点灯仪式是一项不容错过的仪式，举行时间是凌晨4点，不必说，自然是4点“整”。在漆黑的夜里，走在无人的小路上，头顶是安静的路灯，两边是窗户紧闭的房屋，这样的画面很像艾略特诗歌中的某一幕，或是卡瓦菲斯时代亚历山大城中的一条小巷。晨间的点灯仪式和河上的破晓时分有一种精神上的力量，让我的思绪飘回到了印度的吠陀时代。一定是这种日常生活与自然奥秘的融合，引发了深刻的哲学思考，使“吠陀”显得如此特别。

对于罗摩克里希那传道会热情友好的招待，我感激不尽。我之所以需要它，不仅仅是因为在忙乱的日常生活中，我们很少花时间去思考人生的种种未知，思考我们从哪里来，我们要去往何处，而且还因为我需要看到印度教的这一面：达观、包容、对其他宗教持开放态度。

这完全不同于如今的右翼印度教团体以印度教的名义所宣扬的那些理念。与年轻的僧侣和寺庙的游客聊天时，我也很高兴地看到，他们中的大多数人都想要与狭隘的印度教划清界限，同样要划清界限的还有某些团体宣扬的对伊斯兰教、基督教和犹太教的仇恨，以及以保护奶牛为名的谋杀和仇恨。① 看到普通印度教徒意识到自己并不想被这种仇恨文化所裹挟，真是令人欣慰。

辨喜在此处设立传道会的一个原因是这里靠近达克希涅斯瓦寺，这座寺庙由拉尼·拉什莫尼建造。她是低种姓出身，因此很难找到一位婆罗门牧师。最终她找到了两位离经叛道的兄弟，其中年轻的那位就是罗摩克里希那，他欣然打破了所有的宗教规矩和仪式，只是简单地传达了普世之爱的理念，而他的弟子辨喜在1893年9月11日著名的芝加哥演讲②中重申了这一理念："我衷心希望，今天早上为这次大会而敲响的钟声将是所有宗教狂热主义的丧钟。"

对我们来说，值得记住的是罗摩克里希那传道会现任主席在引用辨喜的演讲内容后所讲的："自从这些话说出来，已经过去了一个世纪。在20世纪接近尾声的时候，人们感觉我们正在向着野

---

① 牛在许多印度人的信仰中是极其神圣的，不少印度教民族主义分子以保护奶牛的名义迫害他人，而受害者往往是穆斯林或其他少数民族。——译者注

② 1893年9月11日，世界宗教会议在芝加哥正式召开。——编者注

蛮时代倒退，在那个时代，强权就是正义，除了群体忠诚，其他一切都不重要。”

真诚：一段旅程，一种教育

从小旅馆的阳台上望去，黎明正挣扎着冲破雨季之夜的迷雾，目光所及之处，只见一片荒凉。一阵微风拂过大片几乎无人居住的土地，树叶沙沙作响。远处的湖泊闪烁着清晨的微光。眺望着这既神秘又玄妙的风景，人们完全可以在脑海中想象勃朗特姐妹所处时代的约克郡荒野。我独自站在阳台上，逐次看向绿色的棕榈树、学校操场上的红色和蓝色秋千以及普鲁利亚的远山，那是孟加拉国与贾坎德邦接壤之处。此时此刻，我的心中充满了希望。

为期三天的访问到此就要结束了。这次访问始于7月28日，当天我乘机抵达兰契之后，驱车四个小时穿越了贾坎德邦和孟加拉国的西部边缘地区。我去那里是为了看看非政府组织Nanritam经营的一所乡村学校和一家眼科医院。为了纪念罗摩克里希那传道会的斯瓦米·洛克斯瓦南达，两名女子在2002年创立了Nanritam。它于2004年在普鲁利亚区的帕拉街区展开了工作，其团队由勤勉的医生和社会工作者组成，其中很多人定期从加尔各答和附近的普鲁利亚区前往那里。该组织最初的目标是经营一家眼科医院，并为贫困农民开展农业推广工作。这项工作现在仍然开展得红红火火。眼科医院完全可以媲美城市里的医院，拥有现代化的手术设备、整洁的房间和干净的走廊，贫苦病人稳定流动，很多人会在这里留宿等待手术。

不过，由于我对教育很感兴趣，所以在眼科医院旁边的菲利克斯学校花了很多的时间。事实证明，这是一次出乎意料的经历。这所学校建于2014年，已经有逾400名学生，从托儿所到六年级都有。大多数学生定期支付学费，但也有很多学生不支付任何费用，因为这是一个贫困地区。不过所有人都穿着同样的制服，坐在一起，学习、欢笑和玩耍。他们并不知道自己的财富、宗教和种姓背景各不相同。

生活在纽约的我，有一段时间一直想看看3D打印机究竟是如何工作的。没有想到的是，我的3D打印初次体验居然是在菲利克斯学校，一群天真的六年级学生争着向我演示它是如何工作的。这所学校的难得之处在于，它传授的现代教育有着过硬的质量。学生们学习传统文化和历史知识，但从就业角度看，重要的是他们学会了说英语，还会学习逻辑、数学和现代科学等课程。该校借鉴了芬兰的一些教育理念，而芬兰在学校教育领域一直是佼佼者，Nanritam的创始人在访问荷兰时就有着明确的目标，那就是把最好的理念带回印度。

老师和学生都很喜欢学校。当我从一个班走到另一个班时，学生们向我提出了很多逻辑和思考题。其中有些问题非常棘手，我也不知道答案是什么，只好被迫采取这种情况下的唯一策略：表现出我是在假装不知道答案。

菲利克斯学校的模式值得向印度其他地区推广。这所学校的现代化程度堪称典范，看到这些偏远地区的孩子欣然接受这样的现代化教育，实在令人鼓舞。随着人工智能和机器人技术的发展，这种类型的教育将发挥至关重要的作用。对印度来说，我们现在必须投入时间去做科学和数学研究，而不是竭力证明我们在五千年前做过相关研究。

参观完学校后，我借机访问了一些名字令人回味的小村庄，如乔里达和塔姆纳，还穿越了阿约提亚的丘陵，这里是焦达讷格布尔高原（Chota Nagpur Plateau）的一部分。就在几年之前，人们在这一地带根本不可能四下走动，因为有可能会遭到袭击。

居住在村庄和森林里的桑塔尔人（Santal）构成了印度最大的部落之一。他们皮肤黝黑，相貌出众，在雅利安人到来之前就已经在印度半岛定居。他们的村子给人一种视觉享受，手工搭建的房屋排列整齐，外墙都是手绘的。他们的语言属于南亚语系，有近1.2亿人使用这种语言，他们分布在南亚、高棉地区和中国南部。这种语言最初没有自己的文字，不过桑塔尔人后来出了一位富有创新精神的领袖，名叫拉古纳特·蒙达，他在20世纪发明了一种被称为桑塔利（Ol Chiki）的文字，这种文字现在已经广泛流传。

在胡达街区的哈斯马拉村，一位才华横溢的年轻艺术家给我们介绍了他们的艺术和节日。最大的节日是“迦梨女神节”，不过与传统印度教不同，他们在这个节日并不制作神像。在与这些居民交谈时，我们会不由自主地对自己的历史发出赞叹，想要知道我们来自哪里，我们的祖先是谁，以及天南海北、各个大陆上的所有人类之间有何联系。

最后一天早上，我早早起床欣赏黎明的曙光，并参加了凌晨5点在罗摩克里希那小教堂举行的晨间点灯仪式。钟声袅袅，梵语诵经声不绝于耳，令人更觉超然物外。

我不想误导我的读者。我是一个怀疑论者，除了逻辑真理之外，我没有什么信仰。我相信，只要不是逻辑上说不通的事情，就是有可能的。点灯仪式吸引我的地方不在于宗教，而是其哲学内涵。它让我们意识到自己所知甚少，应当时刻保持谦逊之心。

它把握住了一种与政治团体教唆的仇恨崇拜截然不同的印度教精神。当我走过这些村子，与普通民众交谈，看到他们也为这些极端宗教而不安时，我感到非常欣慰，这也正是我在本节开篇时提到我满怀希望的原因所在。

佛罗伦萨一夜

10月6日，我在里斯本转机。等我们坐上座位并系好安全带后，一位空姐拿着一个罐子向机舱内喷洒了一些增压液体。对讲机里沙沙作响，一个明显带有葡萄牙口音的声音响了起来，这让我有片刻恍惚，觉得自己好像身在果阿邦[①]。他告诉我们，喷洒这种消毒剂是法律要求，并向乘客保证，它不会影响我们的——唉，我听不出接下来的词是“健康”还是“财富”。我安慰自己，这两者中至少有一样不受影响，是好事。

之所以有这种满不在乎的感觉，是因为我即将前往世界上最美丽的城市之一，而且此行的目的非常美好。我要去佛罗伦萨拿一个荣誉学位，也许用拉丁语说出来会更好听，laurea honoris causa。拿到学位是好事，更好的是得来全不费功夫，不过真正让人快乐的是佛罗伦萨。佛罗伦萨，像雅典一样，是世界上少数几个可以明确自称人类文明摇篮的城市之一。

正如伯特兰·罗素在《西方哲学史》中所言：“与中世纪相对立的现代观念始于意大利的文艺复兴运动。佛罗伦萨是当时世界上最文明的城市，也是文艺复兴的主要源头。”当我利用空闲时间漫步城中，欣赏一些伟大的艺术和雕塑作品时，我无法不惊叹

① 果阿邦曾是葡萄牙殖民地。——译者注

于佛罗伦萨在14世纪至17世纪的成就。这座城市孕育了马基雅维利、但丁和波提切利。米开朗琪罗出生在此地，伽利略出生在附近的佛罗伦萨共和国，达·芬奇也在此地工作过。

但是，仅凭天赋并不能将艺术和科学传播至全世界，意大利的文艺复兴也是如此。当时的佛罗伦萨非常幸运，拥有一个了不起的商业家族——美第奇家族。他们将自身雄厚的财力投入艺术、哲学和科学培育事业。洛伦佐·德·美第奇是这个家族最知名的人物，他在15世纪末成为学者、艺术家和诗人的赞助人。在推动文艺复兴向世界其他地区传播的过程中，他发挥了关键作用。

不过，在访问这样一个美妙的城市时，如果只去探访博物馆和美术馆的话，那就太不明智了，街头生活以及与普通人的互动深深吸引了我。意大利人热情友好，很容易和他们聊上天。我和朋友马里奥·比杰里行走在大街小巷，遇到了一些很有意思的人。例如，一个嬉皮士模样的人在路边摆了一个小型艺术作品展。这些作品令人惊叹，我从来没有见过这样的街头作品。马里奥为我们翻译，我得知他叫路易吉·拉诺特，来自普利亚。当我夸奖他的才华时，他羞涩地接受了我的称赞，并说他的作品也在一些美术馆展出，而美术馆老板不认同他在路边展示作品的做法，但他解释说，美术馆太有局限性，所以他绝不会放弃街头艺术。很显然，他是一位真正醉心于艺术的艺术家，完全不将市场营销放在心上。

漫步在中央广场，打量着街边的小贩、咖啡馆和商店，我感受到了人类学家的快乐。我停下脚步，想在一个生意看起来很红火的年轻小贩那里买一条皮带。他的英语说得结结巴巴，我也试着说了几句意大利语，但无济于事。然后我们发现，我们俩都会说另一种语言——孟加拉语。我发现，那里有很大一部分商店和摊位是由孟加拉人经营的，他们看上去过得快乐顺遂，大家都很高兴用孟加拉语和我聊天，其中还有个人指出我的口音听起来不太地道。

旅行的美好之处不仅在于游历本身，还在于一些不经意间闹的笑话。在佛罗伦萨大学一个华丽的礼堂里参加完学位授予仪式后，我和一些教员去一家咖啡馆吃午饭。意大利和欧洲大部分地区的食物都很美味。我有时会想，英国之所以能在抢夺殖民地的竞争中胜过其他欧洲国家，是不是因为它在美食上花费的时间和精力相对较少。

吃完美味的千层面后，该点咖啡了。当服务员转到我身边时，我说："一杯卡布奇诺。"他的脸色变得很奇怪，屋里的人也都鸦雀无声。我不由得想，之前那个孟加拉店主说我的孟加拉语说得不标准，这一次我是不是把卡布奇诺也给念错了。周围传来一阵尴尬的低语声。然后，一位教授好心地向我这边靠了靠，悄悄告诉我，服务员之所以大惑不解，是因为只有英国女士才喝卡布奇诺，而且只在上午10点之前喝。

我的糟糕品味被暴露在众人面前，不管我做什么，都已于事无补。

离别到来之际，我感受到一种奇怪的乐观情绪。之所以说"奇怪的"，是因为意大利正在经历一个艰难阶段，右翼政治势力骤然兴起，加剧了对难民的仇恨情绪——这些难民为了逃离冲突和迫害，来到欧洲寻求庇护。然而，在意大利的这几天，我不仅在学术殿堂，也在市场和咖啡馆见到了很多人，感受到了他们与生俱来的热情和善良。我不由得感觉，未来属于人民，而不属于鹰派边缘政治团体，他们可能会一时得势，但不会长久。

都灵奇迹

大约一年前，我受邀在都灵卢卡·达格利亚诺（Luca D'Agliano）研究中心做一个讲座，这个年度讲座已经成为一项盛事，我很乐意分享我在法和经济学方面所做的一些新研究。我从没去过都灵，简而言之，我有充分的理由去做这个讲座，于是我在都灵度过了三天愉快的时光。

我的讲座主题是法律、经济和腐败管控，涵盖的材料远至公元前300年的考底利耶著作，近至当代研究。在大多数新兴经济体，从中国和印度，到撒哈拉以南非洲的大部分地区，再到巴西和阿根廷，腐败似乎是一个普遍问题。考底利耶的评价可能过于愤世嫉俗，却很有道理："就像舌尖不可能尝不到蜂蜜一样，政府公仆也不可能不吞掉国王的至少部分收入。"

有目共睹的是，一些国家，如瑞典和英国，在一两个世纪内从高腐败社会转变成了低腐败社会，还有一些经济体在更短的时间内就实现了转型，如新加坡和中国香港。根据"透明国际"如今的排名，它们的清廉指数不仅高于意大利和希腊，甚至还高于美国。如何实现这一转变是一个引人深思的问题，由于博弈论的进一步发展和行为经济学的兴起，我们现在对这个问题有了更深的认识。

讲座结束后，我们在都灵的美味餐馆里一边进餐一边继续展开讨论，这些讨论很有启发性，有时也很有趣。一位去过德里的意大利朋友跟我们说他当时住在印度国际中心，还说最令他难忘的是他在“莫迪花园”（Modi Gardens）的晨间散步。我正犹豫着要不要告诉他，他把历史名称与当代印度政治混为了一谈，这时一个经常去印度的意大利人欠过身，滔滔不绝地讲起洛迪王朝（Lodis）和花园里的16世纪君主陵墓，澄清这些花园不叫“莫迪花园”。唯一令人不安的是——我不能确定他具体是什么意思，因为他说话时混杂着意大利语和英语——他的长篇大论在最后出现了“尚未”二字。

都灵是一座博物馆和豪宅之城，最有名的是都灵裹尸布，据说耶稣基督受难之后被包裹在这块亚麻布里。一些科学检测似乎对这一说法提出了异议，因此关于它是否真的是那块布的问题仍然没有定论。

和在其他城市一样，我喜欢逛博物馆，但也喜欢在街头观察人们的日常生活，我设法在会议和研讨会之间挤出了些许时间，在城中漫步闲逛。都灵是安东尼奥·葛兰西学习并创办《新秩序》周刊、从事政治活动，后来又被墨索里尼手下的警察逮捕入狱的城市；都灵是尼采居住并喜爱的城市，他也是在这里失去了理智，精神崩溃。这座城市有豪华的住宅，也有独特的贫民区和贫民窟。来来往往的路人让其更添魅力。它的各种面貌就像奥登诗中描述的那样，“令人魂牵梦萦”。

在前往机场的路上，我去了本次行程的最后一站，参观了里沃利城堡，这是一座9世纪时期的城堡，建在山顶。从山上可以看到里沃利古镇在晨雾中若隐若现。城堡里雅致地陈列着一些当代杰出艺术作品。但最大的惊喜是博物馆里有一个巨大的房间，里面展示了与泰戈尔的戏剧《邮局》相关的艺术作品、视频和照片。这一展览也是在致敬雅努什·科扎克。这位犹太作家在华沙犹太人区的一个孤儿院排演了这出戏，随后在1942年和很多孤儿一起被送往特雷布林卡灭绝营。这是一个令人感伤但又触动人心的展览，为我在都灵的三天美妙之旅落下了帷幕。

这次都灵之行不但美妙，还见证了一次奇迹。在我旅行的前一周，我的美国绿卡不见了。我把家里翻了个底朝天也没找到，就和妻子开玩笑说，这时候得试试祷告了，看看神会不会听见我的祈祷。于是我盘腿坐好，开始祷告，大意是说：神，你也清楚，我不是每天都在向你祈祷。事实上，我每次都隔上好几年才会在绝望的时候祈祷一次，而今天就是这样一个日子，如果我取消这次计划已久的讲座，那实在是叫人难堪。我不确定你是否存在，但如果你真的存在，请看在我如此诚实的分上，让我找到我的绿卡。另外，并不是说你让我找到绿卡，我就会成为你的信徒。在这个世界上，能够证明你存在的证据实在太少，仅凭一个奇迹不太可能使我改变主意。

我站起身，像往常一样进行了深夜阅读和写作，然后就睡下了。第二天早上，我不经意地打开我和妻子反复找过的那个抽屉，我的绿卡躺在里面，一眼就能看到。我一阵激动，既欣喜又困惑。我试着回想前几天发生的所有事情，但根本无法解释这一切。

那么，我该如何看待这件事呢？最有可能的解释是，绿卡一直就在那里，但我们俩都没有看到它，而且，由于我与生俱来的怀疑精神，违反归纳法则的现象并不会困扰我。我相信，只要逻辑上说得通的事情，就是有可能的，然而，这次经历实在太令人困惑，以至于我只能得出一个同样令人困惑的结论：无论神是否存在，可以肯定的是，神是爱我的。

神是否存在？几种可能的假设

我和老朋友迈克尔·梅内塞斯近来在孟买美丽的帕里村咖啡馆见面时，我的思绪不由得飘回了我们在德里的大学时代和另一家咖啡馆。

那是在1972年初，大概是三四月份。我们在圣史蒂芬学院的三年求学生涯即将告一段落，在这三年的时光里，我们收获了快乐和友谊。我在期末考试中表现不佳，不过与荒废学业时的快乐相比，这样的代价微不足道。我和迈克尔觉得这个时候该做点善事，于是打算将我们的一个同学（名字我就不说了）与米兰达学院一个很有魅力的学生促成一对（这个人的名字我也不记得了）。我们想出了一个令人拍案叫绝的计划。我们以男生的名义，给女生写了一封表白信，约她到大学咖啡馆相见。然后我们又以女生的名义给男生写了一封表白信，并约他同一时间在咖啡馆见面。

到了这个重要的日子，我和迈克尔也赶往咖啡馆，去见证我们牵线搭桥的成果。走在路上的时候，我们得打一个电话，于是走进了一个电话亭。那时候电话亭无处不在，只要投币就可以打电话。我们在那里打开了财富之门，更准确地说，捡到了一张被人落在电话台上的10卢比纸币。附近没有其他人，而且数额太小，不值得大张旗鼓地去寻找它的主人。我们都觉得这是个免费喝咖啡的好机会。迈克尔是天主教徒，他不知道这样做是不是犯下了罪行。我跟他说，印度教诸神都是不拘小节的。此外，我在高中时就已经不再“信神”了。我看不到神存在的证据，如果神真的存在并隐藏了行迹，那些声称自己看到证据表明神真实存在的信徒就是在撒谎，神应该对他们感到恼火才对。

不管怎么说，我们觉得这是一个很好的测试一下神是否存在的机会。我们可以看看神是否会因为这样的行为而惩罚我们。我们走进咖啡馆，不久之后，我们的同学果然进来了。他看起来很紧张，独自坐在远处一个角落里，眼睛盯着大门口。没过几分钟，那个女生走了进来，犹豫不决地走向他所在的角落。他们开始交谈。我们听不到他们在说什么，但很显然，他们的谈话不太顺利，两人都声称是对方约自己过来的。然后，我们看到他们俩从口袋里掏出信，塞给对方。看到这里，我和迈克尔决定离开“犯罪”现场。

我们走出咖啡馆后，迈克尔发现了神存在的证据（在他看来，这是一次提醒）。他把手伸进口袋，发现他的钱包神秘地消失了。

到了6月，少不更事的大学时光走到了尽头。我在圣–史蒂芬学院的宿舍里收拾好行李，告别了亲爱的朋友们，去加尔各答度了一个短假，随后就动身前往伦敦经济学院。(令人庆幸的是，伦敦经济学院给我发录取通知书的时候，我在圣史蒂芬学院最后一年的成绩还没有出来。)

三年后，已经是特许会计师的迈克尔来到伦敦经济学院攻读硕士学位，这让我非常高兴。有天下午，我们在散步时走进了一间红色的电话亭打电话，这样的电话亭可以说是伦敦的一个标志。没错，一张5英镑纸币躺在那里，与三年前那张10卢比纸币所在的位置大致相同。附近没有哪个人像是它的合法主人，这样的巧合让我们倒吸一口气。神是不是在考验我们，看我们有没有吸取教训？我们呢，则决定验证一下神的做法是否前后一致，于是我们拿起钱，出发去威姆派餐厅喝咖啡。

就像亚历山大·弗莱明在实验室里等着看细菌是否会生长一样，我们坐在那里，虽然喝着咖啡，脑子里却想着实验。时间一分一秒地过去了，我们喝完了咖啡，用捡来的不义之财付了账，然后紧张地走出去，回到了我们的宿舍。这次的结果是：我们的钱包没有丢。

我们在德里和伦敦都捡到了别人丢失的纸币，然而造物主却给出了不一样的反应，因此问题仍未解决：神是否存在？有几种可能的解释：根本没有神，迈克尔在德里丢失钱包纯属意外；神是存在的，但在他看来，用不义之财喝咖啡的人应当受到惩罚，而前提是他们同时也假借别人的名义写信。不过，迈克尔后来透露说，两次实验并不完全一样，因为这一次他在喝咖啡的时候，紧紧地攥着自己的钱包。我们意识到还有第三种可能：神是存在的，但他的力量不够强大，无法从握紧的拳头中夺走钱包。

最后的结果就是，没有什么定论。亲爱的读者，我想向你们推荐的是我自己的怀疑主义哲学。

只要遵循这一哲学，你们就能在生活中做出更好的决定。

第五章
人物与思想

阿马蒂亚·森：重塑自我

对科学家和经济学家而言，诺贝尔奖往往是一种学术死刑。一个人因为年轻时所做的一些深入研究而获得这一荣誉之后，很自然地想要再创辉煌。一些伟大的科学家在获奖后自信心大增，

---

* 《阿马蒂亚·森：重塑自我》首次发表于2005年12月17日的BBC新闻在线，原标题为《从新的视角审视印度》。《普拉桑塔·帕坦尼克：一位优秀的理论家》原刊于2007年11月10日的《印度斯坦时报》。《保罗·萨缪尔森与经济学基础》原刊于2009年12月15日的《印度斯坦时报》，原标题为《悼念保罗·萨缪尔森》。《怀疑颂》原刊于2006年8月15日的《印度时报》，原标题为《良好的政策需对国家与市场的作用进行恰当组合》。《肯尼思·阿罗：百年经济学大师》原刊于2017年2月27日的*The Wire*，原标题为《肯尼思·阿罗：他可能是20世纪最重要的经济学家》。《约翰·纳什：经济学界的莎士比亚》原刊于2015年6月3日的《印度快报》。《不愿争鸣的印度人：阿马蒂亚·森》原刊于2018年12月14日的《印度快报》，原标题为《经济学涂鸦：不愿争鸣的印度人阿马蒂亚·森》。《选择难题》原刊于2017年2月25日的《印度快报》。《愤怒的学者：阿肖克·米特拉》原刊于2018年5月17日的《印度快报》，原标题为《经济学涂鸦：愤怒的学者》。《斯蒂格利茨的"黏性价格"》最初于2015年12月15日发表于报业辛迪加网站。《曼莫汉·辛格：平静的勇气》原刊于2019年1月25日的《印度快报》，原标题为《平静的勇气》。

尝试着想要重新投入早期的研究，但基本徒劳无功。荣誉加身的那一刻，魔力就已消失。

阿马蒂亚·森在1998年获得了诺贝尔经济学奖，他的新书《惯于争鸣的印度人》让他取得了科学和学术界的罕见成就——重塑自我。这本书影响深远，直击人心，内容横跨历史、文化和政治经济学等领域。在这本书中，阿马蒂亚·森审视印度的视角，与阿育王[①]、阿克巴[②]以及尼赫鲁的理念可以说是一脉相承。

他的视角强调了印度人的多重身份和交叉身份，以及全人类共同的利益。森指出，印度教原教旨主义伤害了印度教和印度的理念，因为开放包容与平和才是印度教的核心，也正是因为这两点，印度教才能在历史长河中表现出顽强的生命力。这本书详细记录了印度教如何成为多个思想流派的家园，包括一些不可知论。在这个民族优越主义甚嚣尘上、基本人权被肆意侵犯、宗教狭隘主义大行其道的时代，能够从该书传递的信息中获益的远远不止印度一个国家。

请不要误会。《惯于争鸣的印度人》绝非那种能让人获得诺贝尔奖的作品，书中涉及科学研究的内容尚不足以撑起诺奖。如果从历史学的角度看，该书也没取得什么新的突破，并没有揭秘任何新档案。阿马蒂亚·森早期研究的是福利经济学和选择理论，他也因此获得了诺贝尔奖。这项研究立足于形式化的数学方法和严密的演绎推理链，使用公理来证明个人偏好如何推导成集体选择的相关定理。没有多少经济学研究，包括他自己近来的研究，能与他早期著作的科学典雅相媲美。

---

① 孔雀王朝的第三位国君。——译者注

② 莫卧儿王朝的第三代君主。——译者注

这本新书的不同凡响之处在于它毫不费力地摆脱了过去。就对世界的实际重要性而言，这很可能是他最重要的一本书。这本书提出了一个重要问题：如果种族主义、宗教偏执和性别歧视是错误的，那么民族主义和爱国主义（这两者在人们眼里常常是崇高的）会是正确的吗？森的论述中流露出这样的言下之意（他一直没有明说）：即使民族主义在当代社会发挥着重要作用，我们也应将它视为权宜之计，并以最终杜绝民族主义为目标。

我在阅读尼赫鲁的作品集时，发现尼赫鲁对这个问题有过明确表态。对一位总理来说，公开表达他对民族主义的不安，需要非凡的勇气。下面这段话引自他在1953年9月20日写给印度首席部长们的一封信：

> 在一个国家处于外国统治之下的时候，民族主义是一种提振士气、凝聚人心的力量。但在某些时候，它的影响会让人变得目光短浅。有时候，就像在欧洲那样，它变得咄咄逼人，变成本国至上主义，想把自己的理念强加给其他国家和其他人民。每个民族都有一种奇怪的错觉，认为自己是天选之人，比其他所有民族都要优秀。一旦强权在握，他们就竭力想把自己的理念和方式强加给别人。他们在这样做的时候，早晚会弄巧成拙，一败涂地。（Gopal and Iyengar，2003，第188页）

这封信和尼赫鲁其他诸多文字中的哲学潜台词与阿马蒂亚·森的新书如出一辙。不过，也不能说我认同森的所有观点。对于印度发展核弹一事，他提出了指责。毫无疑问，核弹有很多负面影响，并且会引发地区不稳定。但是，我们必须牢记现有核国家的立场：它们自己拥有核武器之后，就不允许其他人迎头赶上，而且它们自己拒绝放弃核武器。

我不会天真地期待核国家在一夜之间放弃它们的核武器，但我相信，如果它们不希望其他国家发展核武器，那就得公布在未来放弃核武器的计划。将世界划分为有核国家和无核国家，并坚持永远保持这种状态的做法根本长久不了。正因如此，不仅是印度，而且是所有较贫穷国家都有一种动力，甚至有一种权利意识，想要挑战现状。一旦核国家宣布他们的目标是建立一个无核世界，这一权利就会不复存在。既然印度是一个有核国家，那么它就有责任为这样的未来而努力。

普拉桑塔·帕坦尼克：一位优秀的理论家

当我收到邀请函，请我参加在加州大学河滨分校为庆祝普拉桑塔·帕坦尼克退休而举行的活动时，颇感意外。我们曾在德里热议过阿马蒂亚·森这位传奇般的人物，回想起来就好像是前几天的事儿一样。帕坦尼克在德里经济学院以最短的时间拿到了博士学位，在30岁就成为正教授，这与阿马蒂亚·森年纪轻轻就成为教授的记录相匹敌，那是20世纪70年代初的事了。

我的大多数读者对普拉桑塔·帕坦尼克的名字可能会感到陌生，那是因为他是一位“经济学家的经济学家”。他研究的基本都是高深精妙的抽象理论，这些理论横跨了数理逻辑、道德哲学和福利经济学。不过在经济学界，他取得了巨大成功，发表了一系列开创性论文。首先，他在20岁出头的时候写了一篇文章，并于

1967年发表在《经济杂志》上，那是他拿到博士学位的前一年。随后，他很快在《经济研究评论》《经济理论杂志》等国际知名期刊上发表了论文，并于1970年在《计量经济学》上发表了一篇知名论文，探讨多数表决制的数学特性。

帕坦尼克有着不同一般的成长之路，他来自奥里萨邦的乡村地区，不像大城市和名校出来的印度学生那样有着光鲜亮丽的外表，他的英语带有明显的奥里亚语口音。但他聪明过人，擅长抽象推理，这使他走上了职业巅峰。我与他合著过一篇论文，还和他共同编辑过一本书（这本书是献给我们俩的博士生导师阿马蒂亚·森的），充分见识过他卓越的思维能力。

他的退休活动无疑会成为一次盛会，因为到场发言的会有来自日本、欧洲和美国各地的人，最重要的是，阿马蒂亚·森也将到场。森教授欣然接受了加州大学的邀请，这显然是因为他与帕坦尼克关系匪浅。而他果然不负众望，做了两场精彩的发言，一场谈到了道德哲学，一场谈到了经济理论。可以看出，阿马蒂亚·森作为哲学家和公共学者的声望渐隆，我从没见过哪个人能像他这样集风趣和智慧于一身。

我一直密切关注阿马蒂亚·森的工作动向，因此熟知他的大部分作品和典故，不管是学术作品还是琐碎之事，但这次我还是听说了一个新故事。他刚入读剑桥大学没几周，就厌倦了食堂里定期供应的鳕鱼，所以当这道菜再次出现时，他抗议说他不吃鳕鱼。他端着装满蔬菜的盘子离开时，听到一个负责上菜的老太太责备另一个人："你难道不知道吗，鳕鱼是他们的圣鱼。"

这两位伟大学者的风格形成了鲜明对比。森是张扬的、健谈的，而且言谈间充满了哲思。帕坦尼克则谦逊低调，寡言少语

（不过他自带一种不动声色的幽默感）。

从森第一天晚上来到大学礼堂做讲座时的情形就能明显看出这种对比，当天晚上听众云集，人们从邻近几个城镇纷纷赶来。当观众涌入礼堂时，我和普拉桑塔·帕坦尼克、巴斯卡·杜塔（经济学家，帕坦尼克的博士生）在礼堂外聊着天。一位当地报纸的记者走到帕坦尼克教授面前，问道："请问这么重大的活动是不是为你举办的？"我和巴斯卡替帕坦尼克给出了肯定的答案。她又问了很多问题，然后说："我能给你拍张照片吗？"帕坦尼克轻声回答说，他不想拍照。

她很泄气，于是转向我和巴斯卡，问我们是否介意拍照，我们说不介意，于是她就按下快门，然后问："对了，你们二位是？"

保罗·萨缪尔森与经济学基础

保罗·萨缪尔森于2009年12月13日去世，这在经济学界标志着一个时代的结束。1915年5月15日，保罗·萨缪尔森出生于美国印第安纳州的钢铁小镇加里。没有哪位经济学家像他这样跨越了20世纪。与约翰·梅纳德·凯恩斯或约翰·纳什不同，他的名字并没有与一两项重大突破关联在一起，他的特点是研究面极为广阔，几乎涉足了经济学的每一个领域，从宏观经济学到微观理论，从国际贸易到公共经济学再到福利经济学。不过最重要的是，他为经济学这门学科提供了严谨缜密的数学基础，从而改变了经济学方法论，他最知名的著作《经济分析基础》帮他做到了这一点，这本专著长达600页，书中处处涉及微积分。该书完稿于1937

年，当时他才22岁。

萨缪尔森沉迷于科学，称它是“世间最令人兴奋的游戏”，但他认识到，无论是音乐还是文学，其创作过程最终都是一样的。他曾撰文探讨过“莫扎特如何创作音乐，莎士比亚如何创作戏剧，弗罗斯特如何创作短诗……”的奥秘。

战争推迟了《经济分析基础》一书的出版，该书最终于1947年问世。萨缪尔森与其他很多伟大的科学家不同之处在于，这些科学家的作品要在问世后很久，甚至是在作者去世后，才得到认可，而萨缪尔森非常幸运，他的著作一经问世便成为经典之作。他在32岁就成为麻省理工学院的正教授。1966年，麻省理工学院授予他“学院教授”的荣誉。1970年，他获得了诺贝尔经济学奖。

过去百年里，一些伟大的经济学家少有论文问世，但萨缪尔森却创作了300多篇论文，高产到令人难以置信。他的《经济学》也是全球最畅销的经济学教科书，该书已被译成40多种语言，总销量已超过400万册。

2001—2002年，我在麻省理工学院担任客座教授时，和保罗·萨缪尔森熟络起来。我很幸运，因为我的办公室与另外两间办公室在一个办公区，这三间办公室共用一个中央区域，里面放着复印机和其他设备。另外两间办公室的主人是罗伯特·索洛和保罗·萨缪尔森。也就是说，在这个办公区，三分之二是诺贝尔奖获得者，这种情况可不多见。我时不时会到他们的办公室里闲聊两句。

萨缪尔森那时已是耄耋之年，看起来有点孤独。他兴趣广泛，既喜欢错综复杂的科学，也关注人们的日常生活（和喜好）。他喜欢聊天，就像很多天才一样，他聊自己聊得比较多。但萨缪尔森本身就是一个足够有趣的话题，即使他不谈别的，我也听得津津有味。他学识广博的一面让我想起了德里经济学院的同事，已故的苏克哈马伊·扎克拉瓦提，不过仅就这个方面而言，苏克哈马伊还是要更胜一筹。

我与他最后一次正式交谈是在2002年5月15日，当时我正在办公室外面的公共区域复印资料，他从旁经过，告诉我那天是他的生日。哈佛俱乐部为他准备了一些特别的香槟酒，他问我能不能和妻子一起参加晚上的活动。对一个经济学家来说，这相当于爱因斯坦邀请一位物理学家共进晚餐，只有疯子才会拒绝。我和妻子来到哈佛俱乐部，满心以为会是一个宾客云集的生日宴会。

结果，只有保罗·萨缪尔森和他优雅迷人的妻子瑞莎与我们夫妻俩共进晚餐。这是我一生中最难忘的夜晚之一。我们——说实话，主要是他——谈论了艺术、历史、经济学，当然还谈到了经济学家。瑞莎非常热情，她在印度曾有一段难忘的时光，我们发现我们有很多共同的印度朋友，她对印度经济学家姆里纳尔·达塔·乔杜里赞不绝口。

虽然年事已高，但保罗·萨缪尔森的头脑还是一如既往的敏锐，很少有非印度人知道乔蒂·巴苏[①]、萨特延德拉·纳特·玻色[②]和苏巴斯·钱德拉·鲍斯[③]，更没有几个人知道玻色（Bose）和巴苏（Basu）是同一个孟加拉姓氏的不同英文版本。我第一次

① 印度共产主义运动杰出领导人、印度共产党（马克思主义）元老。——译者注

② 印度物理学家，玻色子就是以他的名字命名的。——译者注

③ 印度激进独立运动家、政治家和社会活动家，印度民族解放运动的领导人之一，也是自由印度临时政府的领导人，以及印度国民军的最高指挥官，印度国大党领导人。——译者注

与萨缪尔森见面并介绍自己时，他就问我跟“那位科学家、那位共产主义者或那位民族主义自由战士”有没有什么关系。

2009年12月14日上午，我在德里的住所打开报纸，看到了他去世的消息。七年前那个夜晚的记忆瞬间涌上我的心头。对于经济学界来说，这确实是一个时代的结束。

怀疑颂

我们的领导人经常告诫我们，一定要坚定信念，不能让怀疑导致我们偏离信念之路。说实话，这样的建议可能会带来灾难。如果没有心存怀疑的能力，那不仅会削弱心智，还会导致各种原教旨主义。即便是对一位伟人或一本著作，也应该保持开放的心态，因为这个人或这本书有可能是错的。每一个坚信自己已经找到“绝对不会出错的知识之书”的人，都应该进行下面这样一番基本推理。即便真的存在这样一本书，他相信并选定的某本书也还是出自他本人的选择。因此，除非他相信自己绝对不会出错，否则他就没有理由认为手中的书绝对不会出错。

出生于埃利斯的哲学家皮浪（约公元前360—公元前270年）——是的，他确实活到了90岁——正确地指出，我们绝不能坚定不移地相信我们感知到的东西，因为我们感知到的一切都是通过我们自己的感官得到的，他本人也竭力奉行这一哲学。公元3世纪的作家第欧根尼·拉尔修因写了世界上第一本言行录而闻名，他的书中有很多讲述皮浪和其他早期怀疑论者的内容。我们从他的书中得知，当阿夫季拉的阿纳克萨库斯[①]（他也是一位怀疑论者）

① 哲学家，德谟克利特的追随者，皮浪之师。——编者注

掉进沟里时，皮浪从他身边走过，没有施以援手。阿纳克萨库斯最终被别人救起，救援者指责皮浪的冷漠，皮浪则表态说，他不确定阿纳克萨库斯是在沟里更好还是在沟外更好。皮浪的冷静沉着给阿纳克萨库斯本人留下了非常深刻的印象。皮浪虽然长寿，却没有留下任何著述，因为他认为没有什么东西适合用墨水写成不朽。

希腊诞生过几位杰出的怀疑论者，其中包括公元二世纪的塞克斯都·恩披里柯，他的《皮浪学说概要》堪称权威之作。他提出了一个重要观点，即怀疑主义对怀疑论者也有好处，可以让他们平心静气（当然，没有一个怀疑论者可以肯定这一点）。塞克斯都·恩披里柯是一位医生，读者可以自行决定要不要去找他看病。

有趣的是，这些古希腊人，包括皮浪和阿纳克萨库斯，都深受印度神秘主义思想家的影响。他们两人都曾随亚历山大大帝前往印度游历，并结识了印度的一些智者，其中一些智者在沉着冷静方面有着更深的修为。其中一位智者指责阿纳克萨库斯对君王太过奉承。根据第欧根尼·拉尔修的记述，他指责说："阿纳克萨库斯……自己在宫廷里对君王大献殷勤，因而永远也无法教导别人何为'善'。"

我们不必把怀疑论这门艺术发挥到亚历山大时代的印度智者的那种程度，甚至也不必发挥到阿纳克萨库斯和皮浪的那种程度。但我们必须要认识到这种可能性：所有想法都应仔细推敲，可能有那么一天，我们心目中最神圣的权威将不得不为新的权威让路。

作为一名经济学家，我曾在其他著作中探讨过这些想法，在此我想宽泛地谈一些问题。在40多年的时间里，印度扼杀了市场力量和个人企业，认为政府可以提供一切，结果形成了这样一种制度：越是贪腐，越能捞到好处。

如今，我们听到了另一种极端的说法，即应该把一切都交给市场，这个时候，我们必须牢记：人类容易产生极端观点，而且会固执地无视反面证据，坚守这些极端观点。我们绝不能用另一种存在缺陷的意识形态，让接下来的40年走上另一条歧路。

各国优秀的经济学家都认识到，良好的政策需要在政府和市场之间取得精心设计的平衡。政府需要向穷人进行再分配（市场没有这种自然倾向），提供公共品，强制执行合同。另一方面，经济不能完全只由政府管理，必须鼓励和允许私营企业蓬勃发展。

请看印度媒体近来引用的两段话：“（外国人）来这里不是为了做慈善，他们是来赚钱的，但他们也会带来就业机会。”“如果现代化的前提是私有化，那我们只能接受，因为我们想要现代化。”

说出这番话的并不是某个右翼边缘人物，而是两位著名的左派政治家——布达戴布·巴塔查里亚和尼鲁帕姆·森。这些话并不代表他们热爱资本家（优秀的资本家也不关心有没有人热爱他们，光是赚钱就够他们忙的了），而是代表了一种实用主义。如果想要就业机会，如果想让经济实现现代化，那就得采取某些措施。这与意识形态没有关系，中国人20多年前就认识到了这一点，而我们现在才知道。

印度所有的政党都对外国势力心怀恐惧。国际货币基金组织是不是通过财政部的引导，过多地渗透到了印度的政治形态之中？20世纪70年代初的时候，我还是德里的一名大学生，人们经常说中情局和克格勃渗透进了印度的体系。其中一些担忧是属实的，我们不能贸然予以否认。但我们很容易忽视一个重要的问题，那就是，每当国际货币基金组织雇用一个印度人并渗透进印度时，在某种程度上印度也渗透进了国际货币基金组织。美印之间也是如此。毫无疑问，美国人在印度的影响力正在上升，但印度人在美国的影响力也在上升。从长远看，这是好是坏还很难说，但有一点是可以确定的：如果为了稳妥起见，就切断我们与工业化世界的联系，那将是十足的灾难。

肯尼思·阿罗：百年经济学大师

2016年，我邀请肯尼斯·阿罗到世界银行做一次讲座，谈谈一般均衡理论的历史以及它的现实意义。他在讲座中侃侃而谈，显然很珍惜这次与听众进行学术交流的机会，当时他已是94岁高龄。他跟我说，他会把讲座内容写成一篇论文。2017年2月15日晚，我收到了两封电子邮件。

第一封邮件来自戴维·阿罗，他介绍说自己是肯尼斯的儿子，并说他的父亲生病住院了，不过现在已经回到家中，病情正在好转，他的父亲想告诉我一声，很抱歉没有写完这篇论文。第二封邮件是肯尼斯·阿罗发来的，非常简短，他先是为延误道歉，然后告诉我他计划在25天内写完这篇论文。94岁高龄的他为没有完成任务而道歉的谦逊态度让我深受感动，此外戴维也跟我说，工作能够鼓舞和激励父亲，于是我在两天后打电话给阿罗讨论他的论文。他听起来非常虚弱，但还是像往常一样热情，一样投入。

与其他许多经济学家不同，我认识阿罗本人并没有多长时间，但由于近来与他的这次互动，他在2月21日去世的消息让我感到莫名的悲伤。肯尼斯·阿罗的去世标志着经济学一个时代的结束。

他是20世纪最重要的经济学家之一。在我看来，他应该是最重要的一位。

阿罗发表的第一篇论文《论如何合理利用风向来制订飞行计划》写于22岁，这一年正值二战，他不得不中断在哥伦比亚大学的学业，加入美国陆军航空队服役。他拿到了数学专业的硕士学位，然后转至经济学专业攻读博士学位。他在博士论文中提出并证明了现在广为人知的“阿罗不可能定理”，这是经济学中最大的突破之一。

一个民主国家的基本任务是将民众形形色色的偏好推导成某种协调一致的社会偏好，并用这一偏好来做出政策选择。阿罗罗列了一些简单的规范性“公理”，任何推导过程都需要满足这些公理。有一条公理的内容是，一定不存在这样一个人：对于所有需要在x和y中二选一的情况，只要他喜欢x而不喜欢y，社会就必须选择x而不选择y。这被称为“非独裁性”公理。他罗列了几条看起来很合理的公理，却意外地发现了一条惊人的定理，即人们没有办法同时满足所有这些公理。无论你用何种方法推导群体偏好，一定会违反其中某一条公理。

这个定理之所以如此奇妙，原因有二：首先，它似乎是凭空出现的；其次，要想证明它，不需要用上任何复杂的数学知识，只需具备持续推理的能力即可。这催生了一门新的学科——社会选择理论。

阿罗随后又在一般均衡问题上取得了重大突破。自亚当·斯密1776年的著作以来，经济学家一直在谈论“看不见的手”，即竞争性市场可以协调个人的自利行为，从而形成有利于社会的均衡。情况是否总是如此？我们何时能确定均衡真的存在？

20世纪下半叶，多位经济学家投身于这一宏大的研究议题，而最大的突破来自肯尼斯·阿罗和杰拉德·德布鲁1954年发表在《计量经济学》上的联合研究结果。

阿罗的成就不胜枚举，他在增长理论、群体受歧视分析及医疗保健领域进行了开创性研究，后者催生了卫生经济学这门新的学科。当肯尼斯·阿罗和约翰·希克斯在1972年共同获得诺贝尔经济学奖时，人们都觉得是实至名归。迄今为止，他仍是诺贝尔经济学奖最年轻的得主。[①]

人们常说，伟大的学者一般都不大讨人喜欢，这似乎是一个合理的猜想。若真如此，那阿罗绝对是个例外，初次接触他的人就能感觉到他的人情味和自然的、毫不做作的谦逊。他那种不动声色的诙谐经常流露于字里行间。

在论述不可能定理的著作中，他解释了一项道德原则，即你希望别人怎样对待你，你就应该怎样对待别人，他引用了据称来自英国的一段墓志铭：

> 马丁·恩格尔布罗德长眠于此
> 上帝啊，请怜悯吾之灵魂
> 我若为汝，而汝为我
> 我必会怜悯汝之灵魂

他在1978年发表过一篇鲜为人知的文章，名为《略论社会主义》，这篇文章充分展示了他的悲天悯人。这不是一篇严谨的论

① 2019年，46岁的埃丝特·迪弗洛（Esther Duflo）打破了这一纪录。——编者注

文，他也不是从生产资料的国家所有制这层意义上来探讨社会主义，而是呼吁我们彼此之间担负起集体责任，强调平等的重要性，表达他对自私和歧视的反感。用他的话来说就是："和同时代的很多人一样，我被甘地反对英国统治的非暴力不合作运动深深吸引。这场运动的预设前提是统治者和被统治者有着人性的共同点，谋求合作、诉诸利他主义的做法至少在一定程度上成功地限制了一味让权力为己所用的行径。"

最后，请允许我引用阿罗在同一篇文章中的一段话，这段话非常完美地总结了他本人的学术心态以及宽以待人的立场，不管其他人与他有多大的不同：

> 认识我的人都知道，我一向喜欢沉静的生活，而不是积极活跃的生活。我喜欢自由地从多个角度看问题，领会讽刺与反话，并在了解新事物时改变自己的观点。如果活跃于政治领域的话，我就得放弃这种自由。我并不反对其他人的积极活跃。只有全心投入，才能实现必要的改变。不过，人人都顺从本心才好。

约翰·纳什：经济学界的莎士比亚

2015年5月23日，我和妻子在弗吉尼亚州的奥兰治过周末。我们参观完詹姆斯·麦迪逊的故居和美国宪法的诞生地后，驱车返回华盛顿，这时女儿打电话告诉我们，约翰·纳什和他的妻子艾丽西亚刚刚在一场车祸中遇难。这真是让人难以接受。这样的一位天才——经历了风风雨雨，患上精神分裂症之后又战胜了疾病——怎么会以如此平庸的方式离开？

纳什去世的消息让我想起第一次见他时的情形。1989年，我在普林斯顿大学担任客座教授。当时，纳什的精神分裂症已经开始好转。他会在普林斯顿的草坪上散步，一散就是几个小时。对普林斯顿的居民来说，这已经是固定项目，不足为奇。但我和同样是客座教授的约尔根·韦布尔却有一种难言的感觉。我们在教室里分析或应用“纳什均衡”和“纳什议价解”，而为这些概念冠名的人却在院子里踱着步，沉浸在自己的世界里。

在约尔根的不懈努力下，纳什同意和我们一起在大学食堂吃午饭。能够认识这样一个以才华著称的人，实在令人激动，尽管他话不多，而且时不时就会陷入自己的思绪。

在那个非同一般的下午，有两件事一直深深地留在我的记忆里。第一件事是，我问起他名字的起源，他回答说这个名字来自梵文nasika，意思是鼻子。

第二件事是阿比吉特·班纳吉的反应。当时他看到我和约尔根，就走过来坐到我们这一桌，我们就将他介绍给纳什。这种感觉就像一个年轻的文学系学生坐到朋友们那一桌吃午饭，结果被告知桌边的第三个人是莎士比亚。

说到对现代经济学和博弈论的影响，很少有人能与纳什比肩，他的研究工作为分析经济和政治环境下理性人之间的合作和非合作互动奠定了基础。

此外，他还为基础数学的多个分支做出了贡献，包括微分几何和抽象黎曼流形的等距嵌入性（不用在意这是什么意思）。他的研究不仅对经济学，也对计算机科学和演化生物学产生了影响。

考虑到他短暂的研究生涯，这样的成就实在是非同凡响。他最重要的论文写于25岁之前，而他在不到30岁的时候患上精神分裂症，他的研究生涯也戛然而止。

30岁时，他不得不被送进精神病院。接下来的30年是与妄想症、幻听和幻象做斗争的30年。

纳什于1928年6月13日出生在西弗吉尼亚的布鲁菲尔德。他很早就被人视为天才，22岁的时候，他获得了普林斯顿大学的数学博士学位。他的博士论文和他的研究生涯一样简短，只有28页。他最有名的一篇论文阐述了在什么样的条件下，我们可以确定博弈中存在非合作均衡，这篇文章只有一页纸外加几行字。

20世纪90年代末，康奈尔大学经济学系研究生将整篇论文印在了他们设计的一件T恤衫上。

在纳什的众多贡献中，发挥最大作用的是“纳什均衡”，这一概念可以帮助人们理解寡头公司的行为、金融市场的变化、政治竞争和冲突中的策略选择，如古巴导弹危机。

纳什均衡的基本概念非常简单。假设有一群行为人，他们每个人都得选择一种行动或策略。每个人得到的回报或效用不仅取决于这个人的选择，也取决于其他行为人的选择，举个简单的例子，你和迎面而来的汽车都可以选择在道路哪一侧行驶。

你的安全既取决于你的选择，也取决于另一位司机的选择。纳什均衡指的是这样的策略组合：任何一个人单方面改变自己的策略都不会提高自身的收益。

在经济学中，我们知道，（在某些假定条件下）竞争均衡会使社会实现一个最优结果。每个人按照自身利益行事，使社会达到一个最优状态。正是这一宽泛的理念催生了经济学中“看不见的手”的概念。纳什均衡之所以如此受人关注，是因为它挑战了这一核心理念，揭示出个体的完全理性有可能会在一个群体中导致损人不利己的坏结果。我们在二氧化碳排放、公共品的提供以及公共部门等领域都能看到这种现象。

下面这道简单的博弈论题目可以向读者说明这一点。两个玩家各自要从2至100中选择一个整数，如果两个人选择了相同的整数，他们就能得到相应数目的美元。如果他们选择的数字不一样，那他们就会得到较小数目的美元。同时还有一个小小的调整：选择较小数字的人额外再拿2美元，而选择较大数字的人则被扣除2美元。现在摆在读者面前的问题是：两个玩家选择什么样的数字能构成纳什均衡？这个题目有唯一解。试着在闲暇时做出答案吧。

我再一次见到纳什的时候，他已经举世闻名。1994年，他与约翰·海萨尼和赖因哈德·泽尔腾共同获得了诺贝尔经济学奖。好莱坞经典影片《美丽心灵》正是改编自他的经历，罗素·克劳在片中扮演纳什。2003年1月，纳什参加了在孟买举行的一次会议，这次会议邀请了几位著名的经济理论家，包括罗伯特·奥曼、罗杰·迈尔森和阿马蒂亚·森。纳什的听众很多，其中有一些眼熟的宝莱坞面孔，他们可能是想来看看克劳，这次讲话怕是会令他们觉得乏味，因为纳什谈及了一些切实的政策问题。他太像以赛亚·伯林所说的刺猬，擅长埋头专注于一件事；他与狐狸相差甚远，因此无法涉猎多个领域，哪怕只是浅尝辄止。①

① “狐狸多知，而刺猬有一大知”是希腊诗人阿尔基洛科斯的诗。英国哲学家、观念史学家和政治理论家以赛亚·伯林在广为人知的《刺猬与狐狸》一文中，对“刺猬”和“狐狸”进行了界定和区分。简而言之，“刺猬”即一元论者，“狐狸”即多元论者。——译者注

第二天，令我意外的是，在我准备发表讲话时，纳什来了，并且坐在前排。他的到场让我大为兴奋，因为他保持了整整五分钟的清醒状态。

不愿争鸣的印度人：阿马蒂亚·森

阿马蒂亚·森是一个标志性的世界名人。在经济学和哲学之间那片险象环生的领域里，他很可能是最著名的在世人物。他既在全球最优秀的哲学期刊上，也在全球最受推崇的经济学期刊上发表过论文。当他在1998年获得诺贝尔经济学奖时，业内人士都觉得实至名归。在此我要坦白一件事，那一年，我正在世界银行访问，工作人员搞了一个诺贝尔奖下注活动。由于前两年在森身上下了赌注并且输了，这次我就押了别人。结果我又输了钱。

我在读博士时有幸能够师从阿马蒂亚·森。20世纪70年代中期，他在伦敦经济学院开设讲座，场场爆满，礼堂里的学生都挤到了窗台上。正是他的这些讲座，让我改变了原本想做律师的职业规划。

我在德里和森打过一次照面，当时我就读于圣史蒂芬学院，他是德里经济学院的教授，但我正式认识他是在1972年进入伦敦经济学院之后。他是我的博士生导师。那个时候，他正处于事业巅峰，研究的主要领域有社会选择理论、数理逻辑和道德哲学。

可以想见，森对我影响很大，所以我经常在文章中引用他的著作。令人震惊的是，过去三四年里，只要有人在通俗读物中引用森的著作，就会引发对他的口诛笔伐。这些攻击几乎全部来自印度，没有任何实质内容。很显然，那些策划攻击的人（如果可以用“策划”这个词的话）并没有能力进行严肃的论辩。因此，他们只能发出一连串完全没有事实根据的骂声。他们叫喊着说，森是国大党的代理人，是西方的奴隶，是无脑的傀儡，诸如此类，不一而足；其用语之粗鄙，实在不值复述。

对印度来说，可悲的不是一小撮人对他大肆谩骂，而是政府领导人没有做出任何表态来反击这种疯狂的谩骂声。

我的意思并不是说应该禁止谩骂行为。人们应该有表达意见的自由，不管是多么不成熟的意见。但领导人，即便是那些反对森所持观点的领导人，在看到这种疯狂的人身攻击时，应该表明他们的反对立场。他可是我们这个时代最著名的学者之一。

我和森相识多年，不仅知道他才思敏捷，也深知他不会歧视任何种姓、宗教或种族群体。像尼赫鲁一样，他是一个无神论者，尊重他人的宗教信仰。他是一位彻底的世俗派人士。

虽然森公开说过他不支持当前的印度人民党政府，但他不属于任何党派。事实上，他在印度加尔各答院长学院读本科时加入了一个左翼政党，这是他唯一一次加入某个党派。

颇具讽刺意味的是，对森进行政治攻击的正是一些宣扬“印度教特性”的团体，这些团体总在指责印度人认识不到自己在科学、哲学和学术上的贡献。他们没有意识到的是，不管从历史上看这种说法是否正确，但他们的做法恰恰为他们的论调提供了证据。

我并不是说，即使有不同意见，也不能质疑、挑战或否定森的观点。正是通过论辩和较量，民主才得以蓬勃发展。针对森的这些攻讦之所以可悲，是因为它们攻击的正是印度以穷国之力在全球脱颖而出并赢得尊重的一面。尼赫鲁培养了科学家、哲学家和学者，包括那些公开批评尼赫鲁执政理念的人，是他的心血和自信成就了这一切。

以我所在的经济学领域为例，除了美国和欧洲，很少有国家像印度这样拥有那么多前沿人物。在20世纪60年代和70年代，印度涌现了相当多的人才。阿马蒂亚·森无疑是其中一员，但除他之外，还有一连串起步于印度并从事前沿经济学研究的人物，如K.N.拉吉、贾格迪什·巴格瓦蒂、苏克哈马伊·扎克拉瓦提、T.N.斯瑞尼瓦桑、A.L.纳加尔。阿维纳什·迪克西特和帕萨·达斯古普塔则是较年轻一代中的佼佼者。

一个国家要想进步，最重要的莫过于培养科学、哲学、文学和数学人才。经济学是一门相对年轻的学科，但一个国家要想应对当今复杂的全球化世界，这门学科至关重要。我们必须认识到，应该从理念本身的价值出发去评估某一理念。如果人们在听说了毕达哥拉斯定理后，第一反应是了解毕达哥拉斯的政党背景，好判断该定理是否正确，那这样的社会注定失败。

选择难题

很多书都可以称得上是好书，但鲜少有书能被称为变革性的书。阿马蒂亚·森的《集体选择与社会福利》横跨经济学、哲学和逻辑学，塑造了现代福利经济学，是公认的变革性和开创性著作。

我至今还保留着这本书在1970年出的第一版，它被我一读再读，书页都卷了边。我一直觉得，这本书应该再出一个新版，虽然它不是面向大众的读物，但绝对值得收藏。此外，该书的组织架构也很特别，两种章节交替出现，一种是用普通英语写的、面向所有读者的章节，另一种则是使用了数理逻辑和代数的技术性章节。

时隔多年，这本经典之作终于以增订本的形式得到再版，实在是可喜可贺。让我高兴的是，增订本没有改动原文，而是加了一篇新的导言（41页），并在文末补充了11个新章节（204页），新章节涵盖了森自1970年以来一直从事的课题和研究，如正义的理念、权利的概念以及民主、公共话语和辩论之间的关系。

社会选择理论的核心问题也是民主的核心问题。在任何社会中，个体都会持有不同的偏好。比如，对政策有着不同的排序，在这种情况下，社会作为一个整体，应该如何对这些政策进行排序？人们对于想选谁来当政治领导人可能会有不同的偏好，在这种情况下，社会应该如何汇总这些不同的偏好并选出一位领导人？对这些问题的探究可以追溯至两个多世纪以前，参与其中的有一些著名人物，如18世纪末的法国哲学家和数学家孔多塞侯爵，还有《爱丽丝梦游仙境》的作者刘易斯·卡罗尔。不过，这些研究要等到1950年才会出现重大突破，这一年，研究生肯尼思·阿罗证明了一个令人瞠目结舌的定理，该定理现在被称为“阿罗不可能定理”（这篇评论文章写完之后没过几天，阿罗就在2月21日去世）。他罗列了一些简单的公理，任何将个人偏好推导成群体偏好的过程都应满足这些公理，然后他证明了我们没有办法同时满足这几条基本公理。

这是最令人吃惊的定理之一，因为从理论上说，它是如此简单，不用任何特殊的数学知识或先前的定理就能证明。你只需要具备推理能力即可，但这一推理过程步骤繁多，环环相扣，大多数人都很难做到，时至今日，我仍想不明白阿罗当时是如何凭空发现这个定理的。

森在书中讲述了他初识阿罗定理的有趣过程。阿罗的书是在

1951年出版的，森也在那一年进入加尔各答院长学院就读本科，他的同学苏克哈马伊·扎克拉瓦提嗜书如狂，“从当地一家书店为人宽厚的老板那里借到了阿罗的新书”。苏克哈马伊跟森说起了这本书和这个令人困惑的定理，激发了森对民主和正义的兴趣，而社会选择也成为他一生的兴趣所在。

1963年，他在剑桥大学读完博士，开始在德里经济学院任教，从此再也没有回头。森在顶级期刊上发表了一系列论文，成为横跨道德哲学和经济学领域的主要权威。

书中描述的20世纪60年代末的德里经济学院有着令人震惊的表现。学院的多位经济学家在做最前沿的研究。森谈到了“来自奥里萨邦的学生普拉桑塔·帕坦尼克”，还表示，“不管新出现的分析型问题有多棘手，他都有能力予以解决，真让我叹服”。德里成为全球最出色的社会选择问题研究中心。我记得在20世纪70年代初，我进入伦敦经济学院学习研究生课程后不久，著名的日本经济学家森岛通夫在走廊里遇到我，问我是否准备把社会选择理论当作读博期间的研究方向，并补充说：“这可是印度的课题。”

20世纪60年代末，德里经济学院涌现了贾格迪什·巴格瓦蒂、苏克哈马伊·扎克拉瓦提、K.N.拉吉和曼莫汉·辛格等教师。除了美国和英国，鲜少有哪个地方能与当时的德里相比。这真的很了不起。

正是由于这一原因，森近来受到的仇视谩骂特别令人难过。上一次大选之前，他在接受美国有线电视新闻网印度台（CNN-IBN）采访时说，“作为一个印度公民，我不希望莫迪成为总理”，这次采访之后，他受到的攻击愈演愈烈。这原本应该让印度人感到自豪才对，因为他们的国家是一个民主国家，人们可以自由地表达他们对任何一位领导人的喜好和异议，无论是纳伦德拉·莫迪还是曼莫汉·辛格。对森的观点展开辩论或提出异议是没有问题的，我本人与他也有过分歧。事实上，在充满活力的文化环境下，人们可以自由地对任何人或任何著作提出异议。虽然我们知道只是极少数人（他们假装人多势众）给他发送攻击邮件，想让他不再发声，但这样的行径还是令人深感遗憾。

另一方面，森也因其在经济学和哲学领域的成就而广受爱戴。曾经有人告诉我，自1998年森获得诺贝尔经济学奖后，印度有很多新生儿被取名为阿马蒂亚。有了谷歌出色的搜索引擎（最近的电影《雄狮》就很好地展现了它的威力），我们可以对这一说法加以核实，所以我就上网查了一下阿马蒂亚这个名字在印度年轻一代中的出现频率，发现情况确实如此。年轻人中不仅有叫阿马蒂亚·查特吉和阿马蒂亚·高希的，还有叫阿马蒂亚·辛格和阿马蒂亚·帕特尔的，甚至还有叫阿马蒂亚·莫迪的。我知道，我这么说有可能会两面树敌。

愤怒的学者：阿肖克·米特拉

阿肖克·米特拉[①]于2018年5月1日去世，虽然听起来像是老生常谈，但我还是想说，他的去世标志着一个时代的过去。他曾在加尔各答、勒克瑙和瓦拉纳西教书育人；曾在德里、加尔各答和华盛顿参与政策制定；也曾投身政治，在西孟加拉邦的共产党政府中担任多年的邦财政部长。他曾是一位出色的专栏作家，为《经济与政治周刊》《电讯报》和其他媒体撰稿写文。

① 印度经济学家及政治人物。——编者注

我不知道有没有“悼文家”这个词，就算只是为了阿肖克·米特拉，也值得创造出这么一个词。他可以说是一位悼文大师。在长达90年的人生里，他为朋友和敌人写了多篇悼文。他原本就很有写作天赋，而出自他手的悼文更是很少有人能够匹敌。

由于他的丰富经历，我们可以从多个不同的角度来介绍他，不过他最重要的身份是一个典型的学者。这些年来，我在多个不同的地方和场合见到过他，与他最为相衬的背景是他最后几年在加尔各答居住的书香之家。他书房的墙上、书架上和咖啡桌上摆满了书，这个身材矮小的男人，穿着硬挺的白色多蒂腰布和库尔塔无领长袖衬衫，随时准备进行一场“adda”，这是一种没有明确目的的对话，内容可能涉及历史、政治、经济学和宗族谱系。他的家是加尔各答的一个时代缩影。这里是左翼思想家的聚集之地。就像让-保罗·萨特和西蒙娜·德·波伏娃的酒吧一样，朋友们从全国各地来到这里，争辩、讨论、结交、闹翻。

提到萨特和波伏娃，就不能不提起阿肖克·米特拉与阿肖克·鲁德拉为这两位著名的恋人和学者而展开的公开争论。争论的焦点是这两个人中谁的思想更伟大。也不知道这个问题的答案对印度、对世界或对任何人是否有任何影响。事实上，我得承认，我已经忘了谁站在哪一边，但我记得他们俩吵得不可开交，就好像这是生死攸关的大事一样。不需要什么先见之明就可以想见，阿肖克·米特拉无疑是我们这个时代最伟大的学者之一，但他成不了优秀的财政部长，事实也的确如此。

我与阿肖克·米特拉最早在20世纪70年代末有过一次接触，当时我和我的朋友、经济学家普林·纳亚克邀请了拉贾·切利亚和阿肖克·米特拉做公开讲座，谈一谈印度的中央与地方关系。礼堂里挤满了人。对于这次活动，我印象最深的是在活动开始前，我和阿肖克·米特拉等在演讲厅外，他不停地来回踱步，我听到他嘟囔着“紧张”两个字。在他进场发言的时候，我听到了整句话：“德里的观众让我紧张。”我之所以一直记得这句话，是因为在他发言时，完全看不出来他在紧张。

阿肖克·米特拉最鲜明的两个特点是他在学术上的实事求是和他对穷人及一无所有者的怜悯之心。全球不平等现象让他震惊且愤怒，也使他相信，共产主义所说的无阶级社会是有可能实现的。

虽然我很钦佩他，但必须指出，他的情感有时战胜了理智，结果导致了一些重大的政策失误。一个各尽所能、各取所需的社会确实是一个宏伟的构想。阿肖克·米特拉错就错在他认为有一种简单的方法可以实现这个目标，并让整个世界都保持在这种平衡状态。

因此，他在担任西孟加拉邦财政部长时制定的政策对经济造成了重创。虽然他心怀理想、学识过人，但他倡导的政策不会把经济带往他希望的方向。事实也证明了这一点。经济止步不前，更重要的是，在他任职期间，该邦的高等教育受到了无法估量的损害。学校的英语教育出现了倒退。如果这种打击“精英主义”的做法能促进平等或提升大众教育的话，那倒也值得，然而事实并非如此。

可惜的是，在最后几年里，我几乎没有见过阿肖克·米特拉，因为他和我闹翻了。我在担任印度政府的首席经济顾问时，曾在一份文件中提议对贿赂案件的涉案人员进行不对等处理。我的建议是，如果是纯粹的被迫贿赂（即公民为了本该属于他们的权利而行贿），行贿应被视为合法行为，只有受贿才应受到惩罚。阿肖克·米特拉在《电讯报》上愤而撰文，不仅抨击了我的想法，还抨击了我本人。

我没有生气，因为依我对阿肖克·米特拉的了解，我知道这个提议肯定会激怒他。我的想法听起来很不道德，而阿肖克·米特拉没有那个耐心，也没有清晰地认识到它并不是那种不道德的想法。我们互通了几封信，但在这件事情之后，一切都不一样了。另外，我在印度政府担任首席经济顾问，后来又在世界银行工作，这两点也起到了负面作用。

不过他也担任过印度政府的首席经济顾问（在英迪拉·甘地执政时期），也在世界银行工作过（时间比我还长）。我感到困惑不解。他是否将这些经历从他的记忆中抹去了？他是否对自己的这些经历感到厌恶？我没有答案。我提起这些只因为他是一个复杂的人，而我想让读者看到他的全貌。

阿肖克·米特拉是一个很有人情味的人。这个世界的贫穷和不平等现象让他痛苦，也让他愤怒。这种愤怒有时会成为阻碍，使他无法清晰地思考应该采取什么措施来消除这些现象。所以他会犯错。虽然他身上有种种矛盾之处，但是作为一名学者，他是一位杰出的人，一个能够让印度引以为傲的人，从他身上可以看到20世纪中期法国左翼学者的影子。我将深深怀念阿肖克和他的文章，对于不幸在他之后去世的人，写给他们的悼文会让我更怀念他的文笔。

斯蒂格利茨的“黏性价格”①

长期以来，主流经济学一直有一个基本假设，即“看不见的

① 这篇评论文章改编自2015年10月17日在哥伦比亚大学一次会议上的讲话，该会议是为了表彰约瑟夫·斯蒂格利茨任教50年而举行的。

手”会完美地施展魔法。如果供不应求，价格就会平稳上升，一旦供大于求，价格又会急速下降，使市场处于平衡状态。

然而，很多观察人士意识到情况根本不是这么回事——价格、工资和利率（尤其是后两者）往往是黏性的，这种情况有时会阻止市场出清。在劳动力市场上，这意味着失业工人要花很长时间去找工作。但同一领域的其他人会说，其同事所说的“失业”并不真正存在，而是一种自愿行为，是顽固的工人拒绝接受现行工资的结果。

约翰·梅纳德·凯恩斯和阿瑟·刘易斯认识到了非自愿失业这一现实情况，刘易斯将之纳入了他的二元经济模型。在这个模型中，城市工资不对劳动力供给过剩做出反应，一直高于农村工人的收入。凯恩斯和刘易斯在研究中都大量用到了价格黏性，但对他们来说，这个概念也只是一个假设，他们一直没能解释为什么工资和利率常常不受供求关系的影响。

哥伦比亚大学的约瑟夫·斯蒂格利茨——他今年已经从教50年——解决了这个难题。他在一系列开创性论文中，提出了一些像拼图一样散落的基本经济事实，并把它们整理归拢到一起，证明了为什么一些价格具有天然的黏性，从而造成市场的低效，并阻挠“看不见的手”发挥作用。用斯蒂格利茨的话说，看不见的手“之所以看不见，至少在一定程度上是因为它并不存在”。

斯蒂格利茨历经十年，最终形成了这一论点。1974年，他发表了一篇关于劳动力周转率的论文，解释了工资为什么是黏性的。他的分析对发展经济学影响深远，因此我经常会用到这一分析结论。此后，他又发表了其他重要成果，包括一篇关于信贷配给与利率黏性的论文（与Andrew Weiss合著）和另一篇关于效率工资的论文。1984年，他与卡尔·夏皮罗发表了关于内生失业的权威研究成果。

其他经济学家的研究工作，例如，乔治·阿克尔洛夫关于次品市场的开创性论文，为有关价格黏性的研究奠定了基础。不过，斯蒂格利茨在20世纪70年代和80年代初发表的一系列论文改变了微观经济市场理论的主流范式。

斯蒂格利茨关于黏性价格的一些论点有着非常简单的原理。我们都知道，如果没有惩罚，人们往往会消极怠工，而职场的常见惩罚就是丢掉工作。但是，如果我们假设一种充分就业的均衡状态，就像教科书中描述的那样，市场在运转时没有任何摩擦，那么这种惩罚就是无效的。如果工人马上就能找到另一份工作，那么用丢掉工作来威胁他们是不会有任何效果的。

如果想激励工人不消极怠工，办法就是向工人支付高于市场工资的薪水，这样丢掉工作的代价就会更大。当然，如果这对一家公司行之有效的话，对其他公司也会同样有效，因此工资水平就会上升，最终劳动力的供应将会超过需求。换言之，就会出现失业。这个时候，即使所有公司都支付同样的工资，解雇工人的威胁仍会有效，因为失去工作的工人将面临持续失业的风险。此时，市场将达到一个均衡点，即存在失业，但工资不会下降。这就是夏皮罗–斯蒂格利茨均衡。

美联储时任主席珍妮特·耶伦在1984年发表过《失业的效率工资模型》一文，对这一文献做出了细致评述。(也许一些读者可以找到美联储何时加息的线索！)

尽管斯蒂格利茨的研究很有影响力，但这个领域仍有很多研究可做。我在观察一些发展中经济体制定货币政策时，常常会感到失望沮丧。这些经济体的当局往往照搬工业化国家奉行的规则，却罔顾一个事实：这些规则的效力可能要视国情而定。

斯蒂格利茨的研究成果提醒我们，如果假定利率会平稳升降并依此出台政策的话，就会存在风险。我们在思考问题时应该加以分析，而不是依赖经验法则来判断何时加息或减息，尤其是在新兴经济体，我们迫切需要通过实验性干预措施来收集数据，从而转向更科学的决策过程。

20世纪90年代末，斯蒂格利茨在世界银行担任首席经济学家，我曾与他共事过。当时，国际货币基金组织对东亚的干预措施引发了激烈的争论，他也参与了讨论。事实上，在我看来，作为世界银行首席经济学家，他最重要的贡献就是改变了国际货币基金组织。希望他的见解能够继续产生这样的影响，因为这些见解能够推动人们在各个层面进行更深入的分析之后再做出决策。

曼莫汉·辛格：平静的勇气

牛津大学出版社最近出版了曼莫汉·辛格的五卷著作和演讲摘编，电影《意外总理》也在上映，这两件事将我的思绪带回了近8年前与这位“意外总理”进行的一次对话。

2011年3月11日，我在财政部网站上发文谈到了我对如何减少“被迫行贿”的构想。这类腐败指的是一个人为了享有自己的权利而不得不行贿的情况，比如，一位女士在通过驾照考试后，需要行贿才能拿到驾照，或者是一位商人在缴纳所有税款后，仍被税务员索贿。

1988年的《预防腐败法》规定，行贿者和受贿者同罪。在我看来，这正是被迫贿赂在印度猖獗的原因之一。这意味着行贿者通常不会在法庭上承认自己行贿，因而政府官员敢于肆意索贿。如果修订该法，宣布行贿行为合法，但受贿者依然会受到惩罚，那么贿赂的发生率就会下降。

这个想法让我兴奋不已。作为一名刚刚进入政府不久的新手，我把这个构想写成了文章并发布在财政部网站上，结果这篇文章引发了轩然大波。一些报道开始攻击这一提议。有几家报纸和杂志发文表示支持，也有一些具有思辨能力的企业领导人表示赞成，不过这些都是后来的事了。

就在我认为争议逐渐平息的时候，4月23日，一个周六的晚上，巴克哈·杜特打来电话，邀请我参加她当时的电视节目《我们是人民》。她告诉我，我可以在节目上解释我的想法，随后会有一场讨论，用印度电视广播业的行话来说，就是一场吵架大赛。

我陷入了两难境地。虽然我在政府的任职时间不长，但我发现自己喜欢甚至乐于参加这些政策“辩论”。然而，我知道我在网站上发布提议的做法给政府带来了很多麻烦。几天前，印度共产党国会议员拉贾（我非常尊敬他）致信总理，对我的“不道德”想法大加抨击。我还以为财政部长普拉纳布·慕克吉或总理会要求我从网站上撤下这篇文章。值得称道的是，他们没有提出这样的要求。我犹豫不决，不知道自己是否应该再次搅局，于是我决定做一件以前很少做的事情：咨询一下他们的建议，看看我是否应该参加巴克哈的节目。

慕克吉当时正在越南访问，于是我就打电话给总理府并留了言。10分钟后，总理给我回了电话。在争议初起的时候，我们曾用便条和信息交流过，这还是我第一次与他谈论我所写的这篇有关贿赂的文章。

他很快就进入了正题。他收到了相关的投诉，也看了报纸上的报道，不过他没有看过我的原文。然后他接着说，他不认同我的观点。我想为自己的想法辩护一下，于是提出他可能受到了二手资料的误导。但他很坚决地表示，他不认同我的提议。我没再说话，觉得他肯定会让我不要参加辩论，让这个构想自然而然地退出大家的视野。

然而他接下来说的话让我非常意外。他说，虽然他不认同我的想法，而且这个想法也给他带来了政治上的麻烦，但这并不意味着我就不能谈论这个问题。身为顾问，其本职工作就是提出想法，即使想法是有争议的。因此，我可以自由地出现在电视上，阐述我的想法。他说，决定权在我本人。

这个例子充分彰显了何为平静的勇气。这种勇气不同于校园恶霸的强硬之气，有的人误把后者当作勇气，他们没有意识到，对掌握话语权的人来说，压制相反的声音并不需要什么勇气。允许思想的蓬勃发展，甚至是与你相悖的思想，则要难得多。允许百家争鸣，允许学生在高校里讨论和传播新思想，这才是一个国家强大的原因，才是印度拥有当前国际地位的原因。

从这次事件以及我在政府任职几年间的其他一些经历来看，曼莫汉·辛格虽然行事低调，但很显然，他是一个极具勇气的人，而支撑这种勇气的是他清晰的思路。正是由于这一特质，他在1991年提出了新的构想，印度经济由此进入一个转折点。风气为之一新，所有官员和专家都有了参与感，他们推出了精心设计的政策，印度也因此走上了世界舞台。

几个月后，在G20的一次会议上，我讲述了这个故事。大家一致认为，只有发达国家才会出现这样的领导人：虽然不认同某些想法，但他们有勇气允许这些想法得到讨论和传播。尼赫鲁敢于支持言论自由，正是他的胆识和这一开创之举使印度在世界舞台上脱颖而出。包括阿塔尔·比哈里·瓦杰帕伊在内的数位印度领导人都延续了这一传统，但它很容易受到侵蚀。我们需要珍视这一传统并将之发扬光大：公民拥有言论自由权，媒体具有批判性，科学和文学蓬勃发展，以及这一切的根源，即一种平静的勇气。

参考文献

Gopal, S. and U. Iyengar (eds) (2003), *The Essential Writings of Jawaharlal Nehru, Vol. I*. New Delhi: Oxford University Press.

Laertius, Diogenes (2000), *Lives of Eminent Philosophers, Volume II*. Cambridge, MA: Harvard University Press.

Hunt, Tristram (2009), *Marx's General: The Revolutionary Life of Friedrich Engels*. New York: Metropolitan Books.

第六章
文化与经济学

艺术与商业

去年，我去参观了德里艺术学院的年度画展。颇具印度特色的是，画展一团混乱，但同样颇具印度特色的是，画展上可谓人才济济。大多数作品都是由尚未毕业的学生创作的，但已初具伟大艺术作品的特质。我很熟悉印度的当代艺术领域，因此并不觉得意外。

印度艺术界有一些家喻户晓的大人物，如特伯·玛塔、安杰丽·埃拉·梅农、侯赛因、比卡什·巴塔查里亚、索萨、阿图尔·多迪亚和安朱·多迪亚。但即便不去看这些头条人物，印度艺术也呈现出前所未有的蓬勃发展。在德里、加尔各答和孟买，小型艺术商店和艺术空间就像雨后春笋般冒出来。光是德里的浩

* 《艺术与商业》原刊于2008年5月11日的《印度斯坦时报》，原标题为《物质的艺术》。《市场与美学》原刊于2009年10月9日的《印度斯坦时报》，原标题为《倾听本国艺术》。《规范与繁荣》原刊于2009年9月11日的《印度斯坦时报》，原标题为《不被看见的人》。《信任与发展》原刊于2008年5月24日的《印度斯坦时报》，原标题为《妥善保管我们的信任》。

兹卡斯村（Hauz Khas）就得有七八个艺术画廊，不管哪个晚上过去走一走，都完全有可能看到瓦昆塔姆、帕里托什·森、拉克斯玛·高德、拉鲁·普拉塞德·肖和帕雷什·迈蒂等人的画作。还有一些杰出的原创画家，他们的名字在圈外可能不为人知。去年我去看了新德里的一个展览，名字很隐晦，叫作“烛果之梦”（Kokum Dreams），展出的是阿诺普·卡马特的艺术作品集。这场展览让看过的人久久难忘。我得承认，我没有听说过他的名字，他的作品绘在巨幅画布上，苍白的单色背景上浮现出超写实风格的面孔和人物，既感性又凄凉，有的凝视远方，有的忧郁沉思，有的做着日常琐事，全都悬浮在一个虚无的宇宙之中。

作为一个不折不扣的艺术审视者，我对印度艺术领域涌现出的非凡才华充满信心。我记得，20世纪80年代中期的两位艺术家奈纳·卡诺迪亚和桑杰·巴塔查里亚在当时几乎不为人知。两人风格迥异，奈纳的艺术作品是野兽派和原始派的惊人结合，而桑杰的作品则有一种神秘的东方超现实主义风格。他们的画作在当时很便宜，但我在德里大学所拿的准教授薪水仍然负担不起。现在他们已经成名，我的薪水更是望尘莫及了。

然而，印度艺术在国际上并没有表现出应有的实力。我认为这不是因为缺少艺术人才，而是因为缺乏商业运作。我知道有一些纯粹主义者，他们绝不肯将艺术和商业相提并论。近来有几则头版新闻报道了一群国际投资商和投机者是如何剥削几位中国艺术家的，这无疑让我们对艺术和市场的交融心怀警惕。但不可否认的是，优秀的艺术作品需要大型博物馆、赞助和营销，而国家至少在起步阶段有责任提供这些。

就发展中国家而言，墨西哥和中国在艺术领域取得了巨大的商业成功。墨西哥的成功还是基于老一套。它的艺术之所以出名，不仅要归功于艺术家的天赋和才华，还要归功于西凯罗斯、迭戈·里维拉和弗里达·卡罗等艺术家的异国情调和一团糟的生活（不过，印度的阿姆丽塔·谢尔-吉尔同样把生活搞得一团糟，比起卡罗也不遑多让）。

中国的成功则是一个全新的故事。的确，中国的一些当代艺术家，如张晓刚、何森、曾梵志，他们的创造力和绘画技巧足以与世界上最伟大的画家媲美。在近来的拍卖会上，这些艺术家的一些作品以每件逾500万美元的价格成交。没有哪位印度艺术家的作品能够拍出这个价格，而且相差甚远。不过，成功的背后是中国政府为推广艺术、开办新画廊做出的巨大投入。

印度之所以还没有达到这个水平，不是因为缺乏艺术人才，而是因为缺乏相应的机构和基础设施。首先，我们需要激发普通民众的兴趣。德里的国家现代艺术馆里的场景可能会让人觉得灰心丧气，因为展品质量不高，印度观众也寥寥无几。我们需要让学童对艺术产生兴趣。在这方面，报纸和杂志编辑的责任不亚于政府。其次，我们需要加强基础设施投资。我们应该请出最好的建筑师来建造富有创意的博物馆，这样就能以最好的方式向游客展示我们最好的作品，从而帮助推动印度艺术走向世界舞台。说到基础设施，要求建设更好的机场和道路是对的，但我们不能忘了，艺术、音乐和文化也需要基础设施。一旦有了这些基础设施，它们也可以带来丰厚的商业红利，使整个国家从中受益。

市场与美学

每年3月份的时候，只要我碰巧身在德里，就一定会特意去参观德里艺术学院的年度展览，届时学院学生的绘画作品会向公众开放。那些展品美得令人惊叹。正如前文所述，展览可以说是异彩纷呈。这样的情形不仅仅局限于德里，在印度其他城市甚至城镇，人们在欣赏不知名艺术家的艺术作品时，也会发现这一点。不知名的年轻印度艺术家在其作品中展现的技巧和想象力令人叹服。

然而，现实情况是，为了维持生计，很多这样极具才华的人最终将不得不放弃他们的手艺，尤其是那些生活在小镇和村庄的人。我们在大学展览上还可以看到尚未埋没的才华，但这些村镇连这样的展览都没有。印度显然需要采取更多措施来促进本国的文化和艺术繁荣。

之所以会有这种不合格的表现，是因为左右两派都犯了一些错误。第一个错误是认为艺术与市场无关，因此忽略了这样一个事实：要想让艺术蓬勃发展，我们就得有一个生机勃勃的市场。第二个错误是认为只有在完全自由运作的情况下，市场才会兴旺发达。事实上，市场需要政府和机构的扶持。美国、日本和中国的市场都是如此，在亚当·斯密的时代，市场就是如此，现在也依然如此。

我们有几位艺术家的作品经常能够在伦敦和纽约售出，如赛义德·海德尔·拉扎、安杰丽·埃拉·梅农、朱根·乔杜里、侯赛因和其他一两个人。如果我们希望能有更多的印度艺术家（在印度国内和国外）声名远扬，那么印度政府和媒体就得采取一些有针对性的措施。

在促进艺术和艺术欣赏方面，政府大有可为。印度可以建造一座发展中经济体的当代艺术博物馆，这个想法需要一些初始投资，但从长远看，它能带来数倍的回报。美国、英国或法国顶级艺术家的作品在价格上可能会令人望而却步，巴西、南非、越南、俄罗斯、斯里兰卡、墨西哥和中国的一些顶尖艺术家则不然。不过，一些中国当代艺术家，如王广义和张晓刚，其作品的价格可能会直追西方艺术家的最高价位。但总的来说，印度有能力建造一个以拥有发展中国家最佳收藏品而闻名全球的博物馆。这不仅可以增加前往印度的游客流量，提高印度在全球的知名度，还可以加强人们对印度艺术和文化的兴趣，从而为我们国家的贫困艺术家打开新的大门。

此外，这样一个大型国际画廊一旦建成，艺术市场就会自行回温，小型画廊就会借势兴起。

德里的国家现代艺术馆位于斋浦尔宫的宏伟建筑内，不管挑哪一天过去，里面的情形都会让人觉得沮丧。艺术馆收藏了阿姆丽塔·谢尔吉尔、阿巴宁德拉纳特·泰戈尔、苏布拉曼亚姆等人的大量作品，艺术作品不可谓不丰富。令人失望的是，参观博物馆的人少之又少。上一次我前去参观的时候，甚至倍感内疚，因为打扰到了昏昏欲睡的门卫。

印度媒体应该在这方面发挥作用。如果我们想让公民更有文化素养、更有创造力，那我们的报纸、杂志、广播和电视就应该更多地报道艺术和音乐，还有科学和数学。

我知道，这其实是一条双向道。媒体显然要迎合读者的兴趣，所以才会大肆报道梅根·福克斯和詹妮弗·洛佩兹的日常生活。

这是可以理解的，我们都清楚为什么没有一家报纸想要换掉这个版面，转为报道更有教育意义的内容。

不过，如果所有主流报纸和电视频道一起采取措施，拿出少量版面来培养人们对艺术和科学的兴趣，那么就可以在一定程度上缓解媒体对竞争的担忧。不管怎么说，一心追求利润的企业如今确实在“企业社会责任”问题上做出了一些让步。在企业社会责任运动的推动下，各公司已经同意以小幅利润换取空气污染的减少，也同意坚持最低劳工标准，即使要为此付出较高的代价。他们该做的还有很多，但毕竟已经做了一些事情。

同样地，我们需要推动一种可被称为“媒体文化责任”（MCR）的理念。如果一家报纸做出“媒体文化责任”承诺的话，就意味着它会用少量的版面，比如一开始只用5%的版面，来推动艺术和文化宣传并培养读者对科学的兴趣。此举不会提高销量，因此也不会有广告收入，但各家报纸共同承担的这一小部分成本可以对印度的艺术和科学教育起到巨大的推动作用，甚至可以打造更有见识、更富有创造力的公民群体，从而加速印度的经济发展。

规范与繁荣

传统经济理论格外看重个人利益，这样的立场是有损经济发展的。亚当·斯密在1776年出版的经典著作中提出了一个著名的观点：如果一个经济体中的每个人都从个人利益出发，消费者追求效用最大化，企业家追求利润最大化，那么市场这只“看不见的手”将会发挥作用，社会将会自动实现优化。斯密在提出这一主张时附带了很多条件，但久而久之，所有这些附带条件都被抛在脑后，“看不见的手”学说成了狭隘经济主义和一心追求个人利益的借口。

好在现代经济学和心理学研究明确地指出，我们人类的其他品质，如利他主义、个人诚信以及适度的社会规范和制度，对经济发展至关重要。

在今天的印度，令人担心的一点是高增长的覆盖面不够广，部分人口仍深陷极端贫困。从我们对非经济因素的忽视就可以看出蛛丝马迹。举个简单的例子：如何让边缘人群跟上经济发展的浪潮？毫无疑问，这是我们应该追求的目标，但如果不给这些人提供基本的教育，让他们知道自己的基本权利，对现代经济运作方式有一些基本了解，并为他们提供一些基本的卫生设施，那他们在被卷入市场经济的时候，没准会一无所获，甚至有可能遭受损失。

从历史研究文献中，可以看到美国原住民是如何被欧洲定居者夺去土地的。战斗在所难免，但更重要的还是签订“自愿”契约，而这些契约将原住民玩弄于股掌之上。首先，契约使出老伎俩，提供看上去很有吸引力的贷款，然后在借款人无力偿还时，取消他们的赎回权，这简直可以说是17世纪的次贷危机。

美洲原住民社会没有出售土地的习惯，因此还有一个办法，那就是利用他们不知道何为土地买卖这一点。比如1755年在南卡罗来纳州，500多名切罗基人（Cherokee）与人数大致相当的定居者见面交换了礼物，并用银碗和银杯盛着食物端上来。切罗基人非常高兴，宣布该部落希望将“他们所有的土地呈给大不列颠国王”，让国王成为“他们全部土地和水源的主人”。这其实只是一种比喻性的说法，是对外人示好的一种方式。切罗基人不肯为这一提议接受任何报酬，由此更能看出这一点。但是，对定居者来说，这个提议实在太过诱人，他们务必要消除比喻性语言带来的隐患。为了把提议变成契约，定居者说服切罗基人接受了一小笔钱，切罗基人接受这笔钱是出于礼貌，他们根本没有意识到自己即将失去所有的土地。[①]

我在开篇就提到了利他主义对经济繁荣的重要性，但在我们对“看不见的手”的字面解释中，这一点却被忽略了。如今已经有很多研究强调了“亲社会行为”的重要性，接下来我想给读者介绍一个我在1994年提出的博弈，名叫“旅行者困境”。美国有几所大学已经在实验室对这个博弈进行了实验。然而，这一博弈强调的利他主义的作用却没有得到充分讨论。

在“旅行者困境”中，两位（互不相识的）旅行者在一个偏远的岛屿各自买了一件相同的古董。当他们抵达家乡机场时，发现航空公司没有好好搬运行李，摔碎了他们的古董，于是两人提出了赔偿要求。航空公司的经理不知道这些“奇怪的东西”值多少钱，于是向他们提出了以下赔偿方案。两位乘客必须在不与对方商量的情况下，写下2~100中的一个数字（整数）。如果他们写下的数字是一样的，那经理将向他们支付这一数额的卢比。如果两个人写的数字不一样，那他就按较低的那个数额赔付，但是会有一个小小的变动。他会给写下较小数字的“好”人奖励2卢比，而写下较大数字的“坏”人则被罚2卢比。也就是说，如果A写的是47，B写的是60，那么A将得到49卢比，B将得到45卢比。

① 我的《经济学的真相：超越看不见的手》一书探讨了这类“契约”对主流经济学更深层面的影响。

如果两个人都想让自己拿到最多的钱，他们应该写下什么数字呢？

请注意，如果他们都写下100，那两个人都能得到100卢比。但是，在这种情况下，如果一个玩家改成99，那他将得到101卢比。照此推理，两人都会改成99。但是现在，如果一个玩家改成98，那他就能占据上风。这样的话，两人都会改成98。按照这样的逻辑，可以无止境地推理下去。如果每个旅行者都一门心思想让自己拿到尽可能多的钱，那他们最终都会写下2，从而只拿到2卢比。如果每个人都能尊重对方并无私一点，不为一块钱而“坑”对方，那么他们都可以拿到100卢比。自私自利的“看不见的手”没有推动他们走向繁荣，而是走向贫穷。

信任与发展

我父亲最小的妹妹在60多岁的时候，曾经和我说起过她对自身健康状况的不解，这个问题显然一直困扰着她。“我不知道我的身体为什么这么差，除了甜食，我也没吃别的呀。”在我看来，从这句话里就能推断出问题所在。

近来，我在读到没完没了的关于经济增长的争论时，想起了她的这番话。远至“华盛顿共识”，近至世界银行增长委员会，专家们激烈地探讨什么才是增长的决定性因素，并且尝试了一系列政策。但事实证明，撒哈拉以南非洲的大片地区、南亚大部分国家和拉丁美洲大片地区就是顽固地发展不起来。值得注意的是，所有这些处方都与经济变量有关，如货币政策、财政规则和贸易制度。问题有没有可能就出在这里呢？

我认为答案是肯定的。大众的普遍看法忽略了一点，那就是，经济之所以难以增长，往往是因为我们过分关注经济变量。实际上，经济增长很大程度上取决于非经济变量，如文化和社会规范，如我们的习俗和集体信念；简而言之，取决于那些在传统经济理论看来无关紧要的变量。令人庆幸的是，一些新的研究正在尝试揭示社会规范与经济增长之间的联系。接下来我将详细探讨一个问题，即信任。

不可否认，比起贫穷国家，工业化社会的公民彼此之间更加信任，其行为也更加可信。我想说的是，这不仅仅是巧合，相反的情形根本不可能出现。要不是这些社会灌输了个人诚实守信的最低标准，它们就不可能成功地实现高速经济增长。东亚经济体在20世纪60年代和70年代取得了巨大成功，这既要归功于良好的经济政策，也要归功于已经融入东亚社会的诚实和守信规范。如果我们想让印度取得持续发展，就必须努力向公民灌输个人诚信理念。显然，印度在这方面还有一定的差距。

繁荣经济的关键是合同的有效执行。在工业化社会，人们经常达成交易协议和计划，其中一些交易会持续很长时间。例如，在抵押贷款市场上，我们很快就能拿到贷款，并承诺在几十年内还清债务。在合同执行不力的社会，人们很快就会学到教训，从而不再与他人签订合同。现代工业社会依赖于合同和协议，因此，无法有效执行合同和协议的社会也就无法成为现代工业化社会。印度直到设立了长期抵押贷款合同的执行机制之后，抵押贷款市场才发展起来。如果没有这样的强制执行机制，很多现在有房可住的人恐怕永远都拥有不了自己的房子。

然而，政府能做的很有限。生活中会有数百种需要履行小型合同或兑现预期的情况，不可能让政府这样的第三方一一检查它们的落实情况。当我们在饭店就餐时，得确信厨房整洁干净。当我们乘坐飞机时，得确信发动机没有故障。因此，如果一国公民生来就诚实守信，那这个国家就会有很大的优势，反之，如果一个国家不具备这些特征，那它就会举步维艰。

然而，要想培养这些宝贵的品质，不能只靠反复喊一些简单的口号，如“诚实乃上策”。首先，这是个谎言。如果通过宣传谎言来教导人们要诚实，那就绝无成功的可能。对个人来说，诚实并不总是上策。如果真是上策，我们就用不着费心去说服人们相信这一点了。

问题在于，可信、诚实和勤奋等特质被大多数人视为群体特征。因此，我们会谈论“新教徒伦理观”和“儒家价值观”，会觉得一些群体比另一些群体更勤奋，一些国家比另一些国家更可信。在这种情况下，个人去培养这些特质并不能带来好处，因为不管怎么样，他人至少会在一定程度上通过你的群体身份来评判你。

因此，我们不能通过自身利益诉求来培养这些理想特征。我们必须把这些特征当作最终目标、当作内在的道德品质来培养。政府、工业和其他行业的领导人在这方面需要担负起重任。印度绝大多数的政治家和行业领袖都没能以身作则，好在还有一小部分人和他们不一样。我希望这个少数群体的规模能够越来越大，他们可以成为普通民众的榜样，良好的规范到位之后，整体经济就有可能收获巨大的回报。

第七章
金融和经济难题

烧钱：一个金融难题

我有一个问题想问问执拗的货币政策专家，以及喜欢逻辑难题的门外汉。本周早些时候，印度储备银行（RBI）出台了强硬的政策措施，以控制通胀。消息传出之后，印度SENSEX指数[①] 下跌了500多点。有人抱怨说，这意味着个人、企业乃至国家的财富缩水。我想问的问题是：真的是这样吗？SENSEX指数毕竟不是苹

---

* 《烧钱：一个金融难题》原刊于2008年8月2日的《印度斯坦时报》。《为什么应该将有些金融产品设为处方产品》原发表于2009年9月21日报业辛迪加网站，原标题为《处方金融产品》。《金融诈骗和庞氏骗局》原发表于2009年1月26日的BBC新闻在线，原标题为《萨蒂扬公司带给印度的教训》。《工业用地征用》原刊于2009年8月14日的《印度斯坦时报》，原标题为《寸土不让》。《印度的体制改革》原刊于2008年10月20日的《金融快报》，原标题为《是谁导致我们落后于中国？书记员与法官》。《印度劳动力市场改革》最初于2006年5月18日发表于BBC新闻在线，原标题为《印度劳动法为何是个问题》。《社会进步何去何从？》最初于2009年8月31日发表于BBC新闻在线。《同性偏好与权利》原刊于2007年10月14日的《印度斯坦时报》。《错误的循证政策》最初于2017年11月30日发表于报业辛迪加网站。《浅谈营商环境》最初于2018年2月28日发表于报业辛迪加网站。

① 该指数由孟买证券交易所推出，是印度最被广泛使用的指数。——译者注

果和橙子，它的下跌并不像建筑物被烧毁或农作物遭遇洪水那样，意味着直接的商品和服务损失。

为了更清楚地说明这个问题，我们来思考一个相关的问题。假设一个乘船出行的富人有一箱现金被台风冲走，损失了1 000万卢比。很显然，他的财富损失了一部分；这件事没有波及其他人，因此我们不由得想要得出结论，认为整个社会损失了价值1 000万卢比的财富。但是，经过进一步思考之后，我们发现情况并非如此。苹果、橙子、房屋等的总量没有变化，因此可以说这个社会并没有损失实际财富。这个人的损失由其他人间接获得的小额收益来平衡。但再仔细想想，这可能也不对。大多数经济学家（我问过很多人）会告诉你，这个人的现金减少了，因此他在苹果、橙子、房屋等方面的支出会减少，而这将导致这些商品的制造商减少产量，因此确实会出现总产出的净缩水。

我们姑且假设这种说法是正确的。那么，如果不是暴风雨导致他损失钱财，而是一位仙女（你如果愿意的话，也可以假定是印度储备银行）给了他1 000万刚刚印好的卢比纸币，那么按照上面的说法，整个社会应该会变得更加富有。毕竟，得到1 000万卢比和不损失1 000万卢比没有什么区别。

如果印制1 000万卢比创造了更多的实际财富，那么再印制1 000万卢比并赠送给另一个人的话，也一定会有同样的效果，然后再印1 000万又1 000万……但我们知道，情况并非如此。这么做只会导致灾难性的通胀，使整个社会陷入贫困，1923年的德国、1946年的匈牙利以及14世纪穆罕默德·本·图格鲁克治下的印度就出现过这样的情况。由此可见，在有些情况下，损失一箱现金可能会提高总产出（因为在有些情况下，注入一箱现金会导致总产出的下降）。货币资产和实际财富之间的关联显然不是单向的。经济理论中有一些没有定论的难题，这两者的关联就是其中之一。

其中的错综复杂又延续到了另一个问题上，即一国股票价值与实际财富之间的关联。在某些情况下，股票价值缩水的同时，总体经济可以更加繁荣。

我们来看这个例子：在印度储备银行宣布提高回购利率和备付金率的反通胀方案之后，印度股市应声而跌。首先，我们完全不能确定这两者是否有因果关系，有人可能会说印度股市的下跌是在因应道琼斯指数的变化。不过我先暂且搁置这个问题。在媒体报道中，印度储备银行的干预措施成了一项为遏制通胀而不惜牺牲增长的政策。SENSEX 指数下跌正是增长受到影响的明证。但事实上，我们并不确定该不该用这样的方式来分析这个问题。可以说，情况恰恰相反。如果不控制住此次通胀，那么从长远看，增长率将会下降。1972 年，印度的通胀率为 10%；1973 年为 20%；1974 年为 25%，达到印度独立以来的最高点。任由通胀率一路走高之后，经济有飞速增长吗？没有。1974 年是表现最糟糕的年份之一，GDP 只增长了 1.2%，这意味着人均收入不升反降。因此，扼制住通胀，就能够推高以后的总增长，而如果任由通胀率持续上升，增长率将达不到这样的水平。

我并不是给这个问题下了最后定论，货币政策需要集工程设计、艺术性和直觉于一体。我们唯一可以确定的规则就是，如果有人声称自己知道什么是正确的政策，那我们就得对他们心怀警惕。

为什么应该将有些金融产品设为处方产品

始于2007—2008年的金融危机也有一些正面影响，其中之一就是这场危机让我们认识到，金融产品可能会像药品一样复杂和危险。认识到这一点之后，各国纷纷开动脑筋，尝试性地推出了新的法律、法规和制度。印度政府宣布成立金融稳定与发展委员会，以解决监管机构间的协调问题，并提供宏观审慎监管。美国的《多德-弗兰克华尔街改革与消费者保护法案》和监测金融产品安全的新举措则有可能改变金融架构。

一些支持这些新构想的人公开将金融产品与药品相类比。有人认为，美国有食品和药品管理局，要是我们在2007年的时候也有一个类似的"金融"产品安全委员会，那市场上就不会充斥着诱惑性抵押贷款（teaser mortgages），导致数百万家庭深陷掠夺性贷款的泥潭。

就美国、欧洲国家、印度、中国和世界各国纷纷冒出来的这些新构想而言，有一个格外复杂的问题：人们认识到，金融产品就像药品和玩具一样，我们无法事先规定什么产品应该获批，什么产品不应该获批，因为我们根本无法将所有能够且最终将会出现在市场上的商品都提前预测个遍。故而，我们需要一个评判机构来评估新产品，并对产品是否有可取之处给出意见。

虽然这些想法富有创新性，但也有令人担忧的一面。它们必须在金融机构过度自由和过度谨慎之间开辟出一条狭窄的道路——前者导致了近来的全球金融危机，后者则有可能扼杀创新并滋生低效。以诱惑性贷款为例，它最初会收取低利率甚至零利率，而到了后期，利率就会大幅上涨。没错，这是一款危险的产品，也确实使多个家庭陷入了难以为继的债务泥潭。然而，有些成熟的公司和家庭可能有充分的理由相信自己的未来收益会高于当前收益，那么对他们来说，这款产品就极具价值。因此，这类实体在别无他法的时候，可以拿诱惑性贷款进行投资。

这只是一个例子。人类的聪明才智可以创造出无数金融产品，我们无法一一做出预测。这些产品可能会非常危险，但对某些人来说又极具价值。在如今这个危机四伏的世界里，相关部门考虑出台的诸多监管措施有一个风险，那就是它们最终有可能会对市场形成过度监管，以至于阻碍有价值的新产品出现。

有办法解决这个难题吗？答案是肯定的。在出台新的金融监管措施时，我们再回到刚才与药品所做的类比。秘诀就是，设立一类与处方药相对等的产品。我们既不把所有的危险产品都一禁了之，也不自由放任所有的危险产品，而是明确哪些产品对某些客户而非所有客户具有价值（我们可以称之为“处方类金融产品”），并创建一个由注册金融专业人士组成的机构，授权他们给购买这些产品的个人出具证明。

假设你正计划买房，当地银行为你提供了经过鉴定的诱惑性贷款，也就是说，这是一款处方产品。只要有注册金融专业人士在这样的合同上签字，你就可以拿到这样的贷款。简而言之，我的意思是，我们没有因为类固醇有危险就一禁了之，而是把它列入了处方药名单。与此相似，在金融产品方面，我们也应该留有同样的余地。设置这样的选项之后，需要禁止的产品清单就可以大大缩短了。

不过，在有一点上，我建议不要借鉴药品惯例，至少在工业化国家这是一个普遍存在的惯例，即每种药品要么是非处方药，要么是处方药，不管谁来购买都是一样。为了保持体系的精简，我建议出台一项规定，宣布一些个人和公司在购买处方类金融产品之前无须获得批准。换句话说，所有的金融产品都会被划分为非处方产品或处方产品。但除此之外，我们也会将一些个人和公司划入以下一类：他们要么足够成熟，能够处理好一切；要么足够富裕，能够应对金融失败。应当允许他们在没有征得金融专业人士同意的情况下购买处方类金融产品。

我之所以主张制定这一豁免条款，是因为我近来从美国搬回印度之后的经历。在有的方面，印度非但不那么官僚，甚至可以说处于领先地位。几个月前，我去找了一趟本地药店的新老板，在没有任何处方的情况下，我有点不好意思地告诉他，我要出国进行一次长期旅行，希望随身携带抗生素片以防万一，他上下打量了我一番，然后说："既然你要去这么长时间，我建议你买上出门两趟要用的药。"

金融诈骗和庞氏骗局

拉马林加·拉贾是萨蒂扬电脑服务公司的创始人，也是印度软件业的成功典范，现在却被关押在海得拉巴（Hyderabad）的昌查尔古达（Chanchalguda）监狱，而其罪行简直可以说是明目张胆的打劫。这样的堕落真是一出悲剧。

起初，他供称自己在公司资产负债表上动了手脚，虚报了利润和除股本以外的所有者权益，以增强股东的信心，想要赢得更多的投资。然而，事实证明，他并没有犯下这一罪行。其公司的利润和除股本以外的所有者权益确实达到了账面上那么多，真正的罪行是他盗用了这笔钱——10亿美元！真是叫人瞠目结舌。从这个意义上说，股东们并没有被他蒙骗，只是被他偷走了钱。

对印度来说，这种更为明目张胆的罪行反而有可能是值得庆幸的。如果是纯粹地做假账，那会让投资者和客户质疑是否整个行业都在同流合污。现在既然不是这种造假，那么这件事对印度软件行业的整体声誉可能就不会造成那么大的伤害。不过，印度近来正在推行经济改革，以期摆脱许可证制度的枷锁，因此它必须做好充分的准备，以应对市场资本主义下的新式罪行——向拉贾们发放更多许可证而衍生的罪行。

一类最基本的罪行就是庞氏骗局，它在现代市场经济中以各种形式出现。由于它可以伪装成多种面目，因此往往难以被人发现。可以说，拉马林加·拉贾最初供认的罪名就是庞氏欺诈罪。

美国的伯纳德·麦道夫近来的所作所为就是典型的庞氏骗局。他的投资公司在倒闭时尚有500亿美元的未偿债务，数十万投资者的钱财都不翼而飞。他承诺会给投资者带来高额回报。但他并没有把投资者的钱用于创造财富，而是将很大一部分收入囊中，然后再从新的投资者那里拿到更多的钱，用这些钱来支付他对早期投资者承诺的高额回报。他的名声传开后，越来越多的人在他这里投资，他也继续故技重施。每拿到一拨新的投资金，他就会给自己留下一大部分，然后用剩余的钱向老投资者支付。

这种做法的问题在于，只有在投资者持续加入的情况下，它才能维持下去。人类的人口总数是有限的，因此从算术角度看，庞氏骗局最终必然崩盘。伯纳德·麦道夫的情况就是如此；查尔斯·庞齐也是如此，虽然这种欺诈行为可以追溯至很早以前，但庞齐有幸能以自己的名字为之命名；同样如此的还有20世纪70年代在加尔各答经营桑查塔金融公司的骗子们，这家公司已经声名狼藉。

庞氏骗局之所以难以察觉，是因为它们往往与正规投资交织在一起。以萨蒂扬公司为例。起初，这是一家生产性公司，其业务实际上是将投资者的钱转化为有价值的商品和服务。假设某一年利润下滑，但这家公司仍然利用新投资者投入的资金，给股东发放了丰厚的“利润”。这个时候，它开始将生产性活动与庞氏骗局融为一体。事实上，由于新的投资没有用于生产，而是用于支付给早期的股东，因此，此举有可能导致来年只有很低的利润，公司将面临压力，以至于不得不扩大庞氏骗局的规模。

这种混合型庞氏骗局很难识别。毕竟，公司偶尔都会采取一些利润平滑手段，来稳定年复一年的利润波动。只要规模不大，这种做法就没有什么坏处，甚至可以说是一种理想的保险形式，能够对抗市场的变化无常。但是，当这种做法让人上瘾时，麻烦就会找上门。我们很难判定一个酗酒者是什么时候变成酒鬼的，同理，我们也很难判断企业是从什么时候开始财务造假的。

对于这些风险，印度必须做好应对准备。要想防止这种情况，企业家的个人诚信是一种保障。但是，过去的历史和各地的经验告诉我们，无论是软件业、制药业还是银行，每个群体都有害群之马。为此，新兴工业化国家既要出台严明的法律，也要时时保持警惕。

工业用地征用

目前被人民院[①] 搁置的《土地征用法》已经造成了深深的政治裂痕。争议的核心是：在被征用土地进行大规模工业化的过程中，

① 印度议会的下议院。——译者注

我们是应该把这件事完全交给自由市场，让工业家和农民商量土地价格并自愿达成协议，还是应该让政府动用国家权力，设置一个合理的价格，然后再征用土地？

现代经济理论对这个问题有明确的阐述，而且站在了政府干预那一边，这多少有点出人意料。因此，即使一些积极以市场为导向的国家，如美国，也在相关规定中允许国家采取干预措施，征收土地用于大规模工业或商业用途。

根据经济学的观点，如果完全交给自愿交易的话，那么很多合乎社会期望的工业化项目将永远得不到实施。2009年8月5日，阿马蒂亚·森在加尔各答举行主题为“正义与印度”的讲座时，简要提及了这个所谓的“要挟问题”（hold-up problem），但是没有详细阐述。

其中的基本思想很简单，却承袭了博弈论的精髓，尤其是约翰·纳什的研究。

我们知道，大型工业项目，比如新建一个汽车厂，需要一大块连片的土地。如果只拿到这块土地的一部分而拿不到其他部分，那么这个项目就无法开展。假设一位名叫T的工业家正考虑实施一个大型项目，为此他需要购买两块相邻的土地，这两块土地目前分别由农民M和B拥有（我所用的字母是有深意的）。假设这个工业项目可以带来10卢比的毛利，而这两块土地是休耕地，不会给这两位农民带来任何收益。因此，这显然是一个可行的项目，例如，如果T给每个农民3卢比，他们就会有进账（每个人3卢比），而T也会有进账（4卢比）。

在现实中，这样一个项目可能会涉及数百名农民，因此我们有理由认为T无法同时跟所有人讨价还价。所以在此我就假设T先得与M达成交易，然后再与B达成交易。

假设每位农民都想在这位工业家愿意支付的范围内获得最大限度的利益。接下来我可以证明，这个项目将无法开展。为了便于论述，我将假设所有款项都是以整数支付的，也就是说，没有哪笔款项是以派士[①] 为单位的。

第1阶段的议价在T和M之间进行。无论M提出什么要价，都可以进行后面的论证。请注意，如果M的要价超过9，T就会拒绝，如果M的要价少于1，就不符合自身的利益。因此，我就简单地假设M的要价在1和9之间。

接下来是第2阶段，T开始与B沟通。B知道，只要自己说不，这个项目就开展不了。请记住，T只有拿到两个地块，项目才能实施。因此，如果B和T达成交易，利润就是10，如果达不成交易，利润就是0。简而言之，B有能力阻止整个项目的推进。因此，只要B的要价低于10卢比，符合T利益的做法就是接受报价。请记住，无论T在第1阶段花了多少钱，现在都是沉没成本，无法再收回了。因此，B会要价9卢比，而T将接受这笔交易。

然而，这意味着在这两个阶段，T将花费10卢比或更多钱来获得土地，这样的话，他的净利润将是零或负数。有趣的是，即使我们不知道第一阶段具体达成了什么样的交易，也能得出这一结论。这位工业家可以预见自己将会遭受损失，充其量也只能是零利润，因此他根本不会与第一个农民谈判。也就是说，即使工业化原本能让所有人从中受益，也无法推进。

---

① 印度货币单位，100派士等于1卢比。——译者注

有人可能会反驳说，已经有大规模的土地收购是在没有国家干预的情况下进行的，尤其是古吉拉特邦。对此，我有两点想要提醒读者。第一，很多土地收购看似自愿，实际上是暗地里对贫农加以恐吓和威胁的结果。第二，每达成一笔交易，都有更多笔交易因为上述原因而根本没有启动。

这并不代表我认为应该允许政府随意收购土地。我们必须制定一部法律，明确规定国家参与的限度。相关的工业项目必须具有显而易见的社会价值。此外，还应强制要求给予土地所有者远高于市场价格的丰厚补偿。

印度的劳动密集型工业部门已经蓄势待发。只要出台合理的法律和制度，这个行业马上就会蓬勃发展起来，比起诸多零敲碎打的干预措施，这样的发展更有助于减轻贫困、缓解失业。

印度的体制改革

由于全球金融危机和美国经济增长放缓，印度对本年度（2008年）的增长预测已经下调至7%。我本人的预期还要更低，但我们有理由相信，两年内印度就将重新回到过去四年里每年9%的增长水平。

这样的表现已经相当出色，但仍远低于中国11%的年增长率。不过，现在印度的储蓄和投资占到了其国民收入的35%，即使在10年前，这样的数据也是不可想象的，当时印度的储蓄率稳定在23%左右。因此，我们有底气去探讨什么样的策略能让我们追上中国的增长表现。人体有多个器官，每个器官都很重要，但有那么一两个是至关重要的。同理，一国经济也有多个组成部分，其中有一两个是至关重要的，如果管理得当，这一两个部分就可以推动国家一路向前。一个国家的官僚机构和司法系统就是这类重要组件的代表。只要这些部件得到妥善管理，就可以让其他诸多经济部件处于自动驾驶状态。

在此，我们以购买汽车、化肥或拖拉机的贷款为例，或者也可以是任何在一定时期内涉及两个或更多行为人的交易。如果政府设立有效的法律体系，个人可以签署合同，并依靠司法部门快速且公平地执行这些合同，那么政府就没有必要设立单独的机构和官僚团队来提供这些服务。个人之间的借贷会更加自由，他们可以进行贸易和交换，而不需要政府直接提供这些服务。换言之，只要政府为市场运作提供了制度基础，那么在市场能够发挥作用的地方，政府就不要再一手包办。

然而，高效的司法机构和官僚机构不可能凭空出现。这需要精心设计、果断行事，此外重组也会造成一定的初始开销，不过，一旦进入运转，它们就可以帮助政府削减其他很多零碎的费用和举措。印度在官僚体制方面究竟表现如何呢？有了世界银行过去几年里发布的数据集，我们就可以明确回答这个问题，而不用再凭着印象讲一些故事。表7.1引用了一些最新数据。[①]

经营企业的第一步当然是准备好基本的文件并从政府那里拿到必要的许可。如表7.1所示，这一步在新加坡需要5天，在韩国需要17天，在印度需要33天。前文已经讨论过，政府在一国经济中的重要职能之一是执行合同。如果我们无法依靠合同行事，那么就有无数的活动无法进行。在合同失效的情况下，需要多长时

① 第三章的《下一轮改革》一节列出了一些相同指标在4年前的统计数据。

间来强制执行合同？在新加坡需要120天，在韩国需要230天，而在印度则长达1 420天。从表7.1可以看出，就这个时长以及关闭企业所需的时长而言，印度表现最差，位居榜尾，难怪没有多少新公司进入印度的劳动密集型制造业。

表7.1　各国营商环境

国家	创办企业所需天数	执行合同所需天数	关闭企业所需月数
印度	33	1 420	120
中国	35	406	20
新加坡	5	120	10
韩国	17	230	18
巴基斯坦	24	880	34
泰国	33	479	33
马来西亚	24	600	28

资料来源：世界银行《2008年营商环境报告》。

新加坡和韩国均在全球表现最佳经济体之列，在表7.1所列的三个指标中，它们都名列前二，这绝非巧合。这些经济体之所以表现良好，是因为它们拥有高效运转的官僚机构。此外，大公司拥有法务部门和足够的内部人员来处理相关事务，因此烦冗的官僚程序可能并不构成太大的障碍，但这些程序极大地阻碍了小型企业和个体经营者，打击了创业精神，最终伤害了整体经济。

印度司法部门的情况也差不多。对一项依据2005年印度《知情权法》提出的质询，原属内政部的司法局在回复中透露，2007年，全印度下级法院有2 630万起待审案件，21个高等法院有300

万起待审案件。(待审案件中有四分之一都在阿拉哈巴德高等法院，对全国其他地区来说，这算是唯一的好消息。)同年，25万被拘留候审的人在监狱里煎熬度日，其中2 069人已被关了5年以上。除了司法体系的严重不公之外，这种低下的工作效率也在极大程度上扼制了经济发展。因此我认为，如果能够提高官僚机构和司法机构的效率，印度就可以缩小与中国的差距。

一些次级部门的证据表明，我们可以对这些部门进行改革，这样的举动将会对经济产生积极影响。继20世纪90年代初的金融部门改革之后，印度引入了债务追偿法庭，以帮助银行和其他金融机构快速追回他们向个人和公司发放的贷款。只有超过100万卢比的大额贷款才属于债务追偿法庭的管辖范围。

债务追偿法庭的成立经历了一些波折。1994年7月，德里律师协会质疑债务追偿法庭的合法性，于是德里高等法院下令要求这些法庭暂停运作。直到最高法院在1996年下达命令后，它们才得以恢复运作。债务追偿法庭取得了多大的成效呢？它们对总体经济运行有没有产生影响呢？波士顿大学经济学家苏加塔·维萨里亚在近来的《司法改革与贷款偿还：印度债务追偿法庭的微观经济影响》一文中提出了上述问题并给出了令人信服的回答。

截至2002年1月31日，已有57 000起案件被提交至债务追偿法庭。截至2003年3月31日，已被追偿的贷款高达790亿卢比。维萨里亚的研究表明，虽然债务追偿法庭的判决结果与高等法院极为相似，但其效率要远远高于普通法院。平均而言，高等法院在立案后449天发出传票，而债务追偿法庭只需要56天。就听证、举证和第一次辩论而言，高等法院花费的时间是债务追偿法庭的3倍多。

最为引人注目的调查结果是，司法效率的提高对经济变量产生了影响。仅是债务追偿法庭的设立就推动了贷款的及时偿还，并降低了银行利率。司法体系的效率提高之后，交易成本随即下降，而市场对此的直接反应就是下调利率。

这个小小的实验既说明我们有能力提高司法程序的效率，也说明此举有望对整体经济产生积极影响。印度全面改革司法和官僚机构的时机已经成熟，这样印度在表7.1所列指标上的排名就不会再这么靠后，印度在经济表现方面的排名自然而然也会上升。

印度劳动力市场改革

虽然印度经济正蓬勃发展，但有证据表明，劳工阶层并没有充分享受到经济繁荣的成果。就业的增长速度没有达到劳动年龄人口的增长速度，工资的增长速度也没有达到人均收入的增长速度。

这涉及很多原因。有些原因与全球化有关，非印度政府的政策所能左右，不过主要原因还是出在印度的劳动力市场“文化”上，而之所以会形成这种文化，是因为管理劳动力市场的法律复杂烦琐且不够周密。

大东方酒店是加尔各答的著名酒店，它经历的困境很好地揭示了大部分问题。该酒店由英国糖果商戴维·威尔逊于1840年创立（最初名为奥克兰酒店），曾经红火过很长一段时间，但在20世纪70年代初开始经营不善。由于担心酒店多名员工失业，国大党政府在1975年接管了该酒店。出于类似的顾虑，左翼阵线政府在

1980年将该酒店国有化。

由于受到保护，没有经受市场的洗礼，所以酒店的服务质量持续下降，员工数量却在不断上涨。我在前段时间做了一个粗略计算，发现该酒店员工数与客房数的配比高到让人疑惑这家酒店为什么还需要顾客。如果所有员工都搬进酒店，它将成为一个自给自足的住宅区，只不过会略显拥挤。好在政府后来采取了重组措施，酒店又有了重生的希望。但这30多年里发生的一切正如一面镜子，折射出了困扰印度劳工市场的很多问题。

我以前撰文讨论过这个问题，不过鉴于其重要性，我还是想旧话重提。在印度，国家层面有45部法律来监管劳动力市场运转，而在各邦政府层面则有近四倍之多的法律。其中一些法律差不多可以追溯至大东方酒店初建之时。这些法律旨在控制冲突，保持劳动力市场的效率。

然而事与愿违。根据世界银行近来的估算，印度在2004年发生了482起大型停工抗议，共计损失1 500万个工作日。1995年至2001年，约有9%的工厂工人参与了停工抗议，而中国的同期数据接近于0。另一方面，中国工人的工资增长速度远远快于印度。这些情况不能说毫无关联。

印度的大多数劳动法在制定时，都不够重视“市场反应”。如果某种行为看起来很糟糕，那人们就会推定，你得颁布一部法律来禁止某种行为。然而，每部法律都会导致企业家和劳工采取复杂的应对策略，这一点却没有受到重视。

在一个贫穷的国家，任何一个有同情心的人都不愿意让工人失去工作，那该怎么做呢？本能的做法是加大企业解雇工人的难度。印度1947年颁布的《劳资争议法》（Industrial Disputes）——

尤其是后来所做的一些修订——对正规部门和员工达到100人以上的公司做出了这样的规定。

但在今天这个全球化的世界，需求总是变化不定，因此企业对这部法律的应对措施就是尽可能少雇员工。在印度这样一个大国，正规私人部门的员工还不到1 000万人也就不足为奇。

一些评论人士认为，印度劳动法不可能产生这么大的影响，因为其中大部分法律只适用于正规部门。他们没有意识到，正规部门就业人数一直少到不值一提，原因之一即在于这些法律（以及这些法律催生的文化）。我们现在需要的不是一部允许雇主随意解雇工人的法律，而是一部允许劳资双方签订不同种类合同的法律。有些工人可能会签订工资较高但工期较短的合同，另一些工人则与之相反。这样的话，企业就可以根据其所在市场的波动性，雇用不同种类的劳工。

能否灵活雇用和解雇劳工还不是唯一的问题。印度的立法网络无比复杂，导致争端解决系统运作极为缓慢。劳工部的数据显示，2000年印度的劳工法庭有533 038起待决争议，其中28 864起争议已经拖了10年多。印度要想成为充满活力的全球经济体，就必须改变这一状况。关于劳动法的很多争论都被人误解了。我们不需要像一些经济学家所说的那样，通过修改劳动法和政策来让有组织的劳工做出牺牲。不管是有组织的部门还是无组织的部门，印度工人都太贫穷了，不能再让他们做出牺牲。我们需要做出改变，扩大私人部门对劳动力的需求，从而推动工资和就业增长。简而言之，我们需要转向这样一种制度：（1）为更加灵活的劳动力市场合同留出空间，（2）为失业工人提供最低福利，（3）以更快的速度解决劳动力市场上的纠纷。

社会进步何去何从？

印度在独立之后有过一段辉煌时期，在此期间经济表现可能不佳，但从贱民制到离婚等社会和政治问题上，印度推行了很多进步政策和法律。在其中一些问题上，印度其实还要领先于很多工业化国家。

现在的情况则恰恰相反。随着外国资本的注入和生产力的提高，印度经济正在飞速发展，但在社会和政治领域的表现却乏善可陈（我不认为牛仔裤和汉堡的流行以及在讲话中不时加入“比如说”的做法是一种社会进步）。可能我们穿上了更加洋气的衣服，汽车也装上了更好的减震器，但在某些基本方面，当代印度人比我们的祖先要更抱团、更狭隘、更偏执。

尼赫鲁曾在谈话和写作中公开表达过他的无神论立场。在给甘地的一封信中，他写道：“像我和萨普鲁之类的人（一个奇怪的组合！）……对于进寺庙求神拜佛的做法，很乐意表示祝福，即使我们俩不会踏入寺庙周边一百英里，除非我想去看看建筑和雕像！”这一点都没有妨碍尼赫鲁的政治生涯，也没有妨碍他与甘地的亲密关系。这要归功于那个时代的宽容，更要归功于甘地，他是有史以来最虔诚的信徒。在今天的印度，很难想象一个持这种观点且如此公开表达意见的人能够赢得选举。

8月是印度获得独立的月份，正是一个盘点这些重要问题的大好时机。虽然我们正在追求经济现代化，但如果政府在社会和制度问题上更加主动和积极的话，也会大有裨益。这样的问题为数不少，如童工、同性恋权利、干细胞研究、种姓歧视、性别歧视。每一个问题都有推出政策倡议的空间，而且对于某些问题来说，资金并不是主要因素，因此印度没有理由不能走在富裕国家的前面。在布什当上美国总统之后，标准已经大大降低了。

在9—15岁的印度儿童中，童工占到了10%以上。在一个以本国经济发展为傲的国家，这当然是不可接受的。我一直在研究这个问题，也想日后写写这方面的文章。在此我还想说说另一个早该进行政策改革的问题。这个问题涉及IPC 377，即《印度刑法典》第377条。该条法律规定，同性恋不仅违法，而且触犯了刑法。

之前也曾有人想要推动这条法律做出如下修订：成人之间自愿的、私下的同性恋情将不再被视为犯罪。对我来说，这样的修订将是文明的标志。文明社会的一个关键特征就是容忍没有负外部效应的行为，即不对第三方产生不利影响的行为。在印度，这种宽容是从佛陀传至罗摩克里希那的悠久传统。但前几届印度政府都坚决抵制修订该法条，他们认为同性恋有悖人伦，是西方的舶来品。

事实并非如此。从古印度的著作和寺庙墙上的雕刻可以看出，同性恋情在印度古已有之。诚然，这条法律很少被用来提起控告，但常被用来骚扰同性人群，并让他们觉得自己是离经叛道的异类。此外，这条法律也阻碍了艾滋病防控和对艾滋病病毒传播的控制，人们常常被迫隐瞒自己的性史，甚至对医生也不敢如实相告，因为他们害怕《印度刑法典》第377条。

不想成为异类，此乃人之常情。我是在纽约一个同性恋婚礼上意识到这一点的。那是一位印度女子和一位美国女子的婚礼，当然了，她们并不能正式结婚，因为纽约法律不承认同性婚姻，但她们还是举行了仪式。一位年轻的拉比主持了婚礼，他身上有一种令人一望即可感知的精神力量，在仪式的最后，他宣读了世界各地的宗教祷文和泰戈尔的诗歌，宣布两人“结为夫妻，这段婚姻为所有……”，他特意停顿了一下，强调说，“‘开明’人士所认可”。

当天晚上有一场派对，到场的大多数情侣都是同性恋。一位迷人的年轻女子问我的“伴侣”是做什么工作的，我回答说：“我的伴侣是一名人口统计学家。”我小心翼翼地省去了所有代词，人人都希望能够融入周围。我们继续聊了一会儿我们的“伴侣”，在这个过程中我觉得自己越来越虚伪，这时我的妻子走过来，我只好“出柜”坦白。

同性偏好与权利

在经济急速增长、印度SENSEX指数一路飙升的令人振奋的日子里，人们很容易忘记印度在社会和政治问题上依然任重道远，比如消除种姓歧视、确保妇女权利、减轻贫困等。有意思的是，现在的情形与印度刚刚独立后的那十年正好相反。当时经济基本没有增长，但在社会问题上推行了一些重大举措。如今，印度经济正在快速增长，却让人不由自主地感到我们正在放弃包容这一美德，变得越来越偏执。

我想提请读者回想一下前一节里提到的《印度刑法典》第377条，这条不光彩的法律规定，同性恋不仅违法，而且是刑事犯罪。在我看来，如果一个人的个人偏好不对其他人产生负面影响，那通过法律对他进行评判是一种在道德上令人厌恶的做法。

对细节一丝不苟的人可能会说，《印度刑法典》第377条中所说的刑事犯罪是指鸡奸行为。这确实是细则中的规定，但无法回避的事实是，就其初衷和目前的适用情况而言，它只不过是惩罚同性恋的工具而已。这条法律的另外一些拥趸可能会说，如果让同性恋情合法化，那就是在向西方的生活方式低头；他们还会说，印度本质上是一个宽容的社会，没有必要担心排斥异己的问题，还有更紧迫的问题需要我们去解决。

第一个说法明显站不住脚。对印度来说，《刑法典》才是外来之物。这部法典是由麦考莱在19世纪30年代起草的，目的是向英国殖民地灌输维多利亚时代的价值观。此外，这样一部法律是否有宗教渊源也并不重要。至于第二个论断，诚然，在很多方面，我们确实是一个宽容的社会。比如说，就像很多西方国家一样，印度政治人物的个人生活和喜好并不影响他们当选的可能性。然而，有大量证据表明同性恋者备受骚扰，这在穷人之间和监狱里尤其明显。除此以外，这条法律还妨碍了艾滋病防治工作。

最后，印度确实有更紧迫的问题需要应对，但如果能将同性恋情合法化的话，其意义将不只是废除一条陈旧的法律，而是一种道德素养的彰显，也宣告了异性恋不应有什么道德优越感。这条法律的废除代表着对种种偏执行为的反对，也表明了对所有宗教、种姓和性取向少数群体的包容。

印度甫一独立，尼赫鲁就极力争取引入《印度教法典法案》，该法案将让女性和男性拥有平等的继承权，并将废除婚姻中的种姓规定。一些宗教原教旨主义者认为这些变化违背了印度教教义，甚至有人反对说，该法案是由“贱民”安贝德卡尔[①] 主导的。

我本人的看法是，如果理性及我们与生俱来的正义感与宗教

---

① 印度宪法之父，现代印度佛教复兴倡导人，印度“不可接触者”（即四大种姓之外的“贱民”）领袖。——译者注

教义相悖的话，那我们必须选择前者。辨喜在1893年7月10日写给阿拉辛嘎的信中说道，印度那些成天诵读清规戒律的教士理应被放逐，“因为他们永远不会改过自新，他们永远做不到心胸宽广。他们是数个世纪迷信和暴政的产物”。对此我深表认同。

错误的循证政策

多年来，经济学家一直强调说，循证政策制定非常重要，这显然对政治家产生了一些影响。现在，经济学家需要让这些政治家明白，不是在推行政策之前引用一些证据，就能被称为循证政策制定。

土耳其总统雷杰普·塔伊普·埃尔多安决定将大量国家担保的信贷引入该国经济，并抛出了一些数据来为这个决定辩护。但事实上，这项政策打的是政治算盘，目的是促成短期增长（其代价是通胀率被推至9年来的最高点12%），从而赢得公众支持。

与此类似，美国总统唐纳德·特朗普也引用了一些过分简单化的贸易赤字数字来为保护主义政策辩护，这些政策为他赢得了美国一部分人的支持。事实上，有证据表明，这类政策将伤害特朗普声称要保护的那些人。

特朗普的经济顾问委员会主席凯文·哈塞特眼下正竭力为国会共和党人想要削减公司税的做法进行辩护，他声称，发达国家以前就这样做过，其结果是工人每年获得的福利“远远超过”4 000美元。然而，有充分的证据表明，通过公司回购股票和股东获得更高股息，减税措施带来的一大部分好处都落到了富人头上。

目前还不清楚哈塞特的数据从何而来，但至少他对这些数据的解读是有问题的，而且，在评估一组给定数据时不能得出准确结论的人远不止他一个。

我们来看看这样一种老生常谈的说法：有证据表明，过去10年里几乎所有工作岗位都是由私人部门创造的，因此私人部门一定是最高效的就业岗位创造者。这种逻辑乍一看似乎很合理，但再一细想的话，就很有问题。假设一个苏联经济学家声称，苏联几乎所有的工作机会都是由政府创造的，因此政府一定是最高效的就业岗位创造者。为了确定真相，我们至少需要查证一下数据，看看还有其他哪些部门也创造过就业机会以及它们是怎么做的。

此外，我们必须认识到，不能光凭数据来决定未来的预期或政策。数据收集（比如随机对照试验）肯定是有价值的，但也需要根据常识来进行演绎推理和归纳推理，而且不能只看专家的意见。如果无视普通大众的观点和意见，那么经济学家就有可能遗漏一些关键视角。

人们的日常经验包含了大量信息，这些信息也许能够发挥作用。虽然基于个人经验的常识性方法不是最“科学”的，但也不该一概否定。气象学家可以将大气层传感器、气象气球、雷达和卫星等各种来源的数据输入复杂的计算机模型，探测出风暴即将来袭。但即便天气预报说的是晴天，人们在看到天空中不断聚集的云层时，还是能合理地推断出自己也许需要带上一把雨伞。

直觉和常识对我们的进化至关重要。毕竟，如果人类不能通过经验或观察对这个世界得出合理准确的认识，那我们这一物种就不会生存至今。

虽然我们形成了更加系统的科学探索方法，但我们还是一样需要直觉推理。事实上，有一些重要但不那么一目了然的真理最好是用纯粹理性进行推导。

我们来看看毕达哥拉斯定理。该定理指出了直角三角形三条边之间的关系。如果所有的结论都得通过梳理大量的数据集来得出，那么毕达哥拉斯——人们认为他是第一个证明了该定理的人——就得测量大量的直角三角形。不管怎么做，批评者都有可能说，他看到的是有偏样本，因为经他检验的所有三角形都取自地中海地区。

对于某些类型的结论，归纳推理也是至关重要的。我们“知道”苹果不会一直悬浮在半空中，因为我们已经看到很多物体坠落在地。但是这种推理不是万无一失的。正如伯特兰·罗素所说：“在鸡的一生中，每天都给它喂食的人最后反而拧断了它的脖子，这表明，对这只鸡来说，要是没有贸然得出自然齐一律[①] 的结论就好了。”

当然，很多政策制定者（不只是埃尔多安和特朗普之流）之所以做出错误的决定，不是因为他们对证据存在误读，而是因为他们更愿意追求政治上的权宜之计，好让他们自己或赞助人从中受益。在这种情况下，唯一的选择就是揭露其所谓证据的不当之处。

然而，对于其他人来说，当务之急是倡导一种更全面的方法，

---

① 自然齐一律是19世纪英国哲学家、逻辑学家穆勒认定的一条关于古典归纳逻辑的根本原则和总的原理。其基本内容是：自然中存在相同的情形，曾经发生过的东西，在有足够的相似情况下，将会再次发生，而且，只要存在这样的情况，它还将永远发生。——译者注

即领导人根据“理性直觉”，在硬数据的基础上得出有效结论。只有这样，有效的循证政策制定时代才能真正拉开帷幕。

浅谈营商环境

年度《营商环境报告》应该算是世界银行被引用最多的出版物，也是最具争议的出版物。在世界银行于2017年10月发布《2018年营商环境报告》之后，围绕该报告的争议达到了新的高度，一些批评者指责报告混淆视听、操纵数据、带有政治操作色彩。

我在2012年至2016年间深度参与了《营商环境报告》的准备工作，因此当时我只得克制住自己，不去参与有关话题的辩论，不过现在似乎值得花时间回顾一下营商环境指数和年度报告。

我是在担任印度政府经济顾问的时候，开始熟知《营商环境报告》。那时我会从报告中寻找灵感，思考如何精简印度臭名昭著的官僚程序。我在世界银行任职之后，得知自己将负责《营商环境报告》团队的工作，这种感觉就像是一位普通的餐厅顾客突然被叫去管理厨房。也正因为如此，我深入了解到了所有的幕后情况。虽然我对有些理念持不同意见，但整个过程的公平公正依然给我留下了深刻印象。

营商环境指数旨在评估在各国开办企业、获得相关许可的难易程度及基础设施便利程度等。它包含10个指标，每个指标下面还有各种子指标，所有这些指标根据固定规则汇总成一个最终得分，这个得分决定了一国在190个经济体中的排名。根据

《2018年营商环境报告》，新西兰和新加坡的营商环境分列第一和第二，而厄立特里亚和索马里则位列榜尾，排名分别是189和190。

虽然我不太喜欢营商环境排名的一些地方，但我不认为近来关于数据操纵的指控具有可信度。参与这项工作的是一个人数众多的团队，他们负责汇编世界各地的经济数据。我亲自监管过这个过程中的大部分工作，可以保证他们进行了多重检查和平衡。

话虽这么说，当然还是有办法做到既不编造数据又能影响排名。在进行这种大型运算时，不管是衡量营商环境还是衡量GDP，人们偶尔能发现一些概念上的缺陷。例如，当我第一次接手这项工作时，就不太认同一个普遍预设，即税率越高越不利于一国经济发展。

毕竟，根据这一逻辑可以推出税率越低越好，也就是说，零税率是最佳方案，而这显然极为荒谬。即使忽略道德层面的问题，过低的税率也会导致一国更容易遭受严重的财政危机，而这对企业来说将是一个噩梦。现在团队已经采取措施对这个问题进行了一些影响不大的微调。

不过，认识到这类问题之后，将会面临两难局面。修改一项被用来追踪长期变化的标准，这绝不是理想的做法；但如果明知一项预设存在缺陷，还以它为标准，这也是不对的。在这个问题上，最终只能靠主观判断来做决定。就我而言，为了减少可能的偏见，我会先通过抽象推理来决定哪些变化是必要的，然后再去看最终结果。

在《2018年营商环境报告》中，印度排名上升和智利排名下降是两个争议热点。在2016年和2017年，印度排名从第130名升至第100名。我已经不再掌握内部数据信息，但我可以看出有两个原因导致了这种变化。

首先，如果一个国家下定决心要提高自己的排名，那么它可以把重心放在决定最终得分的那10个指标上，不过我并不推荐这样的国家经济战略。

其次，任何排名变化都可能源于两个原因：一是一国相对于其他国家的表现，二是《营商环境报告》某一年在测算方法上所做的调整（如上文提到的调整）。譬如说，印度在2014年排名第142名，2015年升至第130名，根据我和营商环境团队的计算，虽然印度提高了12个名次，但其中只有4个名次的跃升起因于印度的变化，其余的都是因为营商环境测算方法做了调整。

至于智利，它在2015年和2016年从48名降至57名，现在排在第55名。值得注意的是，排名靠前的国家间差距很小。在指数排行榜上彼此相邻的国家只要出现微小变化，就有可能导致排名大洗牌。

不过，智利总统米歇尔·巴切莱特的政府班子也确实更加重视社会指标，而不是经济指标。在我看来，这种做法理应受到表扬，而不是批评。

我曾与巴切莱特合作编写过世界银行关于教育问题的《2018年世界发展报告》，知道她是一位少有的真正致力于提高社会福利的政治家。

很多国家和政治领导人都错误地把营商环境排名等同于整体福利。但顾名思义，营商环境指数衡量的只是营商便利程度，这对一个经济体来说当然很重要，但它并不代表一切。事实上，经济学的第一课就是，生活中所有美好的事物都涉及权衡取舍。如果更多的国家只关注“营商环境”而忽略其他福利指标，那实在令人遗憾。

第八章 杂文

我们是不是变得过于谨慎了？

今年夏天早些时候，我在印度境内乘坐飞机，当时还没有发生孟买火车爆炸事件，希思罗机场的紧张局势也没有加剧。安检很宽松，一位和蔼可亲的安检人员粗略地上下拍了拍我的衣服，然后挥手让我通过。我问他要不要检查得再仔细一些，他回答说："Aajkal to kuch nahi hota（这年头不会有什么不测事件的）。"

这个案例无疑是东方宿命论的过度表现。但我有时会想，这个世界是不是朝着另一个方向走得太远了。由于恐怖主义在世界各地滋生，机场的搜身检查肯定会格外仔细，在机场停车送客也会导致安保人员一阵紧张，这些都是可以理解的。

但在生活中，某些类型的谨小慎微值得我们细细审视。我担忧的是，种种原因结合到一起，比如担心招来官司，此外日常生

---

* 《我们是不是变得过于谨慎了？》最初于2006年9月27日发表于BBC新闻在线，原标题为《生活中的警示信息是不是过度泛滥了？》。《最糟糕的几次讲座》原刊于2008年4月26日的《印度斯坦时报》，原标题为《经济学家？也许吧……》。《写在印度独立60周年之际》原刊于2007年7月2日的《今日印度》。

活中的真实风险也在增多，这使得我们现在宁求稳妥，不愿涉险。读者看一下各种产品上的警告标签，就会明白我的意思。比如说，我的打印机墨盒上附有一则警告，提醒我油墨不能饮用。我不知道是该感谢厂商对客户健康的感人关注呢，还是该给产品经理写封信问问他是不是把我当成傻子。

在印度，车前籽壳（isabgol），俗称伊莎贝果，这种植物盛产于古吉拉特邦的卡奇地区，自古以来就以其药用价值而闻名。取两勺加水搅拌后在晚间服用，可以起到温和通便的作用（一些顽固派坚持认为，它能起到抚慰作用）。近来还有研究表明，车前籽壳可以降低胆固醇，它在印度被广泛使用，成人和儿童都会不假思索地将它就水吞下。在美国，不需要处方就可以购买到各种品牌的车前籽壳，比如说美达施。不过，当你准备服下这些东西时，你的头脑非但没有得到休息，反而有足够的理由保持警惕，因为你会被告知："如果在没有充足液体的情况下服用本品，可能会导致本品膨胀继而堵住您的喉咙或食道，并有可能导致窒息。"

上个月我乘坐英国航空公司的航班，从加尔各答经伦敦前往纽约。我们可以携带的物品受到严格限制，我们的行李在每个机场都要接受细致的检查，这些我都可以理解。事实上，这样的做法令人安心。但是，每次航程开始时都要演示那些令人不寒而栗的例行指示（由国际航空运输协会制定，因此所有航空公司都得演示），例如在发生紧急情况时如何摆出防撞姿势。我在想，这么做是不是有点太夸张了？从经济学角度来看也不划算。

就成本而言，成千上万的乘客本已对飞行感到不适，再去提醒他们并夸大所涉风险，只会毁掉他们的这趟旅程。如果你每次坐车，都要听人讲述一番开车有何风险，在事故中安全气囊会如何打开，以及你该如何应对这种情况（如不要拿毛衣针指着安全气囊），那路上的车辆将会骤减，高血压患者将会猛增。

那这么做有什么好处呢？诚然，在某些情况下，这一指令可以救人一命。不过让我们看看这个概率到底有多小：首先，因为发生紧急情况而需要摆出防撞姿势的概率很小；其次，假如真的出现了这样的紧急情况，最有可能的结果是一个人即使摆着防撞姿势也将遭遇灭顶之灾，而这没有什么值得推荐的。

因此，需要做出防撞姿势并拯救自己的概率是微乎其微的。如果我们对这些警示性公告认真做一下成本收益分析，我猜我们就不会再用它们来打扰乘客。而危险警告还不止这些呢。在座位上坐好之后，如果你伸手去口袋里拿那些点心条，比如李施德林清凉薄荷味口气清新片，你会注意到一行黑体字“警告：本品外包装盒可能会导致窒息”。如果你想吃的不仅仅是口气清新片，还有外包装盒的话，那这条警告还挺管用的。

被这些想法压得喘不过气的我在昨天晚上试图把周围的所有危险都抛在脑后，打算看看书并喝杯苏打水来放松一下。还有什么比不含咖啡因的加拿大姜汁汽水更能舒缓神经的呢？可是，当我坐进沙发拿起饮料瓶，瓶子侧面的警告语映入了我的眼帘：“自压容器。瓶盖可能会被冲开，导致眼部受伤或其他严重伤害。开启时不要朝向面部或他人。”

最糟糕的几次讲座

我做过的最糟糕的一次讲座是在普林斯顿的一个幼儿园班上。

当时我刚从印度过来，在普林斯顿高等研究院做访问学者。我儿子所在幼儿园的园长邀请我讲一讲印度，包括它的文化、它的地理。“当然了，也谈谈经济学。”他礼貌地补充说。我知道幼儿园的孩子们都非常缺乏注意力，于是决定一上来就讲讲在印度森林中遇到熊时应该如何自救，这样就能吸引他们的注意力。在我上幼儿园时，我的老师曾告诉我，自救的诀窍是躺在地上一动不动，屏住呼吸，假装自己已经死了。熊对尸体没有什么兴趣，所以它嗅一嗅之后就会走开。孩子们听得津津有味。

我抓住这个机会，转向更严肃的话题，开始说起印度的庞大人口。但我还没说出“百万”这个词，一只小手就举了起来。他问我，如果他在印度森林里被一只老虎袭击，那他应该如何自救？真相是根本没有任何逃生机会，但我不想吓着他幼小的心灵，于是我告诉他应该对准那只老虎的眼睛下手。只要他把老虎的双眼挖出来（前提是老虎会像顾客一样安静地坐在理发师的凳子上），老虎就不知道该从何下口了，这时他就可以从容地走开。这看似简单容易的操作让小朋友们都哈哈大笑起来。

我意识到自己讲得有点过于有趣了，因为我刚讲完老虎，就有人问我如何躲避蛇的攻击。然后我们又开始讨论犀牛、大象、狮子，同时碰到大象和蛇的组合以及其他充满想象力的动物联盟。老师和园长都困惑地看着我把整整45分钟用来讲述如何在印度野外抵御攻击。很显然，他们心里都在想，我做的到底是什么经济学研究，以及为什么有人会死在印度的森林里。

第二糟糕的讲座是在加尔各答郊外几英里处的一所贫民子弟学校。当时我刚刚在伦敦读完博士回到印度，我的母亲一心想要帮助那些不幸的孩子，同时也绝对相信我有能力做到这一点。她曾在某个地方见过该校校长一次，于是就说服校长邀请我去做个讲座，这样我就可以激励孩子们继续接受高等教育，为这个世界做出贡献。校长很不情愿，但我母亲是个强势的人。

那次讲座我母亲也来了。在校长办公室喝茶时，她告诉他我是多么出色、多么有名，他礼貌地点头表示同意。然后我们去了教室，那是一个空旷的大厅，大约50个十多岁的孩子在里面吵吵闹闹，气氛就像一个少管所。校长开口说道，他们非常幸运，能够听我的讲座，还说我一心在印度推广教育，我是一个致力于变革的经济学家。他滔滔不绝，不止一次称我为“这位著名的经济学家”。这番介绍的长度和内容确实让我感到困惑，但我并没有意识到这个可怜的人其实是在闪烁其词，等着灵光乍现想起我的名字，但他最终还是没有想起来，他别无选择，只好转向我，问道：“对不起，你叫什么名字？”

这些孩子虽然穷，但并不傻。全班爆发出一阵哄笑。我一下就蒙了，语无伦次地做完了这次讲座。

我的母亲现在已经年近90。这么多年过去了，她仍然是一个乐观主义者，对印度、对世界充满了希望，她也依然坚定地认为我的工作表现非常出色。她唯一的衰老迹象就是偶尔会用词不当，比如把“经济学家”和“共产主义者”弄混，近来我去了一趟加尔各答，告诉她我不久后要去德里参加一个国际经济学家会议。为了让她高兴，我稍稍夸大了会议的重要性。她听得津津有味，然后我刚走出房门，就听到她给自己的一个表亲打电话，告诉她我要去德里参加一个会议，“来自世界各地的重量级共产主义者正在开会讨论如何让世界变得更美好”。

写在印度独立60周年之际

我们可以合理地预测，30~40年后，印度将成为一个发达国家。我相信，到了那个时候，20世纪90年代将被视为印度摆脱过去的十年。这十年的开端并不顺利，第一次海湾战争的冲击导致印度的对内汇款和对外出口直线下降，这在1991—1992年引发了螺旋式经济危机，那一年，印度的人均收入出现了负增长。

事实证明，这场危机是福非祸。我们这个国家已经陷入了一个怪圈——打着社会主义的旗号，培养机械的官僚体系，墨守成规，拒不承认变革的必要性。这个国家就像伍迪·艾伦短篇小说中的尼德曼先生一样，他在看歌剧时从楼座上往外探出身子，结果掉进了管弦乐池。然后，艾伦先生写道："他太骄傲了，不愿承认自己出了丑，于是在接下来的一个月里，他每天晚上都去看歌剧，然后每次都掉下去。"

打破僵局需要勇气，我们要感谢时任财长曼莫汉·辛格，因为他开启了可以说是印度独立以来最引人注目的政策转变。印度废除了臭名昭著的许可证制度，下调了盲目走高的进口关税，放松了外汇管制。这场冒险带来了回报，经济有了起色，不再在混乱不堪和国际债务违约的边缘打转。到1994年的时候，经济开始蓬勃发展。接下来的三年是印度独立以来最美好的时期，GDP年增长率超过7%。此后，由于整个东亚地区陷入了严重的经济萧条，印度经济出现了小幅下滑。但两年后，增长率再次回升，目前看来经济正以年均8%的惊人速度稳定增长。

印度的国际收支以前总是危机重重。从20世纪70年代末到90年代初，印度外汇储备一直停留在50亿美元左右，用以前的话来说，这是"印度的外汇结存"。改革带来了惊人的转变，外汇结存在1994年升至250亿美元，在2002年升至750亿美元，现在已经接近2 000亿美元。

虽说改革对经济好转起到了至关重要的作用，但我们也得认识到还有其他的重要因素，否则就是我们的失职。在1969年银行国有化之后，印度的储蓄率在70年代快速上升，这一点对经济成功至关重要。我们国家长期以来对高等教育进行了过度投资，培养出来的工程师超出了经济能够吸收的数量，从狭隘的功利主义角度看，培养的英语技能也超出了所需水平。然而，在美国硅谷掀起技术革命之后，全球对这些资源的需求激增，过度投资带来了意想不到的丰厚回报。

有人说，改革的成功证明尼赫鲁的政策是错误的，印度早在40年前就该实施20世纪90年代的改革，但从上文可以看出，这种说法不一定站得住脚。诚然，印度在政策上过于墨守成规，也没进行什么尝试，但90年代初采取的特定政策方案能够成功，还有赖于几个互补的前提条件。很多拉美国家在20世纪60年代和70年代进行了类似的改革，结果却陷入了危机和政局动荡。举例来说，与跨国公司达成交易并非易事。合同可能长达数百页，一个国家如果在不具备必要专业知识的情况下，就冒险进入这个领域，最终可能会糊里糊涂地得不偿失。这种“自发”造成困厄的例子历来比比皆是。

我认为90年代是推行重大政治和社会变革的十年。在全球政治领域，印度已经占据了前所未有的战略空间。随着中国的崛起和俄罗斯的衰落，美国和中国显然面临着两种未来：要么在双边对峙中生存，要么存在一个让人安心的第三极，而印度可以充当这个第三极。这既符合中美两国的利益，也是拱手送给印度的一大优势。在美国的反恐战略中，印度也占据了超乎预想的关键地位。

更重要的是，这是印度推动重大社会变革的十年。在这十年里，商界和政界崛起了一个由正直人士组成的新群体（虽然人数依然不多）。在印度中产阶级的心目中，“商业”长期以来一直是一个肮脏的词。印孚瑟斯公司的纳拉亚纳·穆尔蒂等人的出现，向整整一代年轻人传递了一个信息：要想成为一名企业家，不一定非得是个腐败分子或一个财阀。在政治领域，曼莫汉·辛格既有聪明才智，又为人正直，实在是不可多得。

近来有经济学研究表明，诚信是一个重要特质，有助于一国或一个社区在经济上繁荣发展。跨国研究表明，如果一国公民素来值得信赖，该国往往会有更好的表现。原因显而易见。在生活中，并非每一笔交易和合同都能得到法院和警察（尤其是印度警察）的强制执行。因此，当我们与他人进行贸易或其他交易时，我们往往不得不依赖于他人应有的诚信与可靠。

反过来说，要想让人信赖，就得放弃一些快速来钱的短期收益，但从长远看，这会带来更好的回报。因此，诚信与可靠可以说是“社会投资”的两种形式。人们放弃了眼前利益，但能获得长远回报。如果加大这类投资的力度，不但经济有望进一步发展，腐败现象也有望减少。

印度的金融投资力度正在加大，在这方面我们是有数据可以查证的。我相信，印度也在加大社会投资（进一步推动诚信与可靠），当然了，在这方面很难生成硬数据。这一趋势始于20世纪90年代。如果我的猜想是正确的，那么此举带来的回报将在未来几十年里逐步聚沙成塔。

写在母亲90岁之际[①]

我的母亲在2009年2月28日过了90岁生日。按说人们会随着年龄的增长而逐渐失去头发、视力和消化能力，但我现在确信这说法并不正确。母亲的头发似乎比年轻时还要茂密，她看早报时不需要戴眼镜，吃东西的消化能力更是超出了我们兄弟姐妹中任何一个人。

不过，她现在确实来不了美国了，五六年前长途飞行还让她兴高采烈，但现在已经超出了她的承受能力。她是个环保主义者，在漫长的旅程中她会收集所有的一次性杯盘碗勺，有时甚至会向那些虽然浪费但本性善良的乘客伸手索要，然后再兴高采烈地把战利品带到我们在纽约州北部的家中。

母亲现在独自一人住在加尔各答，家人都会提供帮助，另外还会有一名日间护工帮她做些力不从心的家务。我有三个姐妹住在加尔各答，她们轮流去看她，保证每天有一个人。至于我呢，不管我去亚洲的哪个地方，都会尽量转道在加尔各答陪她几天，最能让她精神振奋的莫过于此。老年生活并不容易，尤其是在孩子们都不住在同一个屋檐下的时候。我们让她每天和护工下几局跳棋，免得她烦闷无聊，我问她下得怎么样，她说："很好。护工现在有进步，甚至偶尔能打败我了。"

母亲身上总有一种不受外界影响的自信。我记得，几年前我和妻子以及姐妹们与母亲谈到了罪恶感，我告诉她们我从来就没

① 本文之前没有发表过。我在2009年12月之前很少写日记，也想不起来是什么原因让我在2009年3月初写下了这篇日记。我的母亲于2010年10月7日去世。

体验过罪恶感，我的姐妹们说她们很少有罪恶感，而我的妻子则恰恰相反，她时不时会有这种情绪。这时母亲出人意料地告诉我们，她极易产生罪恶感，她接着又补充说，但她一向问心无愧，因为她“从未做过任何错事”。这就是我的母亲。

虽然健康和心智都没有问题，但我现在相信，随着年龄增长失去的是政治正确性。过去这一年里，母亲在年龄、性别和宗教问题上发表过一些言论，与她相比，拉里·萨默斯都堪称温和与正确的楷模，不过具体细节还是不公开为好。

她的短期记忆也出了问题，现在她经常把“经济学家”和“共产主义者”混为一谈，这让我在西孟加拉邦左翼学者圈子里声名大振。就和她这个年龄段的很多女性一样，她完全不关心政治。

前段时间，我给母亲打电话，她感叹自己现在大不如前，不再喜欢出门了。不过她觉得那周她会去看望我的一个表舅，这是她最喜欢的一个表弟。为了证明这次出门的合理性，她补充说，世事变幻无常，她有时会担心自己再也见不到她喜欢的人了。这个表弟刚刚过完75岁生日，所以她不由得担心自己有一天会突然接到消息说他已经撒手人寰。当时母亲自己也已年近九旬。

第三篇　当代政策一览

第九章
印度与世界

印度黑钱导致弊政

2016年11月8日，印度政府宣布立即废除两种面额的纸币，而这两种面额的钞票占据了现有流通货币的一大部分。印度人民在年底之前必须将这些纸币换成其他面额的纸币，包括新印的纸币。

周三，政府通过一个智能手机应用程序（该程序名为“纳伦德拉·莫迪”，是以总理的名字命名的）发布了一项调查结果，声称90%的人支持所谓的废钞令（demonetization policy）。

这项民意调查受到了应有的批评。在废钞令出台后的两周里，

---

* 《印度黑钱导致弊政》原刊于2016年11月27日的《纽约时报》。《印度与市场看得见的手》原刊于2017年6月29日的《纽约时报》。《抵制道德上的逃避退缩》原刊于2017年6月22日的《印度快报》。《愤怒远远不够》原刊于2017年7月14日的《印度快报》，原标题为《经济学涂鸦：愤怒远远不够》。《特朗普送给中国的礼物》最初于2017年3月9日发表于报业辛迪加网站。《直面经济增长放缓》原刊于2018年1月25日的《印度快报》。《以教育之名》原刊于2018年2月23日的《印度快报》，原标题为《经济学涂鸦：以教育之名》。《重振印度经济》最初于2017年9月19日发表于报业辛迪加网站。

数以百万计的印度人争先恐后地冲向银行，自动取款机和柜员机很快就无钱可取了。按交易量计算，印度约有98%的交易是以现金进行的。

表面上看，实施废钞令是为了打击腐败、恐怖主义融资和通胀。但这项政策设计不周，基本没有考虑到市场规律，很可能会以失败告终。到目前为止，它已经对中产阶层、中下阶层以及穷人造成了灾难性的影响，而最糟糕的情况可能还在后面。

印度有大量所谓的“黑钱”，即现金或以其他形式逃税的财富。据世界银行2010年估算（这也是目前最可靠的估算），印度的影子经济占到了全国GDP的五分之一（麦肯锡咨询公司2013年做过一项调查，得出的数据是逾四分之一）。

黑钱往往会加剧不平等，因为规模最大的逃税行为发生在收入最多的群体。黑钱还侵占了政府用于基础设施和公共服务的资金，如医疗保健和教育。根据世界银行的最新估计，2012年，印度的税收与GDP之比约为11%，而巴西为14%，南非为26%，丹麦为35%。

政府希望解决这些问题，这种态度是值得称赞的，但这次废钞令行动简单粗暴，最多只能暂时遏制腐败，而且有可能动摇整体经济。

很多印度人争先恐后地赶去兑换旧币，银行门口排起了长龙。这让穷人感到绝望，他们很多人没有银行账户，全靠现金收入度日。

如果有人想要兑换的额度超过25万卢比（约3 650美元），就必须解释他们为什么持有这么多现金，否则就得支付罚款。这一要求已经催生了一个为希望出手旧币的人提供服务的新黑市：大量非法现金被化整为零，由非法中介团队拿去兑换。

受废钞令行动伤害最大的并不是它想要打击的目标，珠宝和房产等耐用品的卖家往往坚持现金支付，因此，很多人没有非法收入，只是日积月累攒下了不少现金。较为贫穷的妇女会把现金藏在丈夫找不着的地方，这是她们为孩子或家庭存的储蓄。

小额囤积者往往害怕被人问起他们的资金来源，他们已经习惯了被收税员等人骚扰，因此可能会选择放弃部分储蓄。民众还为应对新政策而节衣缩食，这导致某些基本品（basic goods）需求下降，伤害了农民和小生产者，最终有可能导致他们缩减生产规模。

而更大的麻烦即将到来。在这么多流通货币突然不再是法定货币的情况下，印度经济增长势必会急转直下。此外，印度卢比可能面临贬值风险，因为民众和投资者会转向更加稳健的货币。

政府的废钞拉网行动无疑会截获一些非法现金。一些人将交出他们的黑钱并支付罚款；另一些人会销毁部分非法现金，以免其营生引起关注。但是，整体收效不会太大，而且只是昙花一现。

原因之一是，印度的大部分黑钱根本就不是现金：它们都是以真金白银、房地产和海外银行账户的形式持有的。另一个原因是，即使废钞令能够淘洗掉以现金形式持有的黑钱，但在抓捕和惩罚逃税者的问题上并没有任何改善，拥有不义之财的人只需重新囤积当前发行的新钞票即可。

政府在宣布废钞令时，还给出了别的理由，即这一措施能够遏制依托卢比假钞而展开的恐怖主义融资，同时还能抑制通胀。

这两个理由都是站不住脚的。查抄已经流通的假钞，既无助于抓捕制造假钞的恐怖分子，也无法防止更多的假钞进入经济流通。它只会给那些将其当作法定货币使用的人带来麻烦，而他们中的绝大多数人并没有参与伪造纸币。

此外，没有证据表明黑钱比“白钱”更容易引起通胀，这在理论上也站不住脚。黑钱只不过是老百姓而非政府持有的钱。过量的货币供应往往会造成通胀，至于是白钱还是黑钱，则没什么区别。

废钞令的初衷可能是好的，但大错特错。政府应该收回这一决定。很多穷人经常使用面额为500卢比的纸币，政府至少可以重新宣布这一面额是合法的。

如果政府真的想要限制流通中的黑钱数量，更好的办法是让印度社会越来越少地使用现金。约有53%的印度成年人拥有银行账户，但很多人是在政府的倡议下注册账户的，因此相当多的账户处于休眠状态。另一方面，印度超过10亿人拥有手机，政府可以利用这一点，以移动银行的形式，推动银行业务。

印度正着手推动一项措施，即根据所有印度居民的生物识别信息，向他们发放专用身份证号码。这是朝着正确方向迈出的重要一步。政府称，已有10亿多人进行了登记，之后他们也许能够通过一个应用程序来领取养老金。

要想解决腐败问题，远不是解决货币、现金乃至银行业务那么简单。机制和观念需要改变，政府发布政策也要经过深思熟虑并认识到经济和社会生活的复杂性。政府可以先加大对逃税的惩罚力度，并修订已经过时的反贪污法。

在印度这样一个非正规经济与正规经济密切交织的国家，政府如果对影子活动进行一次缺乏技巧的干预，将会对绝大多数人造成极大伤害，而这些人只不过是辛辛苦苦合法谋生的普罗大众。

印度与市场看得见的手

亚当·斯密在1776年阐述了市场“看不见的手”如何发挥作用。虽然后来的一些经济学家过分夸大了这种作用并否定了政府监管的作用，但是如果我们任由市场自行运转，那市场确实常常以无人能够完全理解的方式满足了社会的经济需求。如果国家肆意扰乱市场，官僚机构也试图插上一脚的话，将是一个错误。

而印度在去年秋天恰恰就犯下了这样的错误。

2016年11月8日，印度政府突然宣布，从次日0点开始，所有面额为500和1 000卢比的钞票将不再是法定货币。这一政策被称为“废钞令”，它涵盖的货币价值占到了所有流通货币的86%，这是一次具有历史意义的国家干预。

政府说，这项政策旨在清理伪造的印度纸币，迫使人们拿出他们为逃税而藏匿起来的财富（所谓的黑钱），并帮助印度从现金转向数字货币。为了反击群情激愤的批评之声，政府随后指出，另外还有8个国家近来也采取了类似措施，伊拉克、朝鲜和委内瑞拉赫然在列。

现在距离这项政策出台已经过去了将近8个月，有大量数据可以帮助我们评估废钞令的实际效果。一言以蔽之：废钞令没能实现原定目标，虽然该政策造成的直接破坏没有人们最初担心的那么严重，但其影响却比最初预期的还要持久。

基本没有什么黑钱落网。真正的腐败分子持有的黑钱根本就不是现金，而是房地产和海外账户余额。政府曾授权人们使用被废除的纸币进行不多于4 000卢比的交易，因此有人将他们的500卢比和1 000卢比纸币化整为零，让多个代理人（“钱骡”）帮着兑换，这个过程中没有人问任何问题。政府刚刚发行的2 000卢比纸币迅速成为现金藏匿的新对象。

在废钞令实施后的头几周乃至头几个月里，出现了明显的混乱局面。银行和自动取款机前排起的蜿蜒长队让人想起了苏联时代。非正规部门——主要是小商贩、农民和未注册的小企业主，他们通常没有银行账户——因现金短缺而备受冲击。不过，这项政策造成的直接损失虽然不小，但并不像我们有些人担心的那么严重。2016年最后一个季度的GDP增长率为7%，制造业活动持续增长。

然而，从长远看，它导致的副作用可能会大于预期。

在农产品运抵市场以后，意想不到的问题出现了。1月，随着现金短缺的大面积蔓延，需求骤降，食品价格随之崩溃。到了2月，北方邦的马铃薯价格只有2016年价格的一半多一点（每公担约350卢比，而不是每公担600多卢比），番茄价格不到三分之一，5月份的洋葱价格是一年前的一半。在印度，洋葱价格出了名地不稳定，而且经常受到政治和选举的影响，但废钞令政策应该是造成今年价格下跌的罪魁祸首。

这项政策造成了一种荒唐的局面：物资充足却民不聊生。农民收入锐减，越发困顿。在印度，因为大规模负债，农民群体的自杀率已经很高。

而且，经济下滑打击的不只是农业部门。直到去年，印度经济一直都发展良好，政府在这方面值得称道。它采取有力措施，削减了经商成本并统一了商品和服务税。此外，随着全球石油价格下跌（对印度这个石油进口国来说，这意味着它可以节省大量资金）和中国劳动力成本上升（这让印度的制造业和出口更具竞争力），人们完全有理由相信，印度经济很快就会恢复到2008年全球金融危机前的水平：年均增长率超过9%。然而，印度2017年第一季度的增长率为6.1%，低于2015—2016财年的7.9%。

经济是一台复杂的机器，我们无法百分百确定是废钞令造成了这一切，但有一个迹象很能说明问题：经济增长放缓很大程度上源于金融部门。2016年10月至2017年4月，农村贷款只上涨了2.5%，而一年前的数据是12.9%。银行整体信贷的增长率有所下降。4月份的工业产出增长从前一年4月的6.5%跌至微不足道的3.1%。在2017年第一季度，建筑业实际上比前一季度缩水了3.7%。

所有这些都预示着未来几个月前景不妙：农业部门因作物价格下跌而放缓增长，信贷短缺也开始产生影响，因而整体增长可能会进一步下跌。由国家一手促成的废钞令冲击将继续在经济中蔓延。

废钞令确实促进了数字货币的使用，这比纸币更有效率。但政府没有必要通过让86%的货币退出流通来实现这一目标。废钞令的方法太过简单粗暴，成果寥寥无几不说，还造成了太多的附带伤害。

印度经济有着极大的优势，比如高储蓄率和高投资率，因此这场危机终将过去。但是，出海的水手如果无视风浪，就会咎由自取。同理，经济政策制定者也不能无视经济规律，使出笨重的手段来干预市场，否则就会有沉船的危险。

抵制道德上的逃避退缩

现在有几股力量正像幽灵一样困扰着印度：高涨的仇恨情绪、

地方主义以及在知识、科学和创造力等方面的退步不前。如果不加以控制，它们将会蒙蔽我们的双眼，不仅在社会和文化方面，甚至在经济发展和增长方面对印度造成破坏。

长期以来，印度一直是一个贫穷国家，从世界银行正式认定的“低收入”国家一步步发展，终于在2007年进入“中低收入”行列。然而，在全球知识领域，在文化、电影、科学和宗教领域，我们的参与度是非常高的。

20世纪80年代的时候，我在德里从事研究工作，当我去参加国际会议的时候，惊讶地发现竟然有这么多印度人参会。对于一个低收入国家来说，确实很了不起，而这一切要归功于印度的学术成就和开放社会。早期的学术投资似乎终获回报，印度经济从90年代中期开始稳步增长，在2003年和2005年一度加速，此后数年一直保持高速增长，年增长率远远超过9%，印度也因此进入了中等收入行列。

不幸的是，最近一段时间，印度在知识、科学和文化领域的全球地位似乎正在被削弱。在涉及印度的全球新闻和报道中，有过多的内容都是在报道宰牛、“牛民团”①、“反罗密欧”小队②、禁吃“Momo”③和宗教偏执等。在重要的全球探讨中，无论是外交、国际经济和货币政策，还是这个时代的其他紧迫问题，印度的参与度都明显下降。

---

① 印度极端护牛组织。——译者注

② 由当地警员组成，在大学、商场、公园和其他人口聚集地日夜巡视，防止骚扰女性的一个组织，此举原本旨在保护女性安全，却很快转变为过度的道德监管。——译者注

③ Momo，印度街头小吃，菜馅或者肉馅的蒸饺。——译者注

独立之后，印度走上了一条不同寻常的道路。其他贫穷国家往往独断专行，想要鞭策本国快速增长，有些国家成功了，但大多数国家都一败涂地。印度却做出了一些出人意料的选择。至少在20世纪90年代之前，印度在经济方面没有什么起色，但它在贫穷国家中脱颖而出，因为它是一个充满活力的民主国家。言论自由文化和惯于争辩的媒体往往会让外来者惊讶。印度的大学校园并不亚于美国校园，甚至更胜一筹，人们自由地探讨有争议的问题，批评政府，质疑宗教。除了1975—1977年，即英迪拉·甘地治下的紧急状态时期，印度从未偏离过这条道路。

对一个新独立的国家来说，选择这样的发展顺序是否正确，可能还有待商榷。但可以肯定的是，印度早早就在一些领域做出了比较硬核的投资，如言论自由、对世界各地文化的开放包容、民主。如今，在印度蓬勃发展的情况下，这些重要资产可以使它成为一个充满活力的社会，同时也有助于推动经济增长的可持续性。如果摧毁这些资本，那将是愚蠢至极的做法。

正因为如此，一心希望印度繁荣昌盛的人，尤其是政治领导人，应该果断行动，趁着还没有造成大范围的破坏，赶快改弦易辙。矛盾的是，新近出现的这种地方主义和排外仇恨，其根源是对自己所在社区和国家的自卑感。可悲的是，受此影响的人开始效仿他们所抨击和批评的国家和团体。

我记得多年前一位政治家在拜访我的父亲时，大声抱怨有太多的印度妇女喜欢穿西方服饰，还加了一句："我们为什么要效仿西方人？他们可没有效仿我们。"我一直记得，虽然我当时还是个孩子，但还是为他如此公然地模仿西方的做法而感到尴尬。

最早的巴克提教派运动[①]于6世纪发端于泰米尔纳德邦，它注重宗教信仰的个体化，强调印度教的哲学性和融合性。可悲的是，如今的印度教原教旨主义者和虔信派不过是在推动印度歪曲这一运动而已。

19世纪中叶，卡尔·马克思就曾对印度教非凡的韧性表示过赞叹。在很多发展中国家，随着殖民主义的蔓延，早期宗教消失无踪，而在印度，印度教经受住了反复的冲击和打压。它不具有攻击性，却很强韧。每一次在外国势力离开的时候，印度教都会出现，有时会略显枯萎，但已经有了重新发芽的迹象。

我是在传统印度教家庭中长大的，因此深知这一点。我的父母教导我，不管种姓制度是不是印度教的一部分，都是可憎的，应该被摒弃。但除此之外，印度教之所以具有吸引力，是因为与古希腊萌生的思想一样，《吠陀经》弥漫着哲学困惑和神秘主义，认为一切皆可质疑。印度教不存在中央权威，原本应是一个开放的宗教，对多样性持包容态度。大多数宗教都告诉我们有神存在，但我在十几岁的时候就得出结论认为，根据我们周围世界的情况，神的存在从逻辑上来说是站不住脚的。我的长辈都是虔诚的印度教徒，但并没有对我感到恼火。

我们现在的所作所为相当于从内部攻击印度教。马克思认为印度教在面对外部攻击时具有强大的韧性，他可能是对的，但我们现在面临的风险是，造成不可挽回之伤害的正是那些声称拥护印度教的人。超级民族主义折射出来的是对自身全球地位的不安全感：一方面声称厌恶某些国家和宗教，一方面却按照它们的形象来塑造自己的国家和宗教。

---

① 又称虔信运动。——译者注

印度理应成为一个开放的、蓬勃发展的多元文化社会，在这样一个社会里，无论种族、宗教和性取向如何，人人都有被包容的感觉。我们如果想扛起道德重任，就应设法结束种姓歧视，废除《印度刑法典》第377条（该条法律歧视同性恋者，因此是不道德的），并继续努力提高妇女地位。

在20世纪新独立的国家中，印度在种族和宗教开放方面脱颖而出，成为道德领袖，尼赫鲁更是在全球舞台上展示了这一点。这也是泰戈尔在字里行间表露的愿景。如果印度在这方面退至一隅，实在是叫人扼腕叹息。

如果这些还不能说服那些喷子，那我还能提出一个理由。对社交媒体上的喷子来说，只要有人质疑他们的意识形态，他们的标准反应就是让这些人滚去巴基斯坦。只要看看印度有哪些学者、科学家和思想家受过这种攻击，就能马上得出一个结论：如果这个建议被当真的话，巴基斯坦将成为全球智商之最。

愤怒远远不够

腐败是最具破坏力的经济疾病之一，全球大部分地区都深受其害。它损害了普通民众的生活质量，破坏了社会的道德结构，减缓了经济增长。高收入国家的腐败问题之所以没有中低收入国家那么严重，并不是因为这些国家天生就更有道德，而是因为设法打击腐败的国家更有可能取得进步。

“透明国际”为我们提供了不同国家和不同时期的腐败数据。在按清廉程度排名的142个经济体中，丹麦和新西兰并列第一，毛里塔尼亚则位居榜尾，腐败程度最高。两大新兴经济体，中国和印度，在最近的排名中得分相同，并列第79名。数据显示，自2000年以来，腐败在印度不仅一直居高不下，甚至还在稳步加剧。这就提出了一个问题：腐败为何如此顽固？

要想扼制腐败，我们不仅需要决心和激情，也需要进行深入分析，并对经济学、法律和心理学有一定的了解。我认为，正是因为后一点做得不够，才使腐败现象得以滋生并猖獗不息。我们经常在街头看到腐败问题引发的群情激愤，这种愤怒是真实的，但愤怒并没有带来腐败现象的减少，原因就是，愤怒远远不够。

我举两个例子来分析说明可以给我们带来什么样的启示。

全球各国有很多强势领导人的例子，他们在执政之初都真心实意地想要根除腐败，却没有做到。根据政治经济学的逻辑，不难看出何以如此。

所有的政治领导人都离不开公开表露的忠诚，此外，所谓的强势领导人往往厌恶公众批评。不难看出，对这些领导人来说，没有什么比全面腐败更有利。在这种情况下，领导人轻轻松松就可以打压异己，并鼓励下面的人公开表忠心。这是因为在腐败盛行时，领导人只要用腐败罪名，基本上就可以想逮捕谁就逮捕谁。这样的话，领导人就可以逮捕那些公开反对他的人，理由不是他们提出了批评指责（至少不会公开这么说），而是因为贪腐。如果这种做法变成系统性的，那么批评之声就会消失，人们就会公开表达忠诚，因为他们知道，如果他们对领导人提出异议，就会因腐败罪名而被捕。

腐败猖獗让政治领导人既可以打压异己，又不必公开承认在打压异己。

关于分析所起的作用，我想举的第二个例子是我在2011年提出的一个建议。当时，这个建议在无意间掀起了轩然大波。虽然最后无果而终，但我还是认为，如果哪个政府真的想控制腐败，尤其是贿赂，那就应该考虑一下我这个建议。

我简单说一下我的想法。如果一个人为了享有自己的权利而不得不向官员或警察行贿的话，我们就称之为“被迫行贿”。如果在你通过驾照考试后，负责考试的官员向你索要贿赂，那么这就是一种被迫行贿。

为了遏制贿赂，印度1988年的《预防腐败法》要求对所有因贿赂交易而落网的人进行重罚，而且行贿者和受贿者同罪。这一法律本意是好的，然而在逻辑上却不太站得住脚。根据它的规定，一旦有了行贿行为，行贿者和受贿者的利益就捆绑在了一起，双方都会谋求掩盖贿赂事实。

为了制止这种勾连，至少在被迫行贿的情况下制止共谋，我的建议是修改1988年的法律，宣布这种情况下的行贿行为是无罪的，但受贿行为是非法的，甚至还可以考虑加大对受贿政府官员的惩罚。进行这样的修订之后，想要受贿的官员就会知道，行贿者不会再像之前那样犹豫不决、不敢承认行贿事实，知道这一点之后，该官员索贿的可能性就会降低。这在博弈论中被称为逆向归纳法。

我当时提出这个建议是出于纯粹的理性分析，并没有什么正面或反面的证据可以摆出来。不过，在那之后陆续出现了各种形式的证据。首先，克劳斯·阿宾克、乌特约·达斯古普塔、拉塔·甘加达兰和塔伦·贾因在《公共经济学杂志》上发表的实验室试验表明，虽然我的论点需要配以附加说明，但不对等惩罚确实能遏制贿赂。

近来，关于中国的研究也取得了一些惊人的发现。研究员玛丽亚·伯林、秦蓓和吉安卡·斯帕尼奥洛发现，《中华人民共和国刑法》在1997年进行了修订，修改了行贿人和受贿人的定罪量刑标准。他们还发现，1997年后，中国的贿赂行为大幅减少。这些研究结果也有含糊不清之处，但这种法律上的突破性变化让人们有了进行实证研究的可能，而早前我们根本无法进行这种实证研究。

我不是要为某项改革进行辩护，而是想着重指出：第一，腐败的主要责任不在普通公民，而在本应负责执法的政府官员；第二，在制定反腐措施时，数据和分析非常重要。腐败是我们这个时代的主要经济弊病，如果在民众对腐败感到怒火中烧的同时，我们能够运用专业知识，通过精心制定的举措来应对这一弊端，那也许能够取得初步成效。

特朗普送给中国的礼物

美国总统唐纳德·特朗普对中国发出的保护主义威胁引得万众瞩目。如果他真的说到做到，比如正式给中国贴上货币操纵国的标签，或是提高进口关税，那么短期后果（如贸易战）可能会很严重。但从长远看，在美国转向保护主义后，中国反而有可能因祸得福。

毫无疑问，中国目前正处于发展过程中的一个困难阶段。中国此前经历了长达30年的两位数GDP增长，这是历史上少有的成就，但其经济扩张速度现在已经明显放缓。由于劳动力成本的上涨，外界对中国出口的需求减弱，中国的GDP年增长率在2015年降至6.9%，在2016年降至6.7%。中国政府现在已将2016 — 2020年的增长目标下调至6.5%~7%。

这样的增长速度仍然非常可观，却不是中国的最好表现。林毅夫和胡永泰指出，在1951年，日本人均收入和美国人均收入的对比情况与中国现在和美国的对比情况是一样的，但当时日本的持续增长率为9.2%。

对中国来说，沉重的债务负担阻碍了增长。麦肯锡全球研究院的一项压力测试分析发现，如果中国继续推行债务和投资拉动型增长模式，不良贷款率在短短两年内就有可能从目前的1.7%（根据官方数据得出）升至15%。也就是说，中国人民银行已经意识到了不良贷款风险的存在，有证据表明，该行将采取措施来减轻这种风险。

然而债务并不是中国面临的唯一问题。中国在全球出口中的主导地位是近几十年来中国经济增长的主要动力，而这一地位已被削弱。印度贸易额占GDP的比重在去年（2017年）超过了中国。此外，中国的劳动生产率虽然正在稳步上升，但仍然不到发达国家水平的30%。

鉴于这些挑战，如果断言中国的全球影响力即将达到新的高度，可能会让人觉得莫名其妙。但是，特朗普的政策方针使中国有了一个全新的重要契机来实现这一点。虽然贸易和资本流动需要监管，但总的来说，开放的好处要远远大于坏处。特朗普的“新保护主义”政策旨在限制货物、服务和人员流向美国，这完全是短视的仇外心理使然。此举最终只会让美国比中国或墨西哥更加孤立。

历史上早有明证。在第一次世界大战前夕，阿根廷是全球最富裕的国家之一，虽然不及美国，但要排在德国前面。之后，阿根廷经济由于两个原因而急剧恶化：教育投资不足（特朗普也可能会犯这样的错误）和保护主义加剧。

20世纪20年代涌现出来的民族主义在1930年达到顶峰，这一年，极右民族主义势力推翻了阿根廷政府。新政府坚决反对自由主义，更别提外国人了，于是大幅提高了数个行业的关税。平均而言，进口关税从1930年的16.7%升至1933年的28.7%。传统部门的岗位得以保全，但生产率下降了。如今，阿根廷甚至排不进全球前50名。

因此，考虑到美国的全球主导地位，可以预计特朗普的政策方针会对美国经济造成极大破坏，并产生深远的影响。然而，自我施加的经济孤立，再加上以本国为中心的“美国优先”外交政策方针，也使得其他国家——如中国、印度和墨西哥——有了一定的空间去提高自己的国际影响力。

我们来看特朗普退出跨太平洋伙伴关系协定（TPP）一事。TPP是一项大型区域贸易协定，涉及亚太地区12个国家（但不包括中国）。这一协定当然有自身的缺陷，尤其需要一提的是它会给大公司带来过度的不当得利，但它也有很多可圈可点之处。这一协定会让马来西亚和越南等国有机会进入美国市场，因此在这些国家大受欢迎。

现在既然这些国家被特朗普打了个措手不及，那么中国就可以伸出援手了。中国已经通过“一带一路”倡议等方式推动了区域投资的大幅增长。在没有TPP协定促进成员国间资本流动的情况下，中国很可能会超过美国，成为东盟国家最大的外国直接投资来源。中国也在努力加强与澳大利亚和新西兰的经济关联，这两个国家也是TPP的成员国。

同样，特朗普一拍脑袋就决定在美墨边境修建隔离墙，中国已经抓住由此带来的机会，与美国南部邻国墨西哥加强了联系。特朗普当选才一个多月，中国国务委员杨洁篪就会见了墨西哥外交部长克劳迪娅·鲁伊斯·马谢乌，并承诺要深化两国外交关系，增加航班班次，加强两国贸易。中国已经是巴西最大的贸易伙伴，现在它可以在墨西哥乃至整个拉丁美洲争取同样的地位。

在特朗普的言论越来越保守、越来越排外的时候，中国国家主席习近平正在淡化带有民族主义色彩的措辞，听上去越来越像一个着眼全球的政治家。看来他已经认识到，中国现在面临着一个重大机遇，不仅有望实现新一轮经济扩张，还有望确保中国在全球决策和政策中发挥更突出的作用。

直面经济增长放缓

最近，印度政府将2017—2018年经济增长预测下调至6.5%，我们有理由为此感到担忧。所有专业的经济学家都看得出，在废钞令之后，经济增长必然会放缓。但是，在本财年的前两个季度，油价大约只有2014年价格的一半，在这样的情况下，增长率还是出人意料地降至5.7%和6.3%。

我认为，从长远看，印度增长前景仍然可观，甚至有可能胜过其他新兴经济体。因此，我们有责任去剖析目前经济表现不佳的原因，然后着手调整政策。

从历史上看，印度在独立后的头40年里取得了很多骄人成绩，在充满活力的民主、世俗主义和言论自由等方面可与很多发达经济体媲美，然而经济增长却乏善可陈。直到1990年之后，印度经济才有了起色，并实现了三次飞跃。90年代初，在纳拉辛哈·拉奥担任总理时，曼莫汉·辛格推动了改革，这些改革使印度的增长率达到每年近7%，这在当时是非常可观的成绩。第二次起飞发生在2003年左右，这在一定程度上要归功于时任总理阿塔尔·比哈里·瓦杰帕伊。印度储蓄和投资率出现增长，年增长率则达到8%。最后一次飞跃是在2005年，印度开始以每年9.5%的惊人速度增长，并连续三年保持了这一速度，直到2008年的全球金融危机爆发。

有人可能会说，目前的增长率下滑只是短暂的插曲而已。但我们通过计算就会发现，过去30年的平均增长率是6.6%。也就是说，印度现在的表现不仅低于过去5年或10年的平均水平，甚至低于过去30年的平均水平。在这30年里，增长趋势一直稳定在正值，因此我们确实有理由感到担忧。

经济增长放缓体现在各个层面，比如印度的对外经济部门现在并没有满负荷运转。中国因劳动力成本上涨和放弃低汇率政策而让出了一定的空间，因此印度在出口方面本应有更好的表现才对。

对外经济部门需要担忧的另一个问题是，美联储预计将要收紧流动性。国际货币基金组织的研究表明，这将导致流向新兴经济体的证券投资资本在未来两年内减少700亿美元。

这将是美联储缩减资产负债表并有可能加息的后果。考虑到日本、欧元区和其他地区奉行的低利率政策，美联储有可能不会大幅加息，但即便如此，光是缩减资产负债表这一项行动预计就会造成资本流动减少550亿美元。新兴经济体可能会因此出现动荡，所以印度必须制定专业性的而不是政治性的政策，以尽可能减少负面冲击。

不过，印度最令人担忧的还在另一个方面：就业和不平等。不像那些与外汇流动和股市指数相关的数据，这方面的数据不会每天波动，因此没有引起足够的重视。印度的不平等，尤其是财富不平等正在加剧：富人越来越富有，而与之相对的是，就业岗位增长放缓不仅影响了赤贫者，甚至也影响了中等收入人群。

平心而论，就业岗位增长已经疲软了一段时间，就连2005—2008年也是如此，那可是印度经历高增长的时期。但这种情况现在开始产生负面影响。2004年，农业及相关活动为56.7%的就业人口提供了工作机会。十年后，这个数字下降至43.7%，农业部门出现的就业机会萎缩倒也不足为奇。真正产生负面影响的是，打着保护消费者和帮助化肥及其他农业投入品供应商的名义，对农业部门实施片面控制。农民被这两项干预措施挤压在中间。此外，虽然全球价格走高，但印度农民没有获准走上这条通道。

离开农业部门的工人通常会进入其他部门，而且往往是出口行业，但在印度似乎并没有出现这种情形。2017年4月至11月，印度出口额增长了12.3%。然而，如果剖析这一数字，我们就会明白是怎么回事。如果我们把出口分成劳动密集型出口和其他出口，就会发现大部分出口增长属于后者。电子产品、纺织品和农产品等劳动密集型产品的出口增长只占到微不足道的4.4%。就业岗位增长不力，这正是印度面临的巨大政策挑战。

应该怎么做呢？眼下已经有了一些复苏苗头，近来的采购经理指数和工业生产数据有改善的迹象，现在的挑战是如何借势而为。除其他事项外，我们需要加强储蓄和投资。在2008年和2009年的时候，印度的投资率一直徘徊在接近40%的水平，开始表现得像那些快速增长的东亚经济体。然而这一指标现在已经大幅下滑。政府有责任纠正这一点，否则就无法持续创造就业。我认为，如果我们的货币和财政政策过于收紧流动性的话，将会影响增长。我们可以进行投资并创造就业机会，也必须这样做。

印度经济现在表现不佳，不过深思熟虑的政策改革可以扭转局面。要想做到这一点，我们需要直面经济增长放缓，而不是一味地否认，否则复苏绿芽必然失去生机。

以教育之名

经济学家已经写了很多著作来探讨投资和资本对经济增长的重要性，我们也有方法来衡量有多少类资本正在增长。比如，我们知道，在过去三四年里，印度的投资占GDP比重一直在下降（这有可能会导致严重的增长放缓）。然而，人力资本，即一国国民的受教育程度、职业技能和创造力，是最重要的资本形式，也是最难衡量的一种资本形式。

因此，在分析印度经济长期前景时，从2005年开始发布的《年度教育状况报告》（ASER）已经成为最重要的参考文件之一。该报告发布的是全国儿童教育状况方面的数据，在这个领域，没有其他数据源可以与之匹敌。通过报告，我们可以大致了解印度的人力资本状况。上个月发布的《2017年度教育状况报告》主要聚焦于14—18岁这一年龄段。这个群体大约占印度人口的10%，他们在未来几十年内将会成为印度的掌舵人。

《2017年度教育状况报告》读起来令人沮丧。在14—18岁人群中，86%的人在中学或学院就读。然而，他们中有25%无法阅读用母语写成的面向5—7岁儿童的基本文本；有57%不会做基本的除法运算——用三位数除以一位数，如999除以3。在中学和学院就读的18岁青少年中，60%具备英语阅读能力，不过其中有五分之一说不出来他们会读什么。36%的农村青少年不能正确说出印度的首都，其中一些人以为首都是“巴基斯坦”，虔信者们在这方面显然任重而道远。

从这些令人不安的数据中可以看出各邦之间的巨大差异，这既是好消息，也是坏消息。我们来看看具备基本英语阅读能力的年轻人所占百分比。比例最高的是喀拉拉邦，该邦的这一比例达到了令人钦佩的94.9%，喜马偕尔邦的这一比例也达到82.4%。但与之相对的是，北方邦的比例不到50%，拉贾斯坦邦的比例不到40%。有人可能会说这没什么好在意的，因为英语本来就是外来语言，那我们再来看看解决简单除法问题的能力（我希望没人会提出异议，说除法也是外国强加给我们的）。我们会看到类似的差距。在喀拉拉邦和喜马偕尔邦，会做除法的人分别达到67.1%和58.4%，而北方邦和拉贾斯坦邦的这一数据约为35%。(我要澄清一点，这些数据并不是根据各邦的完全随机抽样得出的，因此在解读时需要谨慎一些。)

谈到这些令人沮丧的数据背后的原因，我们首先要尽量避免的就是把问题归咎于某个政党或某位政治领导人。这些数据表明，问题出在方方面面，是多年弊政积累所致。但是，情况现在变得更加糟糕。近年来，印度出现了一波超级民族主义浪潮，它打着尊重印度古人智慧结晶的旗号，将其奉为至宝。这种错误的做法会对现代教育和科学学习造成极大伤害。有一些团体宣扬迷信，抨击现代知识。他们没有认识到，我们必须要学习最优秀的思想，不管这些思想起源于何时何地。

由此导致的结果就是，在我们的教育系统中，形式比内容更重要。18—24岁年龄组的毛入学率（该年龄段人口在教育机构的入学率）已从2005年的11.6%升到2015年的24.5%。同样，就读于标准8年级的学生人数已从10年前的1 100万升至现在的2 200万。这样的增长非常可观，但学习本身没有出现与之相匹配的进步，而学习才是上学的主要目的。

入学率的上升表明，印度人民想要拿到证书或学位的愿望很强烈。但学位背后的内容却被抛在一边。对长期发展来说，重要的是我们真正学到了什么，以及我们是否有科学精神、勇气和学识来挑战旧思想和旧文本。《年度教育状况报告》的重要性就在于，它引起了人们对这些基本要素的关注。

后记　学位崇拜也有喜剧性的一面。在研究上述那些令人沮丧的数据时，我的思绪飘回了我在伦敦经济学院就读博士的时期。我和一个来自另一个国家（不便透露名字）的新生（也不便透露姓名）成了朋友，他读的是为期一年的理学硕士。这位朋友热情友好，但教育背景很糟糕，经常向我求助经济学和微积分方面的问题，可是成效甚微。到了年底，他没有通过考试。他这个人一直很乐观，决定再读一年。他告诉我："我需要的就是'理学硕士'四个字，这就足以骗过大众。"

他就这样跌跌撞撞地又过了一年。然后，到了理学硕士考试结果出来的那一天，我晚上经过他的公寓，看到里面正热火朝天地开着香槟派对。我的朋友坐在屋子中央，周围全是他的同乡。我走进去向他表示祝贺。他谢过我之后，向其他人介绍说我是他的“老师”，他说他很高兴，因为终于可以回家了，然后他搂着我，把我带到阳台上，跟我说：“你对我一直都很好，花了这么多时间教我，所以我得跟你说实话。他们都不知道，其实我还是没考过。”

重振印度经济

不久前，印度还是新兴经济体中政局稳定和经济增长的典范。虽然在消除贫困和极端不平等方面依然任重道远，但印度一直保持着GDP的稳定增长，在全球范围内名列前茅。然而，好景不再。

2017年第二季度，印度增长率跌至5.7%。《经济学人》发布了主要经济体的基本经济数据，在这个名单上，印度排在中国、马来西亚和菲律宾之后，与巴基斯坦打成平手。邻国孟加拉国不在该名单上，但该国年增长率现在已经超过7%（而且孟加拉国的人均收入现在超过了巴基斯坦）。

印度经济规模庞大，而且与全球有着千丝万缕的联系，因此，其增长放缓不仅在国内，也在全世界引起了广泛关注。不过，对印度来说，亡羊补牢，犹未为晚，关键是要制定考虑周详的政策，既要应对短期挑战，也要应对长期挑战。

就短期而言，政策制定者必须解决的一个问题是，国内消费者和出口市场对印度产品的需求有所下降。各种迹象表明，印度的消费者支出和商业支出都在下降。事实上，印度的工业生产指数在7月份仅增长了1.2%，而去年同期为4.5%。耐用消费品产出下降了1.3%，而去年同期增长了0.2%。

与此同时，年出口增长率近年降到了3%，而在2003—2008年印度快速增长时期，这一数据为17.8%。部分原因在于卢比走强，提高了印度商品在国外市场的价格。事实上，卢比升值造成外国商品相对价格下降，因此进口也大幅上升。今年上半年，名义商品进口增长了28%。

不过，进口大幅上升还有另一个潜在的原因：人们可能会通过开具高价发票来将资金转移到国外。这有可能意味着，大宗贸易商认定卢比汇率将出现调整，届时他们会出售现在积攒的美元，以换取更多的卢比。

印度当局应当预想到这种可能性并采取相应行动。要想在短期内促进国内需求，印度需要采取凯恩斯式干预政策。为了减缓卢比升值，进而促进外部需求，印度储备银行——这是印度最受尊重的机构之一，由精挑细选的专业人士组成——必须被赋予更大的政策空间和自主权。

我的建议是，印度储备银行应进一步降低利率，让印度的货币政策更加对标世界其他主要经济体的货币政策。虽然从全球角度看，目前的超低利率趋势并不理想，但事实上，如果印度一直与众不同，就会鼓励所谓的套息交易，人为地推高卢比的价值。

印度还面临着一个更大的挑战，那就是实现并维持长期快速增长。要想弄清如何实现这一目标，可以参考另一个主要新兴经济体的举措：中国。中国政府在其产业政策中，已经明确了要促进哪些特定经济部门的发展。印度可以采取类似的方法，而卫生和教育将是两个格外有前景的部门。

印度的医疗旅游业虽然已经取得了成功，但仍有极大潜力尚未得到开发，尤其是在世界各地医疗保健成本正在上升的情况下。

这类旅游业带来的收入可以帮助印度加强本国医疗体系建设，确保所有印度人都能获得高质量的医疗服务，包括贫民和儿童，后者的营养不良问题仍然很严重。

同样，印度也可以成为高等教育中心。对政府来说，当务之急是创造更大的监管空间，形成一种有助于推动私人部门发展的氛围。教育的繁荣发展将为印度整体经济带来丰厚的回报。

印度长期增长的最后一个要素就是进行更广泛的投资。且不说经济理论，单从东亚国家的经验就可以看出，资本投资是推动经济持续增长的最有效的驱动力之一。印度在2003年以后出现的增长急剧加速也是与整体投资的激增同时发生的。

然而，印度的投资占GDP比重现在正在下滑，从过去8年的高于35%跌至现在的30%左右。部分原因在于银行的风险规避意识增强了，对不良资产比较审慎。商业信心下降可能也是一个因素。

如果印度通过政策来促进短期增长，同时也为长期表现打下基础，信心自然就会上升。一旦投资回升，印度就能够恢复过去的快速增长，并在未来几年保持这种增长。这一结果不仅有利于印度，也有利于全球整体经济。

第十章
不平等与劳工之痛

不平等造成的不安全感

如今，全球不平等已经达到了19世纪末的水平，并且还在持续加剧。由此带来的后果使民众产生了被剥夺权利的感觉，这种汹涌澎湃的感觉助长了疏离和愤怒，甚至滋生了民族主义和仇外心理。人们竭尽全力想要保住自己不断缩水的利益，他们的焦虑为投机取巧的民粹分子创造了政治机会，全球秩序也因此动摇。

如今，贫富差距已经达到令人难以置信的程度。据乐施会观察，全球前8位顶级富豪的财富总和与全球最贫穷的36亿人拥有的财富一样多。美国参议员伯尼·桑德斯近来指出，沃尔玛背后的沃尔顿家族现在拥有的财富超过了美国底层42%人口的财富。

---

* 《不平等造成的不安全感》最初于2017年4月11日发表于报业辛迪加网站。《专家与不平等问题》最初于2017年8月23日发表于报业辛迪加网站。《21世纪的不平等》最初于2017年12月15日发表于报业辛迪加网站。《全球经济下的劳工之痛》最初于2016年1月4日发表于报业辛迪加网站。《现在开始推行利润分享计划》最初于2018年9月28日发表于报业辛迪加网站。《富人就不能支持左翼目标吗?》最初于2019年3月22日发表于报业辛迪加网站，原标题为《富人也可以与不平等做斗争》。

我也可以说说我自己做的比较，结果同样令人震惊。根据瑞士信贷的财富数据库，我发现全球前三位顶级富豪的财富总和超过了安哥拉、布基纳法索和刚果民主共和国所有人口的财富，而这三个国家的总人口为1.22亿。

可以肯定的是，近几十年来，在减少极端贫困（即每日消费不足1.9美元）方面已经取得了巨大进展。1981年，42%的世界人口生活在极端贫困中。我们掌握的全面数据截至2013年，这一年该比例已降至11%以下。零星证据表明，现在极端贫困率略高于9%。这当然值得庆祝，但我们依然任重道远。而且，与大众看法相反，这项工作绝不能局限于发展中国家。

安格斯·迪顿近来指出，极端贫困在富裕国家也仍然是一个严重问题。他指出："数百万美国人的家庭每日人均收入不到2美元，有黑人，有白人，也有拉美裔。"他还指出，在美国这样的国家，生活成本（包含居住）要比印度等国高得多，因此这样的收入水平更难度日。

这种情况在纽约市非常明显：该市已知的无家可归者已经从2002年的31 000人升至如今的63 000人（算上那些从未去过收容所的人，真正的数据大约还要高出5%）。这一趋势与住房价格的陡升相吻合：过去10年里，租金的上涨速度是工资的3倍多。

具有讽刺意味的是，富人为很多商品和服务支付的单位价格反而比较低。一个明显的例子就是乘坐飞机出行，在飞行常客计划下，富人为每一英里航程支付的费用要少于普通人。航空公司这样做无可厚非，因为它们想要培养飞行常客的忠诚度，但从中可以看出市场奖励富人的又一种方式。

这种现象在贫穷经济体一样明显。一项对印度村庄的研究表明，穷人面临着系统性的价格歧视，这进一步加剧了不平等。事实上，如果对富人和穷人支付的价格差异进行修正，可以将基尼系数（一种衡量不平等的常见标准）提高12%~23%。

经济条件较好的人还可以免费得到一大堆商品。仅举一个看似微不足道的例子：我根本想不起来自己上一次买笔是什么时候。我的桌子上经常会出现各种笔，都是来过我办公室的人无意间留下的。这些笔也经常消失，因为人们会不经意地拿走它们。已故印度知名记者库什万特·辛格曾经说过，他参加各种会议只是为了收集笔和纸。

再举一个不那么微不足道的例子：税收。最富的人并没有支付最多的税款，他们往往能够利用漏洞和减免规定，而收入较少的人反而享受不到这些待遇。富人不需要违反任何规则，就能享受到可被视为补贴的待遇，如果把这些待遇分配给最贫穷的人，其正面影响将会深远得多。

除了这些具体的不平等之外，还有一些不太明显但同样具有破坏性的不平衡现象。如果一个人的权利在法律上得不到落实，甚至得不到明确，那么最终结果很可能要取决于习俗，而习俗是严重偏向于富人的。富人不仅可以投票，还可以通过捐款和其他方式影响选举。从这个意义上说，过度的财富不平等有可能破坏民主。

当然，在运行良好的经济体中，为了形成激励并为经济提供动力，一定程度的不平等是不可避免的，甚至是必要的。但是，如今的收入和财富差距已经变得过于极端、过于固化，因此会一代代传下去，导致家庭财富和遗产对一个人经济前景的影响远远大于天赋和努力产生的影响。

这种影响是双重的：来自富裕家庭的孩子在成年后更有可能成为富人，同样，如果父母当过童工，其孩子也更有可能在童年就开始工作。这一切不是任何个体的错，很多富有的公民都对社会做出了贡献，也都按照规则行事。问题是，这些规则往往对他们有利。换句话说，收入不平等源于系统性的缺陷。

在这个全球化世界，就像气候变化一样，不平等问题不能扔给市场和地方社区来解决。国内不平等加剧造成的影响会牵连地缘政治并动摇稳定，制定新的规则、再分配制度乃至全球协议已经不再是道德上的需要，而日益成为生死攸关的问题。

专家与不平等问题

2008年底，全球经济危机初露端倪。一年后，这场危机全面爆发，造成了自20世纪30年代经济大萧条以来从未有过的经济困境。全球金融体系在2008年几乎崩溃，随之而来的深度衰退几乎让所有人措手不及，包括那些理应预见到危机的专家。

2008年11月，在美国投资银行雷曼兄弟倒闭后不到两个月，英国女王伊丽莎白二世访问伦敦经济学院并提出了一个著名的问题："为什么没有人预料到这次危机？"她的愤怒不满溢于言表。

过去10年来，人们给出了各种回答，或是指责专家们傲慢自大、串通一气，或是认为专家们单纯就是被高估了。当时的情况极为严重，工作岗位流失，资产负债表缩水。自危机开始以来，女王自己的个人财富缩水了2 500万英镑（合3 210万美元，当然了，原始基数很高）。

现在，危机后这10年为我们提供了一个视角，使我们可以更好地回答女王提出的问题。但我们先得从更开阔的视角来思考经济学家和金融专家在当今世界面临的挑战，不管是当代经济学的批评者还是捍卫者，对这些挑战都所知有限。

第一个问题是，对于某些类型的经济现象，如金融衰退、股市崩盘或汇率波动，从逻辑上说，没有人能够提前很长时间做出准确预测。我的意思并不是说没有人有能力预见崩盘，而是说没有人能够做到因具备这种能力而出名。如果真有人声名在外，那他们的预测将会成为自我实现的预言：如果他们预测股市会崩盘，那大家马上就会抛售手上的股票，预测也就变成现实。

第二个问题涉及专业知识，如果专家直言自己知道的情况和不知道的情况，那么这未必总是符合专家自身的利益。大多数人都喜欢显摆自己的专业知识，比如夸大自己掌握的知识领域。

当然，专家的价值是不可否认的。比如说，在我为印度政府担任顾问时，政府决定出售一些3G频谱，我们中有人指出，政府不应该以预定价格出售该资产，而应该发起一场专业拍卖。在这个领域，经济学家就像工程师一样娴熟。印度政府的领导人听取了这一意见。官员们对这些频谱的最初估价为70亿美元，但最终它们拍出了令人瞠目结舌的150亿美元。

然而，在很多领域，经济学家掌握的知识极不精确，并且带有非常重要的限制条件，而这些限制条件可能并没有得到充分理解。出现这种情况的原因可能是决策者不以为然，也可能是经济学家自己没有把风险说清楚。

科技进步正把我们带入一片未知的领域，在这种情况下，风险更为突出。为了应对各种发展（有些是自然而然的发展，有些是我们自己促成的发展），我们必须做出一些决定，而在做决定时，我们需要掌握尽可能准确的信息。

当代法律和政策越来越复杂。现在的一个常见现象是，人们签订的合同如此冗长复杂，以至于各签署方都弄不明白合同内容到底是什么。（这也是导致美国次贷危机的一个主要因素。对全球经济危机和随之而来的大衰退来说，这一危机可谓是火上浇油。）同样，受影响最大的人往往看不懂中央银行如今采取的干预方式。其结果就是，我们越来越依赖专家。而专家有可能会利用自己的专业知识，在应对未来挑战的同时，也满足自己的私利。

这个问题由来已久。17世纪，经济学家和投资者威廉·配第爵士被委派了一项任务：测量爱尔兰的大片军队土地，其中大部分是休耕地。他通过一些非常新颖的方法，出色地完成了任务，但由他测量的大部分土地最终落到了他个人名下。

世界变得越来越复杂，因此它对专家的依赖性也越来越大，在这种情况下，“配第问题”可能会变本加厉。这样的话，专家恐怕难获大众青睐与信任，包括美国和印度在内的全球很多地方都已经出现了右翼民粹主义浪潮，而这一现象至少在一定程度上源于对专家的不信任，因为这些专家在人们眼里是一些中饱私囊的家伙。

现在我们还不清楚该如何解决“配第问题”，但我们必须承认这个问题的存在，同时也要认识到，它与全球大部分地区日益加剧的高度不平等密切相关。此外，我们必须直面不平等问题，控制贫富差距。比如说，如果首席执行官的收入不能超过公司普通工人工资的某一倍数，那这位首席执行官即使施展浑身解数，恐怕也无法做到只往自己的腰包里捞钱。

当然，就打击不平等而言，对高管薪酬设置上限并非一件利器。更为微妙复杂的决策——往往立足于错误的前提，认为可以信任或引导公司进行自我监管——也已经以失败告终。是时候采取一目了然、人人能懂的措施了。

21世纪的不平等

这个虚伪堕落的年份让人想起奥登在《1939年9月1日》一诗中写到的“虚伪堕落的十年”。岁末年终之际，世界各国放弃了“聪明的希望”（clever hopes），承认很多严重问题必须予以解决，经济不平等是其中最严重的问题之一，它会带来严重的长远影响，甚至攸关生死。

托马斯·皮凯蒂、弗朗索瓦·布吉尼翁、布兰科·米兰诺维奇、安东尼·阿特金森和约瑟夫·斯蒂格利茨等著名经济学家，以及乐施会和世界银行等知名机构，都翔实记录了触目惊心的全球经济不平等。此外，哪怕只是在纽约、新德里、北京或柏林的街头随便走一走，都能看出明显的不平等。

右翼人士经常声称，这种不平等不仅是合理的，而且是恰当的：财富是努力换来的奖励，而贫穷是懒惰应得的惩罚。这种说法非常荒唐。现实情况是，穷人的处境往往非常艰难，仅仅只是为了活下去，他们多半就得竭尽全力。

此外，如果一个富人有很强的职业道德，这很有可能不仅要归因于他们的遗传倾向，还要归因于他们的成长过程，包括他们的背景可能给他们带来的特权、价值观和机会。因此，在普遍贫困面前，为巨额财富所做的道德辩解根本就站不住脚。

这并不是说，任何程度的不平等都是不合理的。毕竟，不平等可以反映偏好差异：有些人可能比其他人更看重对物质财富的追求。此外，回报差异确实是推动人们学习、工作和创新的动力，这些活动促进了整体增长并推动了减贫。但是，到了一定程度之后，不平等就会变得过于严重，这时它将产生相反的效果。而我们现在已经远远超过了这一程度。

很多人，包括很多富人，都认识到，严重不平等在道德上和经济上都是不可接受的。然而，如果富人出言反对不平等，那他们往往会被人讥讪，并被贴上伪君子的标签。显然，他们只有先放弃自己的财富，人们才会认为他们想要减少不平等的意愿是可信的或真实的。

事实上，即使一个人不打算单方面放弃自己的财富，也不能抹杀他希望社会更加公平的意愿。给一个批评极端不平等的富人贴上伪君子的标签，相当于一种人身攻击和逻辑谬误，目的是让那些有望产生影响的人不再发声。

好在这种策略似乎正在失去一定效力。令人欣慰的是，有些富人不畏攻击，不仅公开承认极端不平等对经济和社会造成了破坏，还批评了使他们发家致富却让太多人没有机会一展身手的制度。

尤其需要一提的是，美国国会共和党人和特朗普政府目前正在推动税收法案，如果通过的话，收入最高人群将获得超额减税。然而，一些美国富人虽然能够身受其利，但仍对这部法案提出了批评。先锋集团创始人杰克·博格尔无疑会受益于拟议减税计划，但他指出，这项计划肯定会加剧不平等，“从道德上来说，令人深恶痛绝”。

然而，认识到当前结构的缺陷，这还只是一个开始，更大的挑战是设计可行的蓝图来推动公平社会（正是因为缺少这样的蓝图，历史上很多用心良苦的运动都以失败告终）。就不平等问题而言，重点是让更多的人能够参与利润分享，但不能扼杀或集中控制市场激励机制，因为这些措施对推动增长起到了至关重要的作用。

第一步是让一国所有居民都能分到一定份额的经济利润。马蒂·威茨曼、希勒尔·斯泰纳、理查德·弗里曼以各种形式提出了这个想法。就在上个月，马特·布鲁尼格也力推这一想法。这一点在如今尤为重要，因为工资在国民收入中的占比正在下降，利润和租金的占比正在上升，而且技术进步正在加速这一趋势。

利润分享还有一个鲜少受人关注的层面，那就是垄断与竞争。随着现代数字技术的发展，规模收益已经达到了极高的水平，因此没有必要再让1 000家公司生产同一种商品，每家公司各满足总需求的千分之一。一个更有效的方法是让1 000家公司各自生产该商品的一个部件。以汽车为例，可以让一家公司生产所有的齿轮，另一家公司生产所有的刹车片，以此类推。

始于美国1890年《谢尔曼法案》的传统反托拉斯和公平竞争法导致上述这样一个高效系统无法形成。不过，只要每个公司的股份都被大范围分散，那么生产垄断就不再意味着收入垄断。因此，现在这个时候，我们应该推行彻底变革，舍弃传统的反垄断法，立法要求每家公司内部都进一步分散股权。

这些想法大多没有经过实践检验，因此，在真正落实之前，还有很多工作要做。但是，在全球危机不断、不平等持续加剧的情况下，我们不能再故步自封。除非我们直面不平等挑战，否则社会凝聚力和民主本身将受到越来越大的威胁。

全球经济下的劳工之痛

眼下的全球经济增长放缓始于2008年美国金融危机，而它持续的时长可能会创下新的纪录。日本增长停滞，中国增长放缓，俄罗斯深陷危机，欧元区仍在勉力恢复，在这种情况下，可以肯定地说，全球经济尚未走出困境。

全球经济正在出现更深层次的转变，这次“持续衰退”以及各国的一些政治冲突正是这一转变的具体表现。推动这次转变的是两种类型的创新：“节省人工”型创新和“人工互联”型创新。

虽然节省人工型创新手段很早之前就出现了，但其步伐已经加快。例如，2014年全球工业机器人的销量达到22.5万台，同比增长27%。然而，更具变革性的是“人工互联”技术的兴起：感谢过去30年的数字革命，人们现在不必移民就可以为不同国家的雇主和公司工作。

从高收入和中等收入国家的统计数据中可以看出一个显著的趋势，而这些变化正是这一趋势的体现。劳动收入总额占GDP比重正以少见的速度全面下降。从1975年到2015年，美国的劳动收入占GDP比重从61%降至57%，澳大利亚从66%降至54%，加拿大从61%降至55%，日本从77%降至60%，土耳其从43%降至34%。

对新兴经济体而言，从中期看，人工互联技术会缓解节省人工型创新带来的挑战。如果拥有廉价劳动力的新兴经济体能够组织到位，提供基本的基础设施和安全，就可以大大受益于这一全球结构性变化。

数据可以说明一切。1990年，财富500强企业中只有5%来自新兴经济体，现在已经变成26%。中国企业在这个排行榜上有着亮眼的表现。印度的信息技术部门自20世纪90年代以来出现了飞速发展，提高了整体经济的增长率。成立于1974年的马来西亚国家石油公司在35个国家开展了业务，现在已经成为新一代石油“七姐妹”[①]之一。

诚然，一些新兴经济体正深受腐败和商品价格下跌的困扰，巴西就是一个典型的例子，该国GDP在2015年预计将收缩3%左右。话说回来，年度GDP实现高增长的也只有新兴经济体，如越南（6.5%）、印度、中国、孟加拉国、卢旺达（约7%）以及埃塞俄比亚（超过9%）。

在2016年以及之后的年份，各国可能会表现迥异，那些能够适应新世界的新兴经济体将会锐意进取。在这个过程中，高收入和中等收入国家将面临压力，因为它们的工人要在全球化劳动力市场上参与工作竞争。他们的收入差距将趋于扩大，政治冲突的次数和强度也将加剧。如果像某些政客提议的那样，通过阻止外包来应对这种情况，那将大错特错，因为这些国家较高的生产成本将导致它们在全球市场上竞争不过其他国家。

随着技术的进一步发展，这样的压力最终将蔓延至全世界，在工人收入不断减少的情况下，加剧原本就已经极为严重的全球不平等。在这种情况发生时，我们面临的挑战是要确保不让所有的收入增长都落入机器持有者和股票持有者的兜里。

这一挑战堪比英国在19世纪初工业革命期间面临的挑战。在

① 石油“七姐妹”指的是主导全球石油市场的能源公司。

那之前，泛滥的童工被视为正常现象，工人每天例行工作14个小时或更长时间，保守派声称持续劳作有助于磨炼意志（不用说，磨炼的是他人的意志）。由于进步团体的积极行动、学者的以笔讨伐以及各方为促成《工厂法》制定而付出的不懈努力，这些令人深恶痛绝的做法受到了限制，英国也因此避免了灾难，成为增长和发展的动力源泉。

从档案记录中可以看出我们的思想发生了多么巨大的变化。1741年，约翰·怀亚特在宣传他的新式转轴纺纱机时，声称他的发明能让工厂主用“10个年老体弱者或10名儿童”取代30名青壮年。为这一发明发放专利的检察总长更进一步，声称“即使五六岁的儿童”也可以操作这种机器。

是时候进行新一轮知识和政策改革了。在我们这个世界，一个极为不公的现象是人类的大部分不平等是与生俱来的，出生在贫困家庭的儿童甫一出生就面临着营养不良和发育不良，而一小部分人生来就会继承巨额的累积财富和收入。随着劳动收入的缩减，这种差距将进一步扩大，导致各种经济和政治危机。

要想阻止危机发生，当务之急是加大力度，普及教育，培养技能，提供全民医保。要想实现这些目标，就需要创新思维。同时我们也需要找到新的方法来提高劳动收入。

举个例子，我们可以推动某些形式的利润分享。如果工人拥有公司股份的话，技术创新就不再会引发焦虑，因为在工资减少的同时，股权收入会上涨。

一些经济学家和法律学者已经撰文探讨过这个问题，但是，就像所有的创新一样，需要进行大量研究才能不出差错。人们在2015年学到的教训是，我们不能再无所作为。

现在开始推行利润分享计划

英国工党本月在利物浦举行了年会，影子内阁财政大臣约翰·麦克唐纳在会上提出了一项利润分享计划。根据该项计划，工人受雇于哪个公司就将获得哪个公司的股权。

麦克唐纳的这次讲话无疑是一次政治讲话，而政策专家和经济学家对他提出的想法表示怀疑。利润分享计划如果执行不当，有可能会造成严重破坏，不过也不能以此为由就完全摒弃这一想法。事实上，这是一个好兆头，因为这是一位政治领导人在公开场合为这个想法辩护。

很多主流经济学家，如马丁·魏茨曼、理查德·弗里曼、约瑟夫·斯蒂格利茨、德布拉吉·瑞、罗伯特·霍克特和卡尔·莫恩，都提出了这个概念，只是形式有所不同。很多发达经济体正处于紧要关头，极端不平等已经威胁到民主政治的根本，因此，“面向穷人的公平”已经成为这个时代的一项经济原则。

本月是雷曼兄弟公司倒闭十周年之际，我们不妨回到十年前，从那时开始讲起。2008年后的大衰退影响了各行各业，富人也未能幸免。事实上，这一时期全球百万富翁的数量减少了，实属罕见。不过不用为富人担心，他们已经恢复得元气满满：2008年，全球最富有1%家庭拥有全部财富的42.5%，如今他们拥有全部财富的50.1%。

无论对财富和收入数据进行怎样的剖析，超级富豪都立于不败之地，他们与中等收入者（更不用说穷人）之间的差距仍在扩大。各国国内的不平等如今基本达到了空前的水平，过去十年的政治动荡和社会纷争，从中东无休止的冲突到西方民粹主义和排外主义的兴起，在一定程度上也是起因于此。

今天，不平等现象的加剧在很大程度上要归因于技术变革，如机器人和数字技术的快速发展。此外，贫苦民众的进一步觉醒也加剧了问题的严重性。在过去的大部分时间里，权贵阶层设法让奴隶、被遗弃者和受压迫者相信，他们的贫穷是自身低劣、懒惰和前世罪行（简直是在测试人类到底有多好骗）的“自然”结果。但随着信息技术的普及，贫苦民众不再被蒙在鼓里了。

因此，在经济变革的背景下，有必要推出新的思想，而且这也不是第一次了。工业革命常被人记住的是“撒旦的磨坊”，但也正是在这个时代，在亚当·斯密、约翰·穆勒、大卫·李嘉图、安东尼·奥古斯丁·古诺和其他很多人的带领下，经济学领域出现了激进的新构想。政府最终对劳动法和其他社会福利措施进行了革命性的改革。此外，所得税正是在这一变革的早期引入的。在此之前，政府只是零星地通过所得税来为战争筹集资金，但英国在1842年使所得税成为系统性和永久性的经济构成。当时有很多人全面抵制这项政策，警告说它会破坏激励机制，让经济陷入停滞，好在他们的呼声并没有被人理会。

由于现在的技术进步，全球各国的劳动收入（相对于资本收入而言）在总收入中所占比重都在下降。因此，再合理不过的做法就是赋予工人从经济利润中分得一杯羹的权利。正因为如此，麦克唐纳的提议值得考虑，前提是我们对激励机制和市场规律要保持关注。

为此，最好只是实施部分程度的利润分享，而不是大规模国有化。如果一个国家的所有财富都被集中到一口锅里，那么诱惑就会太大。以苏联为例，一个小集团很快就霸占了这口锅。

苏联的历史提醒我们，共产主义的最后阶段很可能是裙带资本主义。

一个更好的选择是用手术刀而不是斧头来解决这个问题：让国家给予工人股权，这些股权可以给他们带来补充收入。一种常见的反对意见是，当不劳而获时，人们会被剥夺尊严。这种说法完全不顾史实。在封建制和奴隶制下，农奴和奴隶的无偿劳动给宗室和庄园主带来了巨大财富，从来也没有人认为他们丧失了“劳动的尊严”而怜悯他们。

不管怎么说，一个人的收入是来自救济金还是来自股权，这确实会带来心理上的落差，因此我个人对全民基本收入政策是持保留意见的。然而，发放股权以及实施部分利润分享的做法将完全绕过这个问题。工人会产生真正的归属感，在一个工作越来越少的世界里，这一点会越来越重要。

成功与否很大程度上取决于如何设计和落实这种利润分享计划。但是，无论我们如何看待麦克唐纳之类的建议，我们都不能再一味地把这个想法斥为全然不可行的方案。

富人就不能支持左翼目标吗?

当富人对财富再分配等左翼目标表示支持时，右翼人士常常会给他们贴上伪君子的标签。右翼人士经常会反驳说：“既然你这么关心平等问题，为什么不先放弃自己的一部分收入？”

这样的言论会产生极大的抑制效应。大多数人都不喜欢承认自己是伪君子，因此，富豪们面临一个选择：要么放弃自己的部分资产，然后站出来反对不平等，要么就保持沉默。大多数人倾向于第二种选择。

这实在是令人遗憾，因为全球不平等即将达到令人无法容忍的程度。更重要的是，财富往往会积聚在某些家族。不平等正变得像王朝一样具有延续性，有人生来就很富有，而一大部分人从降生到这个世界的那一刻起就是穷人。

这种不公正实在太过荒唐。只要一想到、一谈到这个问题，我们就应该发声呼吁改变这一局面。但是，右翼分子从一开始就从中作梗，阻止最有影响力的社会人物表达异议。

我们现在可以拿出很多关于不平等的统计证据。例如，乐施会最新的年度报告估计，全球前26位顶级富豪拥有的财富（或者说拥有的净资产），与全球财富分配底层50%的38亿人的财富相当。此外，据乐施会统计，全球亿万富翁的财富总额在去年增长了9 000亿美元，即每天增长近25亿美元。

各国内部的不平等也在加剧。《2018年世界不平等报告》估计，财富往顶层集中速度最快的是美国、中国、俄罗斯和印度。

诚然，一定程度的不平等是不可避免的，也是推动经济发展的必要条件。但如今的不平等远远超过了这个“刚刚好”的水平。人们一直在争论如何准确衡量财富和收入不平等，但不管怎么衡量，两者无疑都处在高到不合情理的水平。只要走过发展中国家大城市里的贫民窟，亲眼看过富有国家的穷人和无家可归者的脏乱穷困，再看看各地富人的豪华住宅和生活方式，我们就能深刻体会解决这一问题的必要性。

此外，不是只有穷人才有权利呼吁人们关注这个问题。右翼人士的言论让持左倾观点的富人不再发声。他们说的这些话乍看起来可能合情合理，但其实毫无依据。一位小康人士、富豪或超级富豪有权在不放弃自己财富的同时，指出让其赚取和积累财富的制度是不公平的。这种立场没有任何矛盾或虚伪之处。

一些优秀的思想家认同这一点。英国哲学家伯特兰·罗素曾提出一个著名的论点（他显然是在与自己辩论）：抽上好的雪茄并不妨碍一个人成为社会主义者。美国经济学家保罗·萨缪尔森在1983年的《我的人生哲学》一文中也提出了类似的观点。他的《经济学》教科书大获成功，几十年来都是全球本科生的必读书。这给他带来了一笔不小的财富，但他明确表达了自己的政治立场："我的思想观念非常简单，那就是偏向于弱势群体，（在其他条件不变的情况下）憎恶不平等。"

同时萨缪尔森也承认，当他的"收入高于中位数时，他没有任何负罪感"。他极为坦率地写道，虽然他拒绝单方面放弃自己的财富，"但在再分配税收问题上，我投了有损自身经济利益的票"。

可以说，历史上最著名的为争取更大平等而努力的富人是恩格斯，他的父亲在英国大曼彻斯特地区和其他地方拥有大型纺织厂。年轻的恩格斯因为目睹童工和工人阶级的苦难而变得激进。

后来，恩格斯继承了家业，以便为其朋友马克思提供经济支持，而后者追求的正是终结这样的利润制度。不管马克思的设想有多大的可取性或可行性，这种想要纠正社会严重不平等的一腔热血无疑是令人钦佩的。

今天的世界也有这样的希望。在美国和其他国家，一些超级富豪已经站出来公开支持泛左阵营以及遏制极端不平等这一目标。他们愿意为了这个更宏大的目标而被人指责成伪君子，这让他们的事业拥有了强大的道德力量。

愿意放弃自身收入优势的进步人士是令人钦佩的，但是，极端不平等问题已经成为这个时代最紧迫的全球性问题之一。他们不管是否迈出这一步，都可以发声表态，指出采取集体行动解决这一问题的必要性。

第十一章
全球挑战

危险的美国新保护主义

美国总统唐纳德·特朗普即将犯下一个政策错误，撒哈拉以南非洲、拉丁美洲和亚洲的国家将会深受其害，尤其是像中国和斯里兰卡（两国对美均有高额贸易顺差）以及印度和菲律宾（主要外包国）这样的新兴经济体。这样的伤害在短期内最为明显。但是，损失最大的将会是美国自己。

这是一项奇怪的新自由主义保护政策，我们不妨称之为“新保护主义”。该政策一方面试图通过对外国商品征收关税，影响汇率，限制外国工人的流入，抑制外包，从而“拯救”国内就业。另一方面，该政策又包含新自由主义的金融自由化。要想帮助今

* 《危险的美国新保护主义》最初于2017年2月13日发表于报业辛迪加网站。《就货币问题给政治家上一节速成课》最初于2018年7月24日发表于报业辛迪加网站。《民主为何摇摇欲坠》最初于2018年10月25日发表于报业辛迪加网站。《支持全球宪法的理由》最初于2019年4月18日发表于报业辛迪加网站。《语言与冲突》最初于2019年7月24日发表于报业辛迪加网站。《些许乐观》最初于2018年12月31日发表于报业辛迪加网站，原标题为《些许乐观——写于2018年末》。

天的美国工人阶级，这可不是一种好的方式。

美国工人正面临着重大挑战。虽然美国目前的失业率低至4.8%，但很多人做的只是兼职工作，劳动参与率（正在工作或正在找工作的人口占劳动年龄人口的比例）已从2000年的67.3%降至1月份的62.7%。此外，实际工资几十年来基本停滞不前。现在的实际家庭收入中位数与1998年相当，从1973年到2014年，最贫穷的20%家庭的收入实际上略有下降，而最富有的5%家庭的收入翻了一番。

制造业岗位的减少是推动这些趋势的因素之一。南卡罗来纳州的格林维尔是一个典型的例子。这里曾被称为世界纺织之都，1990年有48 000人受雇于该行业，但如今该市只剩下6 000名纺织工人。

不过，推动这些趋势的经济因素远不像大众说的那么简单。就劳动力现今面临的重大挑战而言，开放贸易或移民只是一部分原因，罪魁祸首是技术创新，尤其是机器人和人工智能，因为它们大幅提高了生产率。从1948年到1994年，制造业就业人数下降了50%，产量却上升了190%。

根据鲍尔州立大学的一项研究，如果生产率在2000年至2010年一直保持不变，那么美国将需要2 090万制造业工人才能实现2010年末的产量。但是，技术带来的生产率提高意味着美国实际上只需要1 210万工人，换句话说，在此期间，美国流失了42%的制造业工作岗位。某些形式的针对性保护措施也许能够发挥作用，帮到美国工人，但“新保护主义”并不能解决问题。而且，它不仅起不到效果，还会造成实质性伤害。

我们来看一个简单的事实：由于高效安全的航道、数字技术和互联网等的发展，全球生产商现在有大量的廉价劳动力可用。就算美国试图阻止国内企业开发这一资源，但它既无法改变现实，也无法阻止其他国家的公司这样做。因此，与德国、法国、日本和韩国等国的生产商相比，美国生产商的竞争力将会下降。与此同时，金融部门自由化将加剧美国国内的经济不平等。

要想行之有效地解决美国工人面临的问题，就必须认识到问题的根源所在。每有一项新技术让公司减少使用劳动力，工资总额中就会有一笔转变成利润。然而，工人需要的是更多的工资。如果雇主不给他们发放更多工资，这笔钱就得出自其他地方。

事实上，现在这个时候，我们应该开始考虑采取某种基本收入加利润分享的形式。芬兰已经进行了这方面的尝试。新兴国家中，印度在最近的一次经济调查中大概设想了一个全面计划。

与此同时，应该进一步强化税收制度的累进性，就目前而言，美国的顶级富豪有太多空子可钻。还有一点也至关重要，那就是应该投资于新的教育形式，让工人有能力承担更多需要创造力的、机器人无法胜任的任务。

美国的一些左翼人士，如参议员伯尼·桑德斯，已经呼吁采取这类政策。他们深知这是劳工与资本之间的冲突，而新保护主义者却喋喋不休地强调美国劳工与外国劳工之间的竞争。然而，掌握最高权力的是新保护主义者，他们叫嚣的政策将折断美国生产商的双翼，并最终打击美国在全球经济中的地位。

在格林维尔的制造业竞争优势开始减弱时，该市本可以试着采取人为激励措施来保护制造业公司，然而它没有这样做，而是采取相应措施，激励其他类型的企业进入该市。虽然该市的纺织制造业岗位流失了一大部分，但这一多样化举措仍然推动了经济发展。

这才是美国现在该有的思维方式。如果前几任美国总统动用现在提出的新保护主义政策，在低技能工作开始向发展中国家转移的时候，紧紧抓住这些岗位不放，那么劳动密集型制造业在今天的美国经济中很可能会占据更大的分量，但那样的话，美国经济恐怕也远远不会像现在这么发达。

就货币问题给政治家上一节速成课

美国总统唐纳德·特朗普采取保护主义政策的一个主要动因是他认为中国刻意低估人民币，以便在美国倾销商品。特朗普在竞选总统期间一直喋喋不休地揪住这个问题不放。眼下他正采取行动来减少美中双边贸易逆差，而这可能会给全球经济带来严重后果。特朗普的做法是错误的。不过话说回来，汇率管理是经济决策中最复杂的领域之一，因此他对中国汇率的看法倒也不叫人觉得奇怪。

我在2009年至2012年担任印度政府顾问时，就深刻地认识到这一点。2011年8月5日，标准普尔将美国长期主权信用评级从AAA降至AA+。令我意外的是，在这之后，美元居然开始走强。我思索良久才明白这是怎么回事。

投资者担心这次降级会导致全球动荡，于是纷纷将资金撤出新兴市场。如果是以前的话，投资者会把他们的一部分钱放入实力强大的欧洲经济体。但是，大多数欧洲国家已经将货币政策权交给了欧洲中央银行，它们不能再印刷自己的货币，因此加大了违约风险。

相比之下，美国有自己的货币和中央银行，基本在各种情况下都能兑现债务。而且，作为世界第二大经济体，中国持有大量的外汇储备，其中有很大一部分是以美元持有的，因此相对强势、稳定的美元对中国有利。这一点也让投资者感到放心。所以就出现了这样一个怪象：虽然问题的根源在美国，但资金却涌入美国，美元也因此走强。

自此以后，我对汇率管理产生了浓厚的兴趣。2013年5月，我在世界银行担任首席经济学家期间，和同事阿里斯托敏·瓦鲁达基斯发表了一项研究，考察了多个国家的汇率政策。我们发现，几乎所有国家都会时不时地在外汇市场上进行买卖操作，以提高或降低本国货币的价值。在大多数情况下，他们不会直接出手，而是由商业银行在中央银行的授意下进行操作。

中国几十年来一直奉行一种很有特色的汇率政策。毫无疑问，在20世纪80年代和90年代，中国有意低估了人民币，以便在国际上销售更多商品。从90年代中期到2005年，人民币名义上基本与美元挂钩，而且美元确实出现了实际升值。个中逻辑非常简单：通过购买美元，中国可以让美元的相对价值上升，这意味着人民币的价值将会下降。因此，中国人民银行在这一时期积累了大量美元储备。

瑞士在2008年全球金融危机之后，尤其是在2011年9月之后，也采取了类似的策略，只不过持续的时间比较短。在那段时间里，瑞士国家银行设法压低了瑞士法郎的价值，同时积累了大量的外汇储备。

这样的策略值得称道吗？就中国而言，国内企业确实能够出口更多商品，但这只是因为商品售价低于成本，因此会造成亏损。如果你销售的是“习惯性”商品，那这种方法就是个好策略，因为一旦客户对产品产生了依赖，你就可以提高价格，弥补先前的损失。也就是说，如果你是在印刷刊物比比皆是的时代创办一份报纸，那在你还没有吸引大批忠实读者之前，低价销售是明智的做法。

像某些产品一样，从一国购买商品也是容易形成习惯的。一旦你对一个贸易伙伴所有的法律法规以及文化和政治都了如指掌，就会习惯于继续和该国进行贸易往来。

美国和其他很多国家现在已经迷上了从中国购买商品，因此中国的决策者无须再维持人民币被低估的局面。事实上，自2014年中以来，中国就一直在减持外汇储备。虽然人民币曾被人为低估，但有很多经济学家认为它现在其实被高估了。毕竟，就一个出售“习惯性”商品的卖家而言，这在人们的预料之中。

在这种情况下，特朗普的关税战来得太晚了，而且事实将证明这样做只会适得其反。不过我们姑且假定特朗普是对的，也就是说，中国仍在亏本向美国消费者出售产品。如果是这样的话，我想给他提个简单的建议：给中国国家主席习近平发一封感谢信。

民主为何摇摇欲坠？

巴西总统候选人雅伊尔·博索纳罗是一位极右翼超级民族主义者，热爱枪支，喜欢拿媒体开涮。这样一个人将堂而皇之地出入当今多位全球领导人之间，包括世界上一些主要民主国家的领导人。这实在该让我们所有人感到忧心，也迫使我们直面这样一个问题：民主为何摇摇欲坠？

我们正处于一个历史转折点。技术的飞速发展，尤其是数字技术和人工智能的崛起，正在改变经济和社会的运行方式。虽然这些技术给我们带来了极大收益，但也造成了一些重大挑战，并让多个阶层的人感到脆弱、焦虑和愤怒。

由于近来的技术进步，工资在GDP中所占的相对比重出现了下降。相对较少的人以租金和利润的形式分得了越来越多的蛋糕，财富和收入不平等水平急速上升，加剧了人们对现有经济和政治制度的普遍失望。

人们只要在工厂里稳定就业就能支付得起账单的日子已经一去不复返。机器取代了高薪制造业岗位，从科学领域到艺术领域，公司对高技能工人的需求越来越大。技能需求的变化加剧了挫折感。想象一下，你这一生一直都在强身健体，结果却被告知规则已经更改，金牌不再颁发给摔跤选手，而是颁发给国际象棋选手。这既令人气愤又极不公平。问题是，没有人故意这么做，这种变化是技术自然发展的结果。自然界往往是不公平的，我们要承担起消除不公平的责任。

这些发展也导致教育和机会方面的差距越来越大。长期以来，在比较富裕的家庭背景下，一个人能有更多机会接受优质教育，因而也有更多的机会获得高薪工作。随着机械技能在劳动力市场上的价值下降和收入不平等的加剧，这种差异可能会变得越来越明显，除非我们改革教育系统，确保大家更公平地获得高质量的学校教育，否则不平等将变得更加固化。

保罗·塔克在他的《未经选举的权力》一书中指出，伴随着这些发展而产生的不公平感日益增强，已经破坏了“民主的合法性”。在深度互联的全球化经济中，一国政策（如贸易壁垒、利率或货币扩张）有可能产生深远的溢出效应。例如，墨西哥人不仅要担心他们自己选出的总统是谁，还需要关心美国是谁上台，而对于后者他们并没有发言权。从这个意义上说，全球化自然会导致民主被削弱。

在这一背景下，当前的政局变化不应令人惊讶。大量民众的挫败感为部落主义提供了肥沃的土壤，而特朗普和博索纳罗等政客都迫不及待地对之加以利用。

主流经济学立足于这样的预设：人类是由外生偏好驱动的，经济学家称之为“效用函数”。虽然相对权重可能不同，但所有人在衣食住行等方面都想要更上一层楼。这种想法没有考虑到的是，在我们的人生旅途中，会出现一些“后期形成的目标”。你并不是生来就想把球踢进球门，但是一旦你踢上足球，就会沉迷于这个目标。你这么做不是为了得到更多的食物、衣服或房子，它本身就是快乐的来源，这就是一个后期形成的目标。

就连成为一个体育迷也是如此，没有人生来就是皇家马德里或新英格兰爱国者队的忠实粉丝。但是，出于家庭、地理或经历等原因，一个人可能会与某支球队产生极深的联系，以至于这支球队变成了一种部落身份的象征。一个球迷支持球员，并不是因为他们的表现，而是因为他们代表的球队。

正是这一点助长了今日政坛的部落主义。很多人之所以支持特朗普或博索纳罗，并不是因为他们能实现什么目标，而是因为他们的部落身份。这些人给自己设定了一些目标，如成为“特朗普团队”或“博索纳罗团队”的一员。这对民主是一种破坏，因为政治领导人现在有了前所未有的通行证。他们可以不受民众意愿的约束，为所欲为。

目前还不清楚我们怎样才能纠正这些问题，保护弱势群体，恢复民主的正当性。但有一点很明确：如果一切照旧，那肯定是行不通的。

工业革命（这也是人类发展过程中的一个重要转折点）促成了法律法规的重大修订，如英国的各种工厂法案以及1842年所得税的实施。现代经济学也诞生于这一时期，亚当·斯密、安东尼·奥古斯丁·古诺和约翰·穆勒等人在此期间取得了重大突破。

我们正处在一个需要重新审视政治经济学的历史关口。恐龙没有自我分析能力，于是在6 500万年前走向了灭亡。我们眼下也面临着文明覆灭的风险，但令人庆幸的是，我们是第一个具有自我分析能力的物种。希望在动荡和冲突不断的情况下，我们最终能避免“恐龙风险”，将自己从悬崖边缘拉回来。

支持全球宪法的理由

我在《信念共同体：法和经济学的新方法》[①]一书中，急切地想要证明，这些领域之间长期而富有成效的对话形成了一些方法，如果稍稍辅以博弈论，这些方法就可以应用于多边争端和多重管辖权冲突。因此，我加上了一节内容来探讨设立全球宪法，这一挑战性的想法有着相当悠久的历史。

比如，14世纪的时候，意大利的半自治城邦制定了“法则区别说”（statutist doctrine），以解决跨越多个法律管辖区的贸易和商业问题。正如美国最高法院大法官斯蒂芬·布雷耶所言，在没有制度性争端解决机制的情况下，一个罗马人对一个佛罗伦萨人提

① 中文版由中信出版集团于2020年出版。——编者注

起的诉讼就有可能将两个城邦拉入战争。

我们也可以看看1603年荷兰东印度公司在新加坡海峡扣押葡萄牙商船“圣卡塔琳娜号”事件。这一事件引发了棘手的多重管辖权问题，因此荷兰法学家胡果·格劳秀斯即被请来进行调解。他也成为最早尝试编纂国际法的人之一。

虽然历史悠久，但尝试构建国际法的努力只取得了有限的成就。如果着手创建一个关注所有个体福祉的体系（芝加哥大学的埃里克·波斯纳称之为“福利论方法”），很快就会遇到民族国家的主权问题。在其管辖范围内，民族国家是法律的唯一执行者，也是公民权利的保障者，因此有权无视或推翻第三方承认的法律或权利。

但是，我们不能就这样袖手等待学术辩论在这些问题上达成一致结论。世界正陷于跨司法管辖争端之中，其中尤以英国脱欧为最。欧盟和英国之间以及北爱尔兰和爱尔兰共和国之间的货物和人员流动将如何管理？不管是英国首相特雷莎·梅，还是其他人，都无法明确回答这个问题。即使梅本人的下台已成定局，英国脱欧会带来什么样的后果也仍未可知。

同时，在另一个领域，人们越来越意识到，目前的反垄断法可能不足以管理数字经济带来的问题。全球20家最大的科技公司中有12家在美国，但美国未能遏制它们的不当行为。在缺乏国际框架的情况下，欧盟等地区和一些国家的政府已经开始采取单边监管行动，这有可能激化它们与立场飘忽不定的特朗普政府之间的紧张关系。

同样，从地中海到美国–墨西哥边境，流动人员来自设有不同法律框架的国家，拥有不同的习俗和信仰，这使得现有移民制度达到了极限。其中一些差异可能会让人莞尔一笑。有一次我请一位虫害防治员处理我在印度德里的房子，他拍着胸脯说肯定会把房子里的白蚁除干净，因为他使用的是强效化学品。为了进一步让我放心，他还补充说："这些化学品在美国是完全禁用的。"但是，信仰和习俗冲突要严重得多，尤其是涉及宗教的冲突。在这个先进武器盛行的网络战争时代，有增无减的宗派冲突有可能造成灾难性后果。

虽然人们会无休止地争论国际法的细节，但我们可以而且迫切需要在此时此刻通过一部全球宪法，至少是形成一份契约，阐明所有人都同意遵守的基本行为规则，并授权第三方来负责执行，这个第三方必须真正拥有执行权。

在尝试解决政治和文化冲突时，我们经常诉诸个人道德和人类基本尊严，因为根据我们的预设，如果每个人都能尊重他人的宗教信仰权，我们的很多问题就会迎刃而解。但事实上，这类冲突往往非常棘手，因为有些习俗和惯例在本质上是互不相容的。

我们可以设想有这样两个社会：在一个社会，占主导地位的宗教要求每个人靠左行驶；在另一个社会，每个人都必须靠右行驶。他们如果永远生活在不同的岛屿上，就会相安无事。但随着全球化和两个岛屿之间的人员流动，冲突的种子将被埋下。

这两个社会可以通过战争和统治来延续这种冲突，也可以达成一条通用准则。一些当事方可能需要做出一些牺牲并为此得到补偿，或者每一方可能都需要在某些问题上做出让步，以在其他问题上换取利益。这正是谈判与妥协的意义，否则的话，就只能选择持久的冲突。

大多数时候，妥协并非易事，尤其是在利益与身份认同产生交叠的时候。但考虑到现在的全球化程度，我们不能就这样待在自己的车道上，抱着乐观的希望。美国多年来一直牵头构建全球规范，但现在它在心理上已经退至墙后。我们需要让普通民众、公民社会成员以及宗教领袖认识到全球合作的必要性，从而要求决策者主动迈出这一步。

语言与冲突

我的岳母从印度来看望我们，当我们在伊萨卡一家餐馆里吃午饭的时候，为我们服务的中国女服务员问她来自哪里，岳母回答说“戈尔哈布尔”。这是马哈拉施特拉邦的一个小镇，是她的出生地。令我惊讶的是，这位女服务员非常高兴地说：“我在那里住过几年。”

她们聊得非常投机，岳母说那里有全世界最好吃的冰激凌，女服务员认同地说，自从离开之后，她就再也没吃过那么好吃的冰激凌。过了一会儿，我明白了这是怎么回事：岳母说的是戈尔哈布尔，而女服务员说的是吉隆坡。[①] 不过，她们聊的内容完美吻合，所以我决定不做那个扫兴的人。

语言真是一种奇怪的东西，它是人类进步与幸福的助推器（比如说发生在伊萨卡那家饭店里的有趣误解），但也可以是冲突的来源和压迫的工具。

很多人认为语言和冲突之间的联系与社会科学（包括博弈论）

① 吉隆坡的英语为Kuala Lumpur，与戈尔哈布尔（Kolhapur）发音相近。——译者注

没有太大关系，但事实并非如此。如果能够更深入地探索两者间的重要联系，经济学家和其他研究人员就可以做出极大贡献，帮助我们理解当代世界。

我们生活在最好的时代，也生活在最坏的时代。全球从来没有像今天这样富裕过，然而，面对日益加剧的政治两极化、大国竞争和仇外心理，这个世界正在分崩离析。

在当今世界日渐繁荣的同时，分裂也在加剧，这与始于18世纪中期并持续了近百年的工业革命何其相似。那个时代正好是政治经济学取得重大理论突破的时代，前有亚当·斯密1776年出版的《国富论》，后有安东尼·奥古斯丁·古诺和里昂·瓦尔拉斯的学术建树。他们的成就并不是那种日常的研究结果，而是一些深刻的洞见，这些洞见让人们突然看清了经济如何运作，看清了政治与市场和经济福祉如何相互作用，简直令人目眩。约翰·希克斯、保罗·萨缪尔森和肯尼思·阿罗后来在20世纪所做的开创性研究也有同样的效果。

我们无法预测政治经济学研究的未来走向，不过从过去的经验看，它将朝着多个方向发展，语言可能就是其中之一。一些学者已经在语言政治经济学领域得出了重要见解，如普林斯顿大学的斯蒂芬·莫里斯对政治正确所做的研究，不过在这个领域还有很多工作要做，尤其是语言与冲突之间的联系。

这一联系在美国非常明显。本月早些时候，美国总统唐纳德·特朗普发表了明显带有种族主义色彩的言论。他说，四名民主党非白人女议员应该“回到”她们自己的国家，尽管这四人中有三人在美国出生，第四个人是小时候以难民身份进入美国并入籍的公民。然而，特朗普拿白人身份做文章的做法看起来并没有让他损失什么支持者。我不认为他的支持者都是种族主义者。宽厚一点的解释就是，他们使用的语言不同于特朗普的批评者使用的语言。

说话人想要表达的意思与听众接收到的内容可能会有很大偏差，因此语言可以成为挑起事端的工具。大部分问题都源于这样一个事实：现实世界是极其多样和细化的，与之相比，语言太过粗糙。一些政治领导人有意利用这一点来控制民众、俘获民心。

在乔治·奥威尔的《1984》一书里，一支官员团队正在编写第11版《新话词典》，目的是“将语言消解到最低限度”。在奥威尔的书中，其中一个人“狼吞虎咽地啃着他的面包”，然后说“消灭词汇是件很有意思的事情”。

假如人们将“社会主义”和“共产主义”视为同义词，而不认为它们描述的是不一样的政治经济体系，那么只要谈论前者就必然会激起人们对后者的恐惧。同样，以色列的右翼团体可以宣扬说批评该团体就等同于反犹主义（如果批评者是犹太人，那就等同于“自我憎恨”），借此来压制异议。这样的话，很多不想成为反犹主义者的人就不会再批评该团体。

在印度，只要谁支持的思想达不到极端右倾，就会被一些团体贴上“城市纳萨尔”的标签，这个词指的是一个暴力革命团体，没有什么人愿意和它扯上关系。同样，印度专栏作家姆里纳尔·潘德也强调指出，使用现代印地语来宣传沙文主义文化和极权主义思想的做法既造成了分裂，又破坏了这门语言的声誉。

数字技术和持续发展的社交媒体将大量来自不同文化和政治背景的人聚集在一起，扩大了冲突和政治事端的范围。对他们中的很多人来说，同一个词可能会表达不同的情感或政治含义，用同样的顺序说出来的一组词可能会得到不同的甚至是相互矛盾的解读。

在词语获得新含义的过程中，很多人不再使用某些词汇，以免给人以骑墙观望之感。随着“墙”的不断变化，这也成为一个动态的过程，越来越两极化的社会由此产生。要想看懂这些动态，就需要结合逻辑、均衡分析、哲学和创造力。

与18世纪末和19世纪初的快速变化相比，当今世界有过之而无不及。这个时候，经济学家应该像杰出的前辈那样，在全新的方向上冒险前进。

些许乐观

今年是政治创伤和冲突不断的一年。年终岁末之际，我在孟买坐着，看着阿拉伯海向西延伸至亚丁湾和非洲，广阔的印度次大陆向东延伸至孟加拉湾以及更远处，突然感觉到了希望。

诚然，我们绝不能粉饰2018年的种种灾难。在也门，数百万平民，包括儿童，正在忍饥挨饿，无差别暴力事件频发。在美国南部边境，想要逃离苦难和冲突的难民并不知道等待自己的是庇护，还是紧闭的大门和催泪瓦斯。在世界各地，超级民族主义政客和极端自我主义者正在发动贸易战，煽动仇恨，并有走向法西斯主义的趋势。

我之所以感到乐观，一定是因为在过去一个月里，我一直行走在路上，从美国来到墨西哥，然后来到中国，现在又来到印度，因此我在某种程度上避开了新闻。在旅途中，我会与路边的小贩、学生和咖啡馆里的陌生人闲聊几句。在这样的互动中，我很难不被各地民众的相似性震撼。我们的长相、穿着和语言可能不一样，但我们作为人的共性会在交谈和互动中显现出来。在这个愈发仇视“非我族类”的时代，这一点实在是令人欣慰。

旅行也会让人想起我们共同的历史。走在墨西哥城的罗马北区（Roma Norte area），周围都是殖民时期带有锻铁阳台的老房子，还有阿尔弗雷德·希区柯克、西格蒙德·弗洛伊德等人的壁画。这时我看到一个写着“M.N. Roy”的牌子，这是一家以印度革命家罗易命名的夜总会。20世纪初，罗易与他的美国妻子、社会活动家、斯坦福大学学生伊夫琳·特伦特住在墨西哥。

当时的墨西哥是学者、艺术家和激进分子的聚集地，他们对新世界有着波希米亚式的憧憬。虽然罗易出生在加尔各答城外的一个小村庄阿贝利亚，但才智过人的他有着不安分的灵魂，他走遍世界，在各地写作和演讲。他是墨西哥共产党的创始人之一。后来，他转变了立场，成为一个激进的人文主义者。我很想进去探一探这家夜总会，但它的营业时间很有革命意味：23:15开门，凌晨4点关门。

离开墨西哥之后，我去了世界的另一端，在中国福建省厦门市的一次会议上做了发言。当时我很焦虑，因为近来我听说了这样一个故事：一位前往某地访问的美国经济学家将在公开演讲中讲一个笑话，他不确定自己的笑话经过翻译之后会不会变味，当听众哄堂大笑的时候，他感到很高兴。到晚餐时，他得知自己的笑话被翻译成：“这位美国经济学家正在讲一个笑话，请大家笑起来。”

我很幸运，不需要翻译，因为厦门大学很多讲座现在都是用英语举行的。我看到了一个全新的、务实的中国，人们使用英语不是因为英语本身，而是为了将中国定位为一个全球大国。特朗普总统领导下的美国退到了一堵无形的墙后面，而中国的实用主义正在推动它向前迈进。

从酒店的窗口望去，我可以看到鼓浪屿这座“钢琴之岛”[①]，这是一个只能步行的美丽岛屿，是一座文化熔炉。“钢琴之岛”这个名字的由来是，很多欧洲人曾经定居于此，住在摆有钢琴的大房子里。有趣的是，当时负责鼓浪屿治安的是来自英属印度的锡克族巡捕。

离开厦门之后，我去了邻近的泉州，这是一座年代更为久远的大熔炉。这里曾是道教创始人老子的居住地，也是马可·波罗的登陆港。

旅途之中，我确实也听到了一些新闻，但并不都是坏消息。我喜欢墨西哥的新任总统安德烈斯·曼努埃尔·洛佩斯·奥夫拉多尔，也喜欢他设想的一个更加公平的社会。他有可能会犯政策错误，但在现今这个谎言当道的世界，一位励精图治的领导人还是很受欢迎的。

同样让我看到些许希望的是，特朗普被赶下台的可能性越来越大。此外，近几年与民族主义和民粹主义的对抗也取得了一些成效。在11月和12月的印度地方选举中，普通民众，包括印度教徒，彻底摒弃了约吉·阿迪亚纳斯等民族主义政客兜售的“印度教特性”的沙文主义思想。甚至连最著名的印度教僧侣组织之一也摒弃了原教旨主义。在圣诞节前夜，罗摩克里希那传道会的领

① 19世纪末至20世纪初中国最早的钢琴进口地之一，许多外国人和外国公司曾在此地设立钢琴维修中心。——编者注

导人物斯瓦米·苏帕南达与加尔各答的天主教大主教共同站出来，提醒人们记住“辨喜尊者的教诲：好的印度教徒就是好的基督徒，好的基督徒就是好的印度教徒”。

最后，我在阅读《人类简史》时也看到了希望。在这本书中，历史学家尤瓦尔·赫拉利用了443页的篇幅，回顾了地球过去250万年的历史。我是带着怀疑的态度翻开这本书的，但很快就欲罢不能。这本书以哲学家的笔触写成，行文不乏幽默，让我想起了少年时代初读伯特兰·罗素《西方哲学史》时的感受。这本书告诉我们，人类只是浩瀚宇宙中微不足道的一粒尘埃，因此达到了大部分书都达不到的效果：它让我们有了自知之明。

第四篇　文学翻译

第十二章
如果需要就借债

本文是希布拉姆·查克拉博蒂（1903—1980）幽默短篇小说中的一篇杰作。他笔下的故事一贯能捕捉到孟加拉地区“士绅阶层”[①]的一些本质特征，这篇写于20世纪中期的文章也是如此。这个故事也涉及一些经济学知识，我在德里经济学院和康奈尔大学的发展经济学和博弈论课程中，经常会提到这个故事的梗概，借此来说明放贷和债务陷阱中一些错综复杂的问题。我四处寻找英译本，但一直没有找到，于是我决定，在更具文学修养的译者出现之前，对本文有兴趣的读者只能先用我的这版译文凑合凑合了。

我不欠任何人的债。别人可能会这么说，但我绝对不会。事实上，我相信除了“喀布尔人”之外，没有人能够放言这样说。[②]

* 本文译自希布拉姆·查克拉博蒂的孟加拉语短篇小说*Rnam Krttva*。英译文首次发表于《小杂志》2008年第6期。

① 19世纪末20世纪初孟加拉地区（Bengali）的士绅阶层，受人尊敬，受过比较高的教育，属于上层种姓。——译者注

② 顾名思义，“喀布尔人”就是指来自喀布尔的人。在英国殖民统治后期的印度，身穿长袍、头戴特色头巾的喀布尔人是印度城市——尤其是加尔各答——的常客。他们基本都是放债人。在那个年代，正规银行业务非常有限，因此他们在加尔各答经济中发挥了重要作用。

通往天堂之路充满了意外。除非一个人过早夭折，否则早晚得找别人借钱。

至于我呢，事实上，压在我心头的不只是一笔债务。我还没有支付房租。也不多，就500卢比而已。但是，房东像鲨鱼般站在我的门口说："我已经给了你很多时间，别再跟我扯任何借口……"

我恳求地说道："请好好想一想，就为了500卢比，你就这么兴师动众。多年以后，等我不在了，人们会指着你的房子说，'一位怎么怎么著名的作家曾经住在这里'。这样不是让你很有面子吗？"

"曾经住在这里？"他打断我的话，"听着，我对这种想象中的面子没什么兴趣。我把话跟你说清楚了，如果到今天晚上12点我还拿不到钱，那就不用等到多年以后了，人们从明天开始就可以这么说了。"

扔下这些话，房东就走了。在这么短的时间内，我到哪里去找这么多钱？大多数人之所以对作家避之唯恐不及，正是因为他们迟早会有被人借钱的风险，而我又是作家中格外典型的一个例子。

我琢磨着要不要去找哈沙瓦丹。对他这类人来说，500卢比只是区区一笔小钱。

当我终于鼓起勇气跟他说起这件事时，他说："当然了，要是不给你，我又该给谁呢？"

我得承认我吃了一惊，我拿不太准他这语气是什么意思。

"你也不算我特别亲密的朋友，对吧？"他半问半答地说。

我不知所云地插嘴说："要是说到友谊的话……"

"是的，我说的是友谊。你不是我们的朋友。现在的流行说法是：千万不能借钱给朋友，不然就会连朋友都没的做，钱也要不回来。”他停顿了一下，又说，“不过嘛，要是你刚好想摆脱这个朋友，那借给他一笔小钱倒是个好主意。这样你就永远不会再见到他了。”

我叹了口气，心想，我要是他的这后一种朋友就好了。

“但你不是我的朋友，你是个作家。没有人愿意跟作家做朋友。”

“所以作家没有朋友。”我毫无意义地补充道。

“不管怎么说，你既不是亲戚，也不是朋友，那就没有问题了，我很乐意借给你这笔钱。你想要多少？”

“不多，就500卢比。而且我也不是想让你做慈善，今天是周三，我会在周六上午把钱还给你。”

我做出了承诺，不然我还有什么选择呢？面对即将无家可归的窘境，我不得不这样做。但是，到了周六上午，麻烦又来了。

我身负债务，满腹愁绪地走在大街上，没想到却遇见了戈巴丹。

“戈巴丹兄弟，你能帮我一个忙吗？你要是愿意的话，我再细说。”

“什么忙？”

“你要是答应不告诉你哥，我就说。”

“我干吗要告诉我哥？你为什么觉得我什么都会告诉他？”

“既然如此……这个忙就是……你能不能借给我500卢比？就几天时间。今天是周六，对吧？周三晚上我就还给你。”

“就这？”戈巴丹把手伸进兜里，然后递给我五张崭新的100卢比。

钱一到手，我马上去找哈沙瓦丹。

“看，我可是说到做到的。我确实是个舞文弄墨的穷作家，但在说话算话方面，不会有任何含糊。”

哈沙瓦丹悄悄地收起了钱。

我说："你肯定觉得，这笔钱要不回来了，你这辈子都不会再见到我了。"

"哪有，我可没有这么想。事实上，我都已经忘了这笔钱了。相信我，把钱借给你之后，我都没再去想这件事。现在你把钱还回来，我才想起来。"

"你肯定在想，还完这500卢比之后，我就给人留下了体面的印象。这样的话，过不了多久我就会再借1 000卢比。是不是？然后，还完这1 000卢比之后，我又再来借2 000卢比。我就这么一步步加到10 000卢比，然后我再玩一把消失不见的把戏。对吧？你现在脑子里是不是就这么想的？"

我把这个想法植入了他的内心，同时我意识到，我也把这个想法植入了自己的内心。

"没有的事，"他坚持说，"我可没有这么想。我在想，你这么快就把钱还给我了，你是怎么做到轻松解决财务问题的……不管怎么说，你以后有任何需要，只管来找我。"

"放心吧，到时候我肯定不会犹豫。"当然了，这句话我只是在心里说说而已。我们作家向来不是那种犹犹豫豫的人。

到了周三，我又需要借钱了。当然了，我不得不从哈沙瓦丹那里借到钱，然后把钱还给戈巴丹。

"戈巴丹兄弟，最近还好吧？"我兴高采烈地说，"看我多守信用。来，拿上你的钱。这次多谢啦。"

到了周六，我不得不再次找到戈巴丹。

"戈巴丹兄弟，上周我跟你说周三就把钱还给你，我说到做到了，是吧？一天都没耽搁吧？"

戈巴丹大惑不解地问："你干吗说这话呀？"

“呃，我还得再跟你借一次钱，还是500卢比。周三还给你……绝不食言。”

我的生活就这样一天天过去。哈沙瓦丹的钱给戈巴丹，戈巴丹的钱给哈沙瓦丹。周六和周三……日复一日，我就这样无休止地编织着一条精美的毯子，直到有一天，我走在商业街上，危机出现了，我同时遇见了他们两个。

两兄弟正沿着商业街走过来。看见我之后，两人就停下脚步，眼里闪过一丝疑惑。

也许他们只是好奇我要去哪儿，我过得怎么样，总之就是一些再普通不过的事情。但我做贼心虚，在他们眼中只看到了一种想要快刀斩乱麻的急切心情。

“哈沙瓦丹先生，戈巴丹兄弟，”我咽了一下口水，“我一直想……想告诉你们俩一件事。戈巴丹兄弟，你……每周六要给哈沙瓦丹先生500卢比。哈沙瓦丹先生每周三要给戈巴丹兄弟500卢比。哈沙瓦丹，你是每个周三，戈巴丹，你是每个周六。你们能记住吧？”

“你在胡言乱语什么呢？”哈沙瓦丹看起来被彻底搞糊涂了，“我听不懂你在说什么。”

“呃，其实很简单。这阵子我一直在想，我要把这件事给了结了。所以我才提出这个请求。我觉得我没有理由再继续站在你们俩之间来回折腾。”

第十三章
新神的诞生

《Debotar Janmya》是我看过的所有语言中最优秀的短篇小说之一，我没有资格从文学角度来评判希布拉姆·查克拉博蒂的著作，但他肯定是20世纪最睿智的作家之一。从上一章的行文可以看出来，他在幽默中穿插了哲学，字里行间就像训练有素的逻辑学家一样敏锐。被我翻成英文的这个短篇小说确实是一则喜剧故事，但它也对宗教的故弄玄虚和偏执盲从提出了批评。还不只如此。这个故事向我们展示了人性的弱点，对于信念的基础和信仰的意义，也提出了一些深刻而棘手的问题。令人惊叹的是，所有这一切都是以幽默的笔触写就的。

*　　*　　*

每天走出家门后，我都会被那块石头绊一下。前几天，我不紧不慢地打开门，准备出去散散步。然而，我被那块石头绊了一下，结果从门口直接冲到了一辆迎面而来的汽车前。谢天谢地，司机非常警觉，及时打了一下方向盘，救了我一命。

从那天起，我就决心要做点什么。我从来没有想过，一块简

* 本文译自希布拉姆·查克拉博蒂的孟加拉语短篇小说*Debotar Janmya*。英译文首次发表于《小杂志》2009年第7期。

单的石头会成为我人生道路上的重要对手。而且这个问题现在变得生死攸关了，因为我没有理由相信，以后迎面而来的车辆还会继续把我的生死放在心上。

所以我决定，现在要进入正面对抗了：不是我死，就是石亡。如果石头继续留在原地，那我肯定命不久矣。至少就我本人而言，我更希望自己顺利活下去，所以我找了一个上午，拿着一根撬棍开始工作。

这块石头比较大，只有一小截露出地面。我花了大半个上午，费了不小的劲儿才把它弄出来。大功告成之后，我抬起头，发现一小群人默默聚在周围，目不转睛地盯着我。

我不解地看着他们，问："你们有人想要这块石头吗？"

有人轻声嘟囔了一句，但没有人明确回答。于是我又说了一遍："谁要是需要这块石头，就把它拿走，我是说真的。事实上，要是有人肯把它搬走，我也就不白忙活这一场了。"

短暂的沉默之后，一个人走了出来，有点局促地问："你为什么要把它挖出来？是不是……是不是做了什么梦？"

我直视着他说："不，没有这回事。"

我继续埋头苦干，把那块石头弄到了远远的一个角落里，远离我日常行走的路线。那人继续看着我，一脸不相信："你没说实话吧？真的不是圣梦让你这样做的？"

"完全没有这回事。"我烦躁地回答他，然后走回屋里。我让母亲泡了两杯茶。经历完这场与石头和迷信观众的较量，我得喝上两杯才行。

那天之后，每次我出门或回家的时候，都会看到那块石头，但渐渐地我不再理会它，因为它已经没有能力再绊倒我了。

然而有一天，这块石头出现了真真切切的变化，不由得引起了我的注意。石头已经被洗得干干净净，所有的泥渍都不见了。我想这一定是加尔各答公司哪个负责冲洗马路和人行道的清洁工干的，他肯定是看到了这块满身是土的石头，决定给它好好冲洗一番。

我正想得入神，突然有人问："你看到这一切了吗？"我被吓了一跳。是那天的那个人，他正一脸崇拜地看着那块石头。

"你从那天起就一直在这里站岗吗？"我讽刺地问他，"还是你做了什么神圣的梦，把你带到了这里？"

"不，不，"他结结巴巴地说，"我每天都会走这条路。"

他看上去有点不自在，但很快又恢复了原样。"这石头看起来不错。就没人会把它拿走吗？你觉得呢？"

他的语气就好像这是一个在全印度都无可匹敌的珍贵物件，又好像有一大堆人正谋划着要带上这件天赐之物潜逃他乡。

我安慰他说："别担心。那些想偷走它的人现在都已经被我们善良的政府稳妥地安置在兰契了。"①

他不太自然地笑了笑，说："随你怎么说吧。不过你有没有发现，有人曾经向这块石头祈祷过？"

我意识到他说的是对的。石头上有新鲜的朱砂痕迹。

"很好，"我说，"不错。看来有人跟你一样，认识到了它的神圣价值。"

他看上去很严肃："这正是我担心的。那个人可不能把它带走。"

第二天早上，那块石头不见了。我真是搞不懂，谁会拿走这

① 兰契镇的精神病院曾经是（现在仍然是）印度东部最著名的精神病院之一，"被送到兰契"在印度文学作品中已经成了固定用语。

样一件无用的东西呢？拿到哪里去了呢？我找不到答案。我只知道，那位经常光顾这个地方的先生会非常难过。事实上，我发现自己甚至为他感到了一丝悲哀。

* * *

几天后，我在回家的时候，经过了街角那棵高大繁茂的菩提树。

我的天哪！是谁把石头给搬到了这里？

石头就在树下，稍稍有一点陷进土里，闪亮、圆润的一面伸出来，像一个湿婆林伽①。石头周围散落着花瓣和圣叶。肯定是某个每天去恒河里泡澡的敬畏神灵的人，把鲜花和树叶献给了这块石头，想用这廉价的门票换来美好的来世。不管怎么说，这块石头已经在此安家落户，至少不用再为它的安危担心了。

这石头从路边的无名小卒一跃成为被人崇敬的对象，我不由得引以为豪。毕竟，是我解放了这块石头，而现在——祝福它——这块石头又开始解放人类。

我偶尔会想，要不要跟那个人说一下他的神像现在身在何处。我确实碰到过他几次，但他从没提起过石头的事。我原以为他会因为宝贝石头的消失而垂头丧气，但恰恰相反，他看起来春风满面。好吧，如果他能很好地克服这种丧亲之痛，那我也就没有必要再去翻什么陈年旧事，于是我没再提起这个话题。

* * *

又过了一段时间，我在偶然间从那棵菩提树旁走过时，注意到那块石头的地位正在稳步提升。有一天，我看到一群云游僧人聚

① 湿婆神的象征。

在石头周围，嘴里念叨着："砰，砰。"这在我听来就像胡言乱语。而且，一如既往，只要出现了这样的僧人，我就能在一英里外闻到大麻的气味。

而且，我敢打包票，既然这些僧人已经来了，那很快就会出现信徒——那些寻求保佑的普通人。谁知道呢，没准这里会建起一座寺庙。当然了，前来拜访石头之神的无知民众很快就得交费，这样的话，寺庙就有了稳定的财政收入。

* * *

几周后，我得知自己需要去查姆帕兰（位于比哈尔邦北部）做一些与糖厂有关的工作。我将离开加尔各答几个月，因此，在前往车站的路上，我觉得应该去看看这块石头的传奇故事发展到了哪一步。

一切都不出所料。已经有几位眼神恍惚的信徒加入了那些僧人的行列。我站在一旁偷听了一会儿。根据听来的只言片语，我大致可以得出如下结论：这块石头正是湿婆神，换句话说，它就是神本身。这块石头是从地底下冒出来的，事实上，它是无穷无尽的。人们无论挖多深，都看不到它的根。一位僧人侃侃而谈，告诉大家，为了让这块石头享有应得的地位，必须在它周围建一座寺庙。

我突然有一种强烈的冲动，想把这块石头的真实来历告诉所有信徒，揭穿那个说它无穷无尽的谎言。但我没有人身保险，也深知暴力和信仰可以并行不悖，此外我也不想错过火车。

当离开加尔各答时，我庆幸自己没把这一切告诉那个人。他显然很想把这块石头立为神灵。现在，他没出一分力，这块石头就取得了这样的地位，他肯定会失落不已——人性就是这样。

*　　*　　*

几个月过去了。当回到加尔各答的时候，我差点都认不出从前的街角了。一座锃光瓦亮的小寺庙已经拔地而起，法螺吹奏出来的声音盖过了其他所有声音，信徒熙熙攘攘，想要穿过去都很费劲。但更不可思议的是，混乱的人群中央正是那个男人，他穿着橘黄色的袍子，前额上是鲜亮的朱红色印记。

“这都是些什么乱七八糟的东西？”我情不自禁地问。

“先生，敝人是这里的主祭司。”

“我看出来了。真是个免费讨生活的好办法。你从那天起就盯住这块石头不放，是这个原因吧？”

他用手捂住耳朵：“请不要说这种话。什么叫‘石头’？这是毗湿奴，这是神。这是伟大的湿婆。”

我大笑起来：“而且它好像深不可测的样子。”

他一脸受伤地说：“大家都是这么说的。”

“那你觉得呢？”我恼怒地问，“我知道他们说你无论挖多深，都会发现这块石头就像深管井的管道一样往下延伸。不过你怎么想呢？”

“我这样卑微的灵魂能知道什么呢？也许他们是对的。”

“好吧，”我说，“你为什么不找一天挖一挖，自己看看它的根到底有多深？”

他忍下怒火：“不要说这种亵渎神明的话。石头之神会生气的，他有强大的力量。”

“强大的力量，得了吧。请问你有什么证据证明他的力量？”

“嗯，就拿天花来说吧。你知道吧，这些天来，天花正在加尔各答肆虐流行，而疫苗接种没有……”

“你是说真的吗？”我打断他的话。我刚从外地回来，都不知道现在天花正在流行。

“你只要看看报纸就知道啦，现在已经死了一大拨人了。市政府一直在尽职尽责地为大家接种疫苗，可每个地方都还是有人死去。每个地方，除了这里，这里没有一个人死去。而且，我们都没有接种过疫苗。我们靠的完全是湿婆神的圣水。如果这样你都不相信石头之神的力量，那你这个人恐怕什么都不会相信。”

我没工夫再回应他。之前我曾经得过一次天花，备受折磨，最后勉强死里逃生。我告诉他：“我走了，我得马上去接种疫苗。改天再聊。”然后我就直奔加尔各答著名的医学院。

在路上我遇到了一个朋友，他问我：“你这么急急忙忙，是要去哪儿呀？”

“去接种疫苗。”

“呃，我不确定疫苗是否有什么用。天花疫苗这一次好像没起什么作用。说实话，我推荐你用顺势疗法。你直接去一趟国王公司，给自己买点Variolinum药剂，效力要200的。要想活下来，立马先用一剂。下周，再来一剂；下下周，再来一剂。这样就够了，后面你都不用再有任何担心了。疫苗不管用的情况比比皆是，Variolinum，就没见它失效过。”

“真的吗？我都不知道。”

“你怎么会知道呢？”朋友不屑地说，“你只相信现代医学、注射和手术。我最近开始研究顺势疗法，这才知道它有多厉害。”

“好吧，那我照你说的试试看。”

我去了国王公司，服下一剂Variolinum 200，马上感觉好多了。

然而就在这时，有人用担架抬着两三具尸体从我身边走过，我感觉他们肯定是死于天花，这让我不寒而栗，空气里肯定有成千上万的病毒。我开始担心Variolinum 200是否能够抵御这样的冲击。我站在那里，只觉呼吸困难、全身无力，这时我发现路边的墙上贴着一张纸，那是一位阿育吠陀[①] 药师的广告。我已经服用了顺势疗法的药物，很好；不过可以再用阿育吠陀加强一下，我想。

我来到了这位阿育吠陀药师的家，看到他的几个助手在用一个巨大的杵研磨一些奇怪的物质。我向他解释了来意，药师指了指他们正在研磨的东西，说："根茎。"然后他补充说："神圣植物的根茎。一剂就足以增强体质，抵御天花。"

我按照建议服用了一剂药，然后坐上人力车回了家。我感觉很不舒服，脑袋晕乎乎的，好像还有轻微的发烧。更糟糕的是，我记得自己好像在什么地方看到过，这些正是天花发病前的症状。

回到家后，我告诉母亲我什么都不吃了。"我感觉不太舒服。"

母亲担心地问我："为什么？你怎么了？"

"目前还没什么事儿……但是……我……好像吧……得了天花。"

"别这么说。这样的事不会发生在你身上。来，把这个护身符绑在胳膊上，你就会没事的。这是我戴了30年的护身符。我一直跟很多病人待在一起，还照顾垂死的人。但我不仅没得过天花，甚至连疖子都没长过。来，戴上这个。"她斩钉截铁地说道，摘下她的护身符。

"30年都没得过大病？你怎么都没早点告诉我？我得赶紧试

① 阿育吠陀是印度传统医学的重要分支。——译者注

试。不过，我身上的病已经很严重了，所以我可能需要好几个护身符才行。”

我把那个护身符系在胳膊上，可是并没有感觉好起来。我感觉我的身体在发热。我对着镜子仔细检查了一番，发现我脸上出现了淡淡的疹子。我赶紧叫来母亲，让她看那些淡淡的疹痕。

“别这么大惊小怪，”她说，“这就是普通的痘痘。”

“这不是痘痘。这是天花。”

“别随便说这个词，”母亲责备我，“你就是整天坐在家里，所以才会胡思乱想，出去散散心吧。”

在满心忧虑的情况下散步，并不是什么愉快的事情。那个人曾经说过，他们喝了圣水，所以都没事儿。我琢磨着是不是也该试试。谁知道呢，其中也许有合情合理的科学解释，比如说那些水里有某种物质可以杀死病毒，但这种概率太低了。也许真实的情况是，精神上的力量可以抵御病毒，而他们的信仰给了他们精神上的力量。但我意识到，在这种情况下，这一套对我根本行不通，因为我无论如何也没法对那块石头充满信心。

上午我就不该乱了方寸，应该去接种疫苗才对。我在书上看到过，只要接种了疫苗，就算得了天花，症状也会比较温和，一般不会致命。就这么办，我决定马上就去加尔各答医学院。

不久之后，我打完疫苗，在回家的路上经过了那棵菩提树和石头庙。我开始琢磨，也许一切都是真的，科学无法解释这一切。今天我还好好地活着，可明天……谁知道呢……我可能会被天花放倒，奄奄一息。我想起了莎士比亚写给霍雷肖的名言，在这个浩瀚的宇宙中，星星散进无尽的虚空，人类真正知道的是多么有限。不管多么信奉科学，只要站在巨大的无知面前，就没有人不感到谦卑。

看着那座神庙，我在心里说："我曾经怀疑过你，你会原谅我的，对吧？你会在这次流行病中救我一次，就这一次。"

我摸了摸脸上的小疙瘩。这到底是个痘痘，还是天花的先兆？很显然，没有时间再犹豫了。我跪倒在地，以头触石，祈祷道："荣耀归于湿婆神！神啊，请拯救我。"

然后，我又压低声音说："砰，砰。"

我站起身来，环顾四周，确保没有被别人看到。

第五篇　戏剧创作尝试

第十四章
火车经停贝拿勒斯

前言

一位经济学家朋友得知我在创作剧本，便问我“为什么？”，我赶紧走开，免得被他问起我希望这个剧本产生什么样的政策影响。我担心如果他这么问了，那我的职业将不再体面。但我必须承认，他所问的“为什么”一直在我脑海里回响。我创作这部剧本不仅仅是为了消遣，从某种程度上说，我写它是因为我必须这样做。

我一直很喜欢在剧院看戏，但在某一点上我不得不妥协，那就是，它带来的是一种沉浸式满足。我的初衷是享受戏剧，而不是参与其中。当我阅读的剧本超过我观看的戏剧时，进一步拉开了这种距离。对我来说，我最喜欢的一些剧作家，如汤姆·斯托帕德，他们的剧情发展太快，机锋太多，连珠炮似的舞台对话让我无法充分领会个中意味。我需要像学习数学那样，细细品味其

* 这是一出四幕剧。第二幕可有可无。任何个人或团体如想上演此剧，都应事先征得作者同意。该剧首次发表于《小杂志》2005年第6期。

中的一字一句，而阅读看来是一种正确的方式。最让我对戏剧着迷的剧作家可能是田纳西·威廉斯，对于短暂的舞台观看体验来说，他的作品太过深刻，甚至有些神经质。伍迪·艾伦曾经写道，如果他能写出威廉斯那样的悲剧，那他甘愿放弃自己所有的喜剧。作为喜剧作家，伍迪·艾伦绝对可以说是才华横溢，不过我明白他为什么会这么说，也更加确信我需要阅读而不是观看田纳西·威廉斯的作品，我需要在某个地方停顿下来细细品味，一次又一次地回头重新读一读我喜欢的句子。且不说对白，光是标题流露出来的抒情和忧思意味就足以让人驻足——《早班火车不再停站》《欲望号街车》。

当我对孟加拉语（我的母语）、马拉地语（我妻子的母语）和印地语（我的孩子出生在德里）的白话剧产生兴趣之后，我又开始观看戏剧了。我阅读这些语言的速度介于慢速和零速之间，这也是我做出这一决定的首要因素。

居住在德里的那几年里，我对白话剧产生了兴趣，与此同时，我也有了自己创作剧本的冲动。每天我都要从南德里前往德里经济学院，而熬过漫漫长路的唯一方法就是把踏上公交车视为踏进剧院，通常我都不会失望。有一天，公交车售票员与一个留着小胡子的男人发生了戏剧性的争吵。这个人稳稳地坐在“爱心专座”上，为了不给一位老太太让座，便假装对车窗外的世界有着雷打不动的兴趣。还有一天发生了一场大混乱，先是售票员和一名乘客大吵一架，因为后者觉得，只要说一声DTC（德里交通公司）是“我们的公交系统”，他就不需要买票了。渐渐地，几乎所有乘客都加入这场扣人心弦的辩论。有几个人在下车时连声哀叹地说，他们坐过了站，现在还得往回坐一两站。

在这个过程中，我也记不太清具体是哪一刻，我有了自己创作剧本的冲动。这部剧不会有什么特别的主题，就是写写日常琐事，如果非要对它进行分类的话，我会把它归为“日常剧”。虽然只是写写平凡的日常生活，但我的创作冲动是难以抑制的。在很长一段时间里，我会从身为经济学家的职业生活中挤出点滴时间，为日后的剧本做一些笔记，偷偷记住我在火车上、公交车上和人们的家里听到的对话，并在心里暗暗记下人类日常的愚蠢和缺点。

2000年夏天，我每天都欲罢不能地写到深夜，连经济学论文的交稿日期都一推再推。我根据自己收集的大量材料，创作出一部剧本，也就是读者现在拿在手里的这章——《火车经停贝拿勒斯》。我知道田纳西·威廉斯在九泉之下恐怕也会不得安宁，对此我很抱歉。

我说这是一部没有什么内容的戏剧，并不是在自谦，至少我自己是这么认为的。然而，如果我说这就是它的全部内容，那也不是实话。作为一名撰写期刊论文并接受同行评议的研究型经济学家，我不可能意识不到自己时刻戴着的职业枷锁留下的瘀痕。除非你已经“证明”了某一个问题，否则就不能将之付梓出版。除非是随机抽样的观察结果，否则就是无效的结果。每一个主张都必须是精确的，由公理推导成定理。专业领域的专家经常忘记这一点，人类最重要的想法其实是那些无法百分百精确表述的想法，我们的知识更多地归功于含糊而不是精确。你得指着鸽子，通过谈论鸽子来告诉孩子什么是鸽子，而不是通过定义来做到这一点。

我之所以觉得自己必须创作这部剧本，是因为我想表达一些只能间接表述的内容，观众从字里行间、从潜台词中品味出言外之意。就这一点而言，戏剧是完美的媒介。虽然《火车经停贝拿勒斯》带有喜剧元素，但它在对白和支线情节中确实有一些隐藏的言外之意，引人深思，甚至带有说教意味。我要不好意思地承认，这部剧中也有一些关于开放和宽容的道德寓意。

人们可能会疑惑创作日常生活剧的必要性。根据字面意思，我们每天都过着日常生活。在舞台上表现日常生活又有何意义呢？即使最好的白话剧，无论是哈比卜·坦维尔在恰蒂斯加尔邦创作的戏剧，阿吉特什·班迪奥帕迪亚对皮兰德娄的《亨利四世》（*Enrico Quatro*）所做的经典改写，还是维加伊·滕杜卡尔和贾巴尔·帕特尔的《加希兰·科特瓦尔》，也曾有一个方面让我颇有怨言，那就是它们太戏剧化了。我当然不是在抱怨这些令人难忘的戏剧，我的意思是，印度的舞台上除了戏剧性的东西之外，其他内容太少了。但是，如果将日常生活细细剖成片段展现在我们面前，它就可以成为一面镜子，让我们看到自己，意识到我们身上未被认识到的东西。即使像《火车经停贝拿勒斯》这样的剧，也能帮助我们看清自己的愚蠢和小小的人生不幸。

读者可能会产生这样的印象：与荒诞剧或进步剧不同，你们即将阅读的这部剧可以让观众靠到椅背上，静静地观看。人们可能会认为这种戏剧与奥古斯都·波瓦著名的被压迫者戏剧[①] 截然相反。有人说（毫无疑问，是对文字美学不太挑剔的人说的），波瓦

① 被压迫者戏剧是一种旨在解放被压迫者，集理念、方法及技巧于一体的戏剧体系，20世纪70年代由巴西戏剧家奥古斯都·波瓦创建。波瓦受到教育家和理论家保罗·弗莱雷《被压迫者教育学》的影响，希望以戏剧作为促进社会和政治变革的手段。——译者注

戏剧的观众应该被视为“既观且演者”。我认为类似的说法也适用于日常生活剧，因为观众可以对舞台上的日常生活片段进行不同的解读。观众不得不参与进来，根据自身的经历，用想象力去勾勒大概的轮廓。

我不确定全盘托出自己在一部戏剧中想要表达的内容是不是一个好主意，更不确定是不是应该为某一特定类型的戏剧进行辩护。如果我已经这样做了，那是因为我自己需要这样做，也是因为我坚信很少有人会读到这篇文章，因为人们通常都是观看戏剧，而不是阅读剧本。少数读到本文的人与我会是同一类人，所以我很乐意与他们分享这为数不多的、犹豫不决的、不太成熟的想法。

就像美国餐馆的服务员一样，无视传递性规则，只想说一句：“请慢用。”

演员阵容

悉达特·查特吉　39岁，英俊潇洒，头发浓密而蓬乱。不过导演要想找到演技合适的演员，可能就得做好放弃发量要求的准备。

梅尔巴·艾扬格　不到30岁，长相漂亮，衣着时尚。

乔杜里教授　50多岁，言辞浮夸，说一口近乎纯正的英语。

琼·乔杜里　不到50岁，长相讨人喜欢。

斯里瓦斯塔瓦教授、校长　60岁左右，头发灰白，总是穿着印度传统服饰多蒂腰布和库尔塔无领长袖衬衫。

苏雷什·古普塔　身材瘦小，说的英语带有本地口音，像很多瘦小的人一样，很难判断他的年龄，可能40岁出头。

夏尔马先生　30多岁，有一种泰然自若的企业家气质，而他本人的确就是一名企业家。

拉楚 有一种街头混混的气质，至于他是不是街头混混则不太好说。

玛杜 夏尔马先生新雇的秘书，轻歌舞剧风格。

戈什先生 慈祥和善，40来岁。

特雷汗先生 德里的中产阶级，不到50岁。

特雷汗夫人 德里的中产阶级，全职太太，也可以称她为家庭主妇，45岁上下。

高塔姆 12岁左右。

詹妮弗 可爱的嬉皮士风美国女孩，20岁出头。

本特利先生 暴躁、傲慢的外国游客。

卡维塔·夏尔马 30多岁，长相漂亮且性感，身着纱丽。

火车和站台上的检票员及其他杂七杂八的人。

第一幕

悉达特的画室。装修并不高档，但很时尚。有很多书，摆放了一些恰当的精致家具，墙上挂着现代但并不抽象的艺术作品。房间至少有两扇门，一扇是大门，另一扇通向屋子的内部。

时间是晚上。悉达特斜靠在沙发上。录音机里正在播放电影《两个我们》的主题曲。门铃响了，悉达特打开门，梅尔巴走进来。

梅尔巴：恭喜你！真是好消息啊。

悉达特：谢谢你。这感觉确实不错。你从哪里听说的消息？

梅尔巴：校长今晚早些时候在课程导师会议上宣布的。不过你怎么放着这么哀怨的音乐呢？你该放点更有气势的音乐来庆祝庆祝。

悉达特：哀怨的音乐？印地语老电影的配乐是这个世界上最美妙的音乐。（静静地听了片刻，看着梅尔巴，似乎在让她好好欣赏。）相比之下，莫扎特的音乐太学究气了。

梅尔巴：莫扎特太学究气了？你可别在公共场合这么说。要是国际哲学协会听到你说出这么无知的话，我敢肯定他们会收回这个奖的。

（悉达特关掉音乐。）

你肯定完全没想到自己会获奖吧？

悉达特：你可真会奚落人。

梅尔巴：（咯咯笑）拜托，别这么愤世嫉俗。我的意思是，这样的事并不是那么天经地义。身在印度，才40岁，你就获得了国际哲学协会的年度大奖。

悉达特：梅尔巴，你来恭喜我之前都没核实一下吗？我才39岁。

梅尔巴：哎呀，我可真是犯了大错，把一个39岁的人说成了40岁。你肯定会振振有词地说，之所以纠正我，是因为你一向一丝不苟地追求精确和完美。

（她换了一种语气）

我真的很为你高兴。我是一名教哲学的讲师，努力奋斗却没什么成就，可我又有能力欣赏与萨列里相匹敌的才华，所以我只能仰视你。事实上，在今晚听说你获奖的消息之前，我就已经这样仰视你了。但我只能用怜悯的眼光看着自己，不知道努力成为哲学家对我来说到底是不是正确的选择。

悉达特：别这么谦虚，梅尔巴。你远远不只是一名教哲学的讲师。你还是一名活动家，我可不是。你制作的那些纪录片，拿任何一部出来，都会在社会上产生极大的影响，我那些关于理性和认知的无聊论文加起来都比不过。

梅尔巴：我们只要介绍自己是做什么的，就会显得浮夸傲慢，这样的职业可能也就独此一家吧，这是不是很不公平？教经济学的人可以说他是经济学家，物理学教授可以说他是物理学家。但只有我们注定要说“我是教哲学的”，甚至可以说“我是从事哲学研究的”，但不能说“我是哲学家”，不然就会给人一种假模假式的感觉。好吧，我想你是可以这么说的，但我不能。

悉达特：你太贬低你自己了。我要是能有你一半的才华就好了。

梅尔巴：你真体贴。

（她拿起一本书，翻了翻，没有合上书……）

问题是，我发现男人的体贴很性感。

（停顿。）

悉达特：（不安地笑了笑）呃，我发现那些发现男人的体贴很性感的女人很迷人。

梅尔巴：你花了这么长时间才回答，听起来不像是真心话。这样的回答像是一位哲学家在紧张时，想说些机灵话来摆脱困境。

悉达特：胡说。我为什么要紧张？

（揉揉她的头发，打开一盏明亮的灯。）

梅尔巴：明亮的灯光会让社区更加安全。

悉达特：你真是……我为什么要紧张？事实上，我都快爱上你了。

梅尔巴：话是这么说，却没有任何行动上的表现。你没有爱上任何人，亲爱的悉达特。你在寻找和《十全十美》里的波·德瑞克一样完美的女人，就像你在寻找完美的想法，好写出完美的论文。

你应该感到自豪才对。一位优秀的有点西化的印度教女孩提前告诉你，答案将是肯定的。(两个人笑。不清楚她是在开玩笑还是在说正经的。)

提醒你一下，我并不缺人追求。有很多符合条件的单身汉会毫不犹豫地伸出他们的手。扎法尔、阿伦，还有阿斯拉姆，我承认，对阿斯拉姆我是用了一些小手段的。所以你看看，为了等你，我愿意做出多大的牺牲。

悉达特：你今天还真是谦虚呢。在我看来，你根本不需要用任何手段就能拿下可怜的老阿斯拉姆。

其次，如果我确定你会答应，那我随时都可以向你求婚的。但我知道你不会答应，所以我不会自取其辱。

梅尔巴：(咯咯笑)好吧，我倒要看看。来，你试试看。

悉达特：不，我拒绝走进你为了彻底羞辱我而给我设下的陷阱。

顺便说一下，你刚才说你做出了巨大的牺牲，这根本站不住脚。我在贾瓦哈拉尔·尼赫鲁大学的一位经济学家朋友将这种情况称为"重复计算"，只不过现在更为复杂，涉及三重计算。按你的计算方法，如果我们结婚的话，三个单身汉就会被牺牲掉。但我们换个角度来看，如果你嫁给扎法尔，你就会错过阿斯拉姆和阿舒克，还是阿伦来着？事实上，无论你在这三个人中选择嫁给谁，都会错过其他两个人。我根本不相信你在等我，但如果你真在等我，那你牺牲掉的不是扎法尔、阿斯拉姆和阿伦，而是他们中的一个。想来你会选择他们中最优秀的那一位，所以你会牺牲掉扎法尔、阿斯拉姆和阿伦中最好的那个。在我看来，这就是经济学家所说的“机会成本”，不过我怎么也弄不明白，对于这么一目了然的事情，为什么还要取一个专门的名字。

梅尔巴：你怎么突然讨论起经济学了？

悉达特：……事实上，连这种程度的牺牲都达不到，因为你的潜在结婚对象占到了三分之二，所以会有家园党的暴徒破坏你的婚礼仪式。这样的话，你就得从收益中扣除预期成本。

（门铃响了。）

梅尔巴：（指门铃）现在你解脱了，不用再这么烧脑地讨论一场你不想走进的婚姻。

（悉达特走到门前，把门打开。）

悉达特：啊，尊敬的乔杜里教授，还有迷人的乔杜里夫人。（看了看他们身后）还有校长本人。

校长：（笑）我发现你没有用任何形容词来形容我。

（所有人一边说着“真是好消息！恭喜你”之类的话，一边握手、拍肩等。）

当我听到这个消息时，作为新德里大学的校长，我真是感到万分自豪。这个国际哲学协会奖是全球最重要的哲学奖项之一……现在我们新德里大学的人获了这个奖……真是再好不过。

悉达特：我们还是别把这个奖看得太重了。哲学界有很多奖项，这只是其中之一。每年都会有一个哲学家获这个奖。而真正有分量的哲学家要每30年或40年才出现一个（停顿，想要计算，然后又放弃了），所以有很大比例的获奖者都不配得到这个奖。

梅尔巴：是不是算不出来比例？（笑）

悉达特：（看着校长，然后转向梅尔巴）对了，你认识她吗？

她是……

校长：当然认识。她来新德里大学任职时，是我给她面试的。你是叫皮琦吧？

梅尔巴：其实我叫梅尔巴。

悉达特：他真是掌握了个中精髓。

乔杜里教授：（伸手搂住悉达特的肩膀）好样的，孩子。真是了不起，能拿到这么著名的奖，这可是世界哲学……全球协会……

悉达特：国际哲学协会。

乔杜里教授：没错，我正想说这个来着，国际哲学协会。这样的时刻肯定会让你陷入迷思吧。我记得以前我对苏联解体后的蒙古形势做过政治研究，当纽卡斯尔大学为此授予我一个奖项时，我一下就陷入了一种自我评价……

（门铃响了。悉达特打开门。古普塔先生拿着一个巨大的花环站在门口。他把花环套到悉达特的脖子上，拥抱了悉达特，把鲜花都给压碎了。）

悉达特：古普塔，见到你真高兴。不过你不该把钱浪费在这么巨大的花环上；既然都花了钱，就不要这么用力地拥抱我，把花都压碎了。

古普塔：（笑着对众人说）他总是和我开玩笑……

悉达特：我来介绍一下。这是我的老朋友，苏雷什·古普塔先生……

古普塔：苏雷什·古普塔博士。这并不重要，不过我花了九年时间来读博士……

悉达特：很抱歉，苏雷什·古普塔博士。他在拉吉夫·甘地大学上成人教育课，但在内心深处他是一个哲学家。世界上最伟大的哲学家并不是像我这样的哲学教授，他们都从事着其他职业。斯宾诺莎在阿姆斯特丹和海牙靠打磨镜片为生，尼采在精神失常之前是语言学教授，莱布尼茨是公务员和图书管理员。古普塔就像这些人一样，是真正的哲学家，不像我们这些哲学教授，都是冒牌货。

（对古普塔）你可能不认识他们。这位是……

古普塔：你不用介绍了。每个人都认识新德里大学的校长斯里瓦斯塔瓦教授。虽然分量比不上德里大学的校长，但先生，我得说，你的工作差不多也一样具有挑战性。

顺便说一下，我们都来自同一个地方，贝拿勒斯。我一直跟教授说（指向悉达特），他一定得去一次贝拿勒斯。这可是印度的文化遗产城市。

悉达特：1月份我要去一趟加尔各答，我还真的挺想在贝拿勒斯稍做停留的。你知道，新开通的德里到加尔各答的快车会在贝拿勒斯经停……

古普塔：1月份？你是说两个月后？那时候我刚好就在贝拿勒斯。你一定得来我家看看，我家就在车站边上，5分钟路程都不到。我一个人住，不会有人吵到你。有足够的空间供我们伟大的哲学家享用。我家隔壁的“快乐小屋”还有食物供应。真的，你要是能来，我会觉得非常荣幸。

悉达特：你人真好，说得我好心动。

古普塔：如果到时候有哪位女士蠢到嫁给了我，你就能吃上热气腾腾的家常菜。

悉达特：你就这么自信她一定会厨艺了得吗……古普塔，说实话，这次恐怕不行。我都已经买好票了。下一次吧。（准备转向乔杜里夫妇）这两位是……

古普塔：加尔各答？我都忘了你要去参加世界哲学大会。

悉达特：是的，我要过去做报告。

古普塔：我知道，而且是大会特邀报告。其实我给大会提交了一篇论文，不过他们给拒了，礼貌地说什么……其实也不太礼貌……说我的英语不够好。我写信给他们说这是哲学大会，又不是英语口语大会，但他们没有回复……我听说这次会议规模很大，会有来自世界各地的嘉宾发言。

悉达特：嗯，应该是这样……我给你介绍一下其他人。这位是……

古普塔：乔杜里教授，政治学系主任。（笑）我告诉你，我认识德里的每一个人。乔杜里，我曾经在基督教青年会为初学者开设的交谊舞课上见过他。去年你还获得了一个英国大学的奖项，就在不起眼的纽卡斯尔河边。

悉达特：纽卡斯尔大学可不是不起眼的大学，在有些排名里，它都接近牛津大学了。

古普塔：不过跟国际哲学协会没法比，它的总部可是在……在……哈佛。

梅尔巴：不，在斯坦福。

古普塔：继续上个话题，还不错。

悉达特：这位女士是琼·乔杜里，她丈夫是……

古普塔：（双手合十）我已经认识她了。

悉达特：这位是梅尔巴·艾扬格。

古普塔：梅尔巴？艾扬格？集基督教和印度教于一身，倒是可以推动印度的团结。不过家园党的人会被搞糊涂的，不知道该对你双手合十呢，还是该揍你一顿。

校长：不，不，不，你说得不对，古普塔。家园党从来不会对任何人动手。

古普塔：你在说什么呢？就在昨天，家园党成员在《哈巴尔晚报》的办公室里大打出手，不让报纸出版，还殴打了编辑谢卡尔……

校长：这根本不是一回事。谢卡尔前天的社论纯粹是诽谤。他说家园党崇尚暴力，却拿不出一丝一毫的证据。

古普塔：恕我直言，先生，这并不是采取暴力手段的理由。

校长：如果有人写了一篇满是谎言的社论抨击我，我也会忍不住动用一点武力，不让这篇社论被刊登出来。

悉达特：一旦他们使用暴力阻止报纸出版，这篇社论就不再是谎言了。这样的话，他们就没有理由阻止报纸出版。

校长：如果一篇社论全是谎言，那你当然有权阻止它见光。

古普塔：先生，这跟见不见光没什么关系，因为这是一份晚报。

悉达特：（无视古普塔）可是从事后看，社论所说的内容已经不再是谎言了。家园党使用暴力的做法证明他们确实使用了暴力。即使谢卡尔的批评不是事实，但是，一旦他们使用了暴力，他的批评就变成事实了。也就是说，即使没有对他们的党派提出不实指控，他们也会使用暴力。

因此，这不仅证明了家园党使用暴力，而且证明了即使没有对该党提出不实批评，它也会这样做。

梅尔巴：不能算是无懈可击的哲学论证，不过动机是好的。

古普塔：（转向梅尔巴）我之前见过你。一个月前，你是不是参加过印度国际中心的外交政策讨论会？

梅尔巴：是的。

古普塔：我想起来了。你当时坐在扎法尔·汗博士旁边，他是非常优秀的人，不但优秀，长得还很帅。

（悉达特忍住笑意。梅尔巴脸红了。琼在一旁听着。校长和乔杜里教授都没有在意。）

那你应该也认识我的朋友阿伦·卡普尔吧。

悉达特：现在只剩下阿斯拉姆了。

古普塔：什么？

梅尔巴：（对悉达特）别说了。

（古普塔看上去很困惑。）

古普塔：（对悉达特）教授，还有一个好消息。我准备成立一个新的研究所，一个社会科学和实用哲学研究所。设置多门学科，没用的数学和抽象的逻辑学除外。

悉达特：我喜欢这样的方式。永远不在外交辞令上浪费时间。

古普塔：外交？外交？哦（没有明白悉达特的意思），哈哈（快速干笑以撇开干扰）……所以这个研究所……这个研究所……（已经忘了自己想说什么）

悉达特：它会开设多门学科吧？

古普塔：没错，开设多门学科。哦对，我是说，这个研究所里会有经济学家、政治学家，他们都很了解印度的现实。像你、斯里瓦斯塔瓦教授……乔杜里教授这样的人。

如果不了解当地的现实，是成不了经济学家或政治学家的。

要想做衬衫，没有布能行吗？要想做肥皂，没有……

没有……

悉达特：这次我不知道该怎么接话了。

古普塔：没有肥皂原材料能行吗？

悉达特：虽然衬衫那个问题的答案是“能”，不过我想对于肥皂这个问题，答案只能是“不能”。

古普塔：（对其他人）他总是说一些难懂的话，就像真正的哲学家那样。不过我单纯把他当朋友（握着悉达特的手）。

我想请教一下你们这些优秀的人，怎么样才能经营好一家研究所？

乔杜里教授：我不知道你能不能经营好一家研究所，不过，校长先生，我相信你会同意我的观点，要想让一个机构或院系出类拔萃，秘密就在于一个词，那就是“参与”。你知道我是如何让我们政治学系达到世界一流水平的吗？

当时我还是个年轻人，可以说是不谙世事（笑）。当时的系主任不是别人，正是令人敬畏的达斯教授。他一直在耍花招，想要挑起理论家和实证家之间的不和。我不想这样做，所以我决定直面这个可怕的人，于是我直接去见了见达斯。

古普塔：对不起，先生。谁是“建达斯”？

乔杜里教授：我不知道。我去见了见达斯。

古普塔：有意思。你不认识“建达斯”，但你去见了“建达斯”？

乔杜里教授：原则上讲，我不认为这有什么好笑的。我们经常去见我们不认识的人。事实上，如果不进行这样的冒险，我们的朋友圈将永远是固定的。

总之我去见了达斯，不仅因为我知道他是谁，而且也因为我知道他在做什么。我得承认，他相当地宽宏大量。他跟我说：“那你干吗不搞一个研讨会，把这争吵不休的两派聚在一起？”

从那天起，我就一直牢记他提出的挑战，即使到了现在，我自己做了系主任之后，仍在努力让每个人都参与进来。我制定了一条规则，要求每周由一名教员组织一次讨论。这位先生或女士可以选择任何话题，我都不会反对。但他……也就是说，这位先生或女士……必须准备好接受现场提问。

古普塔：你们系有多少位女士？

乔杜里教授：呃……没有。我们所有的教职员工，事实上，都是男性。

古普塔：哦，因为你说的是“这位先生或女士”，我还以为你们系里有很多女士。

乔杜里教授：我们之所以说“这位先生或女士”，是因为我们不能想当然地认定我们提到的都是男性，这种做法是可耻的。这是一种政治正确，对此我十分认同。

古普塔：我觉得这是个很好的主意。我的研究所也会聘用男性教授，然后用“这位先生或女士”来称呼每位教授。先生，如果你对我的研究所还有其他什么好的建议，请你一定要告诉我。

[校长站起身。他的多蒂后部（掖进腰里的那一部分）松开了。]

校长：我要告辞了，刚好你现在也有好朋友古普塔作伴。

古普塔：先生，你的多蒂开了。

（校长冷静地收起松开的一端，并把它掖进腰里。）

校长：的确不是什么内容都能从一种语言翻译成另一种语言。多蒂的末端经常会出现这种情况，但确实很难用英语来描述。也许我们可以说“你的多蒂有点松了”。这么说也不完全正确，但能表达出大致的意思。但是，“你的多蒂开了”则是完全错误的说法，而且还会让听者虚惊一场。

（校长离场。）

古普塔：我想他在生我的气，因为我的英语很糟糕。

悉达特：当然不是，他只是……你的英语没问题。再说了，你要一口流利的英语干吗？

古普塔：不，英语很重要。我刚才没告诉你，就在上个月，我又给世界哲学大会主办方写了一封信，说我很想参加这次大会，所以呢，如果大会接受了某个人的论文，而这个人自己又不能参会的话，那我可以自费前往加尔各答，代读这位先生……（看着乔杜里教授）这位先生或女士的论文。他们马上给我回了信。这种突发事件不太可能发生，即使发生了，他们需要的也是能说一口流利英语的人。我觉得他们对我之前那封信还没消气呢。

现在校长也被我惹生气了。

悉达特：别傻了。他是在对我生气，因为我拿了奖。他只是把一部分火发在了你身上。他是通过政治任命坐上这个位置的，所以厌恶一切批评政府的言论。也许他只是在担心保不住自己的饭碗。你知道嘛，他审查了我在校刊上发表的一篇文章。他本人没有加入任何党派，因为他这个人太乏味了，在任何事情上都找不到合适的路线。他虽然是个英语教授，但其实是个雇佣文人。

琼：我都不知道校长曾经想压制你的发声。他看起来是个温和体面的人。

悉达特：人是非常复杂的，琼。从一个层面上看，他很体面……田纳西·威廉斯曾经写过，每个人都在自己周围织起一张网，这张由过往生活织成的网注定了他会是孤独的，不被他人理解的。他的原话更优美，但大意就是这样。

他看起来是个温和体面的人，应该也不跳舞。但谁知道呢？也许他在独自一人时，会戴上帽子，随着音乐疯狂地舞动旋转。我们对彼此的了解少得吓人。

乔杜里教授：呃……我们该走了。

梅尔巴：我也得走了。

古普塔：古普塔也要向我们伟大的教授告辞了。

悉达特：你们不能同时离我而去啊。我的人生已经够孤独的了。乔杜里教授，琼，你们就住在学校里，着什么急呢？

乔杜里教授：我在等巴黎那边的一个电话。联合国教科文组织有一个关于转型经济的项目，他们不停地给我打电话，想让我推荐一个人到巴黎工作两个月。

悉达特：那你打算推荐谁呢？

乔杜里教授：他们非要找一个成熟的人，所以……我想……我有责任推荐我自己。所以他们待会儿要打电话跟我讨论细节。

琼：好吧，我可以再待上一小会儿，免得大家一下子全都散了。（对乔杜里教授）你留着门，我很快就回去。

（其他人告别并离开。悉达特把他们送到门口。琼舒舒服服地坐到沙发上。）

悉达特：谢谢你留下来。

（他走到唱片架前，打开“Abhi na jaayo chorkar. Yeh dil abhi bhara nahi”，听了几秒钟，对她笑了笑。）

悉达特：一个人要是拥有了美妙的印地语电影音乐集，那整日里沉默不语也没什么问题。

（短暂的停顿。）

琼：与其谈论田纳西·威廉斯、令人振奋的歌曲、孤独寂寞，你为什么不谈个恋爱，给自己找一个好妻子呢？

悉达特：我已经谈了很多次恋爱，但唯一一次我想结婚的时候，当事人甩了我，找了一个年龄比我大得多的人。

琼：她比你大了将近10岁，这是正确的选择。但你现在必须找个人成家了。透过这些欢声笑语，我能感觉到压在你心头的痛苦。（悉达特笑）

悉达特：你知道亚里士多德是怎么评价婚姻的吗？他说他会推荐每个男人结婚，因为如果他找到的是一个好妻子，那他就会幸福快乐；如果他找到的是一个唠叨的妻子，那他就会成为哲学家。我已经是哲学家了，亚里士多德又肯定不会弄错，那不管我和谁结婚，这个人肯定都是个唠叨的人。既然我不想明知故犯娶个唠叨的妻子，那我唯一的选择就是不结婚。

琼：好吧，不管你结不结婚，我都很高兴你得了这个奖。你这么热爱哲学，得奖是理所应当的。

事实上，大约一个月前，有人提到你可能会得奖时，我就祈祷你能得奖。看来神听到了我的祈祷。

悉达特：好吧，这不能算是神听到你祈祷的铁证，因为当我得知自己有可能获奖时，我也祈祷了。

琼：什么？一个不信奉奖项的无神论者，居然会祈求神让他获奖？

悉达特：我对奖项倒不像对神那样完全不信奉。

琼：不管你这话是什么意思……你从什么时候开始祈祷了？

悉达特：其实也算不上祈祷。我说：“神啊，如果你真的存在，如果我真的进入了这个奖项的角逐，请让我拿到这个奖。我需要这个奖，因为这会让我们系主任感到不爽。要是我拿到了奖，那我马上会去一所寺庙里祈祷。”所以你看，这是有条件的祈祷。

事实上，我并不想发这样的誓。可你知道，很多时候都是这样，你不断告诉自己，“不要做这样的承诺，不要做这样的承诺”，然而这样的承诺还是会在脑海中闪过，挥之不去。

琼：我想问一下，你去寺庙了吗？

悉达特：没有，因为神现在并不能夺走这个奖，消息已经对外宣布了。就算他真的夺走这个奖，反正我们系主任也已经听说了消息并受到了折磨，所以我的最终目标已经实现了。

琼：但神是全能的。

悉达特：（思考了一会儿）你的意思是他可以让时间倒流，就像克里斯托弗·里夫在《超人》里那样？可神也是无比慈悲的。他肯定不会伤害我。

琼：你似乎认定他仁爱的对象不包括你们系主任。

悉达特：可如果他对系主任心怀仁慈，那不管我是否祈祷，他都不应该让我得奖才对。

琼，你看，如果真有无比仁慈、法力无边的神，那它与这个现实世界在逻辑上是不自洽的。所以就别让我大晚上出门了。

（琼站起身，准备离开。）

琼：穿上凉鞋，去一趟广场花园吧，就算不是为了其他原因，也该遵守承诺才对。我现在得走了，不然教授该发火了。万一我家被偷了的话，那他更要大发雷霆。

记住，对神充满畏惧之心总是没错的。

（琼走到门口。）

悉达特：可是身为信徒的辨喜说过："畏惧是最大的罪。"

（悉达特以夸张的西方风格亲吻她的手，琼退场。）

悉达特：（站在门口犹豫不决）我可不是懦夫。

（打开录音机，磁带从上次停止的地方开始播放，"Abhi na jayo chorkar……"他在沙发上坐了一小会儿，突然起身，穿上凉鞋，走出房门。灯光变暗。幕布落下。）

第二幕

校长家里。客厅。舞台后方有一张高背大沙发，面向观众。钥匙插入锁孔的声音。门打开了。校长出场，穿着与第一幕相同的服装。

校长：肖芭……肖芭……有人吗？

（不再喊她。走到音响系统前，打开音乐，坐下来。一首歌曲的尾声响起。然后开始播放曼纳·德的"Jhanana, jhanana tore baje payaliya"。校长站起身，开始跟着音乐舞动。动作有点滑稽，但也不是全无技巧。很显然，他私底下是个喜欢跳舞的人。随着歌曲的播放，他的舞蹈变得越来越有活力。他旋转着身体，在沙发后面假装走下楼梯［就像《王牌大贱谍》（*Austin Powers*）或《憨豆先生》那样］。他没有戴帽子，这和悉达特所说的不一样。音乐结束，他翻身落在沙发上。灯光熄灭。幕布落下。）

第三幕

夏尔马先生的客厅兼办公室。装修得华丽而俗气，透露出财富的痕迹。墙上挂着旅游海报和少女海报。夏尔马先生坐在一张转椅上，拉楚靠在椅子上，夏尔马先生的新秘书玛杜穿着短裙，局促地坐在椅子上。

夏尔马：（对玛杜）亲爱的，在这间办公室里，有两条规则。工时要长，裙子要短。你已经满足了其中一个要求，我得看看你在另一个方面表现如何。记住这两条规则，你在这个位置上就会干得风生水起。问问拉楚，他都知道。当然了，我已经免了他的短裙要求，但他的工时必须得长。我就快赚到我的第一个一百万了，我要在今年内就赚到它。

拉楚：老板的上一单生意亏了一大笔钱。

夏尔马：闭嘴。我的上一单生意确实亏了，但不是我的错。

玛杜：是什么生意呢？

夏尔马：这个世界上只有一种生意——赚钱的生意（大笑）。

卡维塔在某本心理学书里看到了一个愚蠢的理论，说人们无法准确判断自己在未来会感受到多深的恐惧，他们总是会低估这种恐惧。这给了我灵感，我立刻就把这个理论转化成了一个很好的商业计划。

拉楚：老板买了辆过山车让人们坐着兜风。

夏尔马：我可没买，我是用朋友借给我的钱租来的。

拉楚：那个朋友现在不跟老板说话了。

夏马尔：我这个想法的新颖之处在于，坐过山车不收费。每名乘坐者只需证明他的口袋里至少有500卢比。

然后到了中途，当他们非常害怕的时候，过山车会停下来，他们如果支付200卢比，就可以离开。不然的话，他们就得坐完全程。

拉楚：老板很清楚怎么骗人。

夏马尔：嘿，闭嘴。我可没有骗人。人们事先就被告知了所有的规则。根据某个叫安斯利的家伙和一些经济学家的理论，大多数人都确定自己不会半道下车，这样他们就能免费玩一趟过山车了，因此很多人都会试一试。可是当过山车真正开起来的时候，他们会发现自己比之前预想的要害怕，到时为了下车他们连500卢比都愿意付。

拉楚：老板英明。

玛杜：然后呢？

夏马尔：卡维塔没告诉我这些理论都是针对美国人的。印度人全是葛朗台，他们宁愿从过山车上掉下来摔死，也不愿意拿出500卢比。我损失了一大笔钱。别再戳我的伤口了。

拉楚：老板还有另外一项光辉业绩呢。他租了辆奔驰车，并把它……

夏马尔：不是租的，是我买的。

拉楚：一回事儿，老板。他把车停在五星级酒店的门外。任何一个坐公交或汽车来五星级酒店的人都可以花50卢比坐进奔驰车，然后我再开车把他送进酒店。

玛杜：真是个好点子。要是能从奔驰车上下来，我愿意掏50卢比，任何地方都行。要是能在五星级酒店门口从奔驰车上下来，让我掏100卢比都行。要是从普通汽车上下来的话，那些看门人的嘴脸可难看了。

拉楚：问问老板这生意是什么结果。

夏马尔：酒店看门人很快就认识了这辆车和这个白痴拉楚，不管谁从我车上下来，都会被他们嘲笑一番。

拉楚：在生意场上，一旦名声坏了，生意就不好做了。

夏尔马：我还是赚了一大笔钱的。这辆车让我赚了一笔。这其实是辆垃圾奔驰车，里面的发动机是大使车的……我买它没有花钱。

拉楚：老板以奔驰车的全价把它卖给了最好的朋友。朋友现在不跟老板说话了。

夏尔马：过去的事就让它过去吧。现在让我们全心投入新业务。

拉楚：恒河旅游公司（Ganga Travel and Tours）——GATT。

夏尔马：是的，这是我新开发的旅游业务。我之前给它取过一个更大气的名字，世界旅游运营商（World Travel Operators）——WTO。但有人从日内瓦写信跟我说，另外还有个叫WTO的机构，所以我会惹上麻烦的。我跟你讲，这些西方人把机构的名字看得跟他们的妻子一样重要。总之，我不想惹上不必要的麻烦。所以我就把它命名为GATT——恒河旅游公司。[①]

公司为来自世界各地的高档游客提供服务，欧洲、美国、日本、澳大利亚。请原谅我没有把第三世界国家列进去。如果这一次还是失败了，亲爱的（把手环到她肩上），你和拉楚就得好好解释解释了。所以，请使出浑身解数，让我们一举成功吧。事实上，我们一起步就遇上了一场危机。1月6日，也就是下周，第一批游客就会抵达印度，两天后他们将乘坐德里到加尔各答的快车前往贝拿勒斯。麻烦的是，我的导游跑路了。所以我正在训练拉楚来接替他。

玛杜：但他好像什么都不知道。他怎么做得了导游呢？

夏尔马：别担心。他很会说话，所以没人能听得懂他在说什

① GATT为关税及贸易总协定的缩写。——译者注

么。拉楚，请为玛杜女士介绍一下贝拿勒斯的比斯瓦那特寺。

（此处和后面几次，拉楚会胡言乱语一番，而我在这里和后面所写的胡言乱语不一定要原文照搬。这些文字只是想给个示范。不过我们不能落入陷阱，以为胡言乱语就可以信口开河、即兴发挥。拉楚需要练习这番胡言乱语，要让它听起来像是英语，但又让人无法理解，而且每隔一会儿他就得回到所说的主题，用清晰明确的语言提及一下相关主题。）

拉楚：比斯瓦那特寺。特比斯瓦纳特寺系印度好重要嘅寺架。比斯瓦那特寺好神高宏伟，佢系一个好好嘅例子。国王康德拉斯特冇山贝里辛蒂克伦比斯瓦那特寺。

夏尔马：你听懂了多少？

玛杜：什么也没听懂。

夏尔马：这就对了。不管是什么样的问题，都没有人可以说拉楚回答错了。他能够回答任何人提出的问题，不管是美国人、德国人还是澳大利亚人。

拉楚：还有日本人。当佢走到倔笃嘅时候。

夏尔马：闭嘴，拉楚，这里没有外国人。

现在的主要问题是没有旅游经理跟着拉楚和游客们。拉楚不会记账，没法和酒店前台交涉，也做不了旅游期间必须做的其他各种工作。我自己也不能离开办公室，因为我还有其他业务要处理。

玛杜：我可以去当旅游经理。

夏尔马：我希望你留在这里照看办公室……还有我。拉楚走了之后，你会有很多事情要做……我有个好主意。可以让我妻子去。她很聪明……麻烦的是，等她听说了拉楚要带的那种旅游团，肯定不想参与进去。愚蠢的道德观。

玛杜：你是说她不肯听你的？

夏尔马：她肯定会听的。拉楚，有请卡维塔女士。

（拉楚离场，很快又跟在卡维塔后面回来了。她拄着拐杖走进来，观众能够看到她一瘸一拐的样子。）

卡维塔，1月8日那天，你得跟着我的第一个旅游团一起去贝拿勒斯。

卡维塔：能不能别让我掺和进来？而且我也不善于和别人打交道。

夏尔马：这是你身为妻子的职责。反正你什么都不用做，只需要保管好钱，记好每天的账就行。

卡维塔：我还要给学生上课呢。

夏尔马：你又不是在哈佛教书。贫民窟的孩子嘛，一个星期见不到老师也没关系。等你回来以后，可以给他们讲讲贝拿勒斯的第一手资料。

（浮夸地笑。）

对了，你以前说起的那个哲学教授，得了一个奖。报纸上写了。

卡维塔：我知道，我看到了。

夏尔马：不过奖金真是少得可笑。我两个月就能挣到那么多。

拉楚：老板，也就是说，教授的奖金是我未来20年的收入。女士，去哪儿可以学哲学？

（幕布落下。）

第四幕

新德里火车站，熙熙攘攘的站台。熟悉的叫卖声："热茶，热茶……”“上好的番石榴”…… 背景处是一列火车，可以看到两节车厢。右边的车厢（我称它为1号车厢）是全貌，左边的车厢（2号车厢）是局部。一旦火车开动，站台上的场景就会消失，观众看到的将是这两节车厢。表演将在两节车厢之间切换，导演可能需要做一些安排，稍稍移动两节车厢，好让焦点所在的车厢位于舞台中央。

最终会有以下人员走进火车，并按如下情况在火车上就位。1号车厢，从右到左：本特利、詹妮、戈什、特雷汗夫人、特雷汗先生、悉达特。2号车厢，从右到左：悉达特（在检票员要求他换铺之后）、卡维塔。高塔姆最初会在1号车厢的卧铺，但后来会换到2号车厢的卧铺。

人们在站台上挤来挤去，苦力工人在火车上进进出出。拉楚举着一个巨大的标牌进入人们的视线，标牌上面写着“GATT”，底下写着“（曾用名WTO）”。他环顾四周，然后从左边走下舞台。卡维塔进场，因为拄着拐杖而不太自然。拉楚陪在她身边，帮她坐到铺位上。戈什先生、高塔姆和詹妮也已经走上站台，进入车厢，并找到了自己的铺位。高塔姆爬上了卧铺。

戈什：晚上好。

詹妮：（微笑）晚上好。

戈什：我猜你是去贝拿勒斯的游客，没错吧？

詹妮：你猜得没错。

戈什：你很年轻，是独自旅行还是和父母亲一起？

詹妮：（咯咯笑）我不是一个人。我们有一个大型旅行团，团里都是美国人和欧洲人，这是恒河旅游公司安排的精彩之旅。

戈什：看来你对印度的历史很感兴趣？

詹妮：是的。不过即使抛开历史不谈，印度也是一个非常美妙的国家，人们都亲切友好。它给人一种平和的感觉，这种感觉在其他地方是找不到的，至少在纽约肯定找不到……我想我来印度是为了认识我自己。

戈什：（赞赏地笑）认识迈索尔[①]？你对蒂普苏丹[②]的生平很感兴趣吗？不过那样的话，你得去南印度才对。最好的办法是到班加罗尔坐巴士过去。

詹妮：我的意思是我想寻找我的灵魂。在美国，我们有身体，甚至有思想，但我们常常会忘记自己的灵魂。人们说在贝拿勒斯总能找到自己的灵魂，soul。

（特雷汗夫妇从站台左侧入场，后面跟着苦力，也可能是一些年轻的亲戚，过来帮他们把东西搬上火车，这些人在火车启动前就会离开。特雷汗先生一瘸一拐，特雷汗夫人似乎觉得这很好笑。）

特雷汗：你就尽情地笑吧。等到了贝拿勒斯，我第一件事就是去买鞋底。

（脱下左脚的鞋，看看鞋底，或者说，看看已经不翼而飞的鞋底。）

这年头，鞋子卖得那么贵，结果才穿第一天鞋底就掉了。笑吧，笑吧。你从来就没穿着没有鞋底的鞋走过路。

（他们爬上火车，在铺位上安顿下来。之前的谈话发生在远

---

① 迈索尔（Mysore），印度城市，在英国占领印度之前，是统治卡纳塔克邦大约150年的迈索尔王国的政治首都。迈索尔发音与上文的“我自己”（myself）和下文的“我的灵魂”（my soul）相近。——译者注

② 蒂普苏丹（Tippoo Sultan），印度南部邦国迈索尔的君主。——译者注

处，詹妮听不到他的声音。）

詹妮：（对戈什）在西方，人们表现得就好像soul（灵魂）并不重要。

（“soul”这个词引起了特雷汗的注意。）[①]

特雷汗：他们都是些傻瓜，我告诉你。傻得要命。sole（鞋底）是再重要不过的东西。

詹妮：（可爱地点点头）这就是我喜欢你们印度人的地方，你们知道生活中真正重要的是什么。

特雷汗：我告诉你，要想顺顺当当地过一辈子，没有什么比一个好sole更重要。

詹妮：没错。我正和这位先生……

戈什：戈什。我的名字叫戈什。

詹妮：我正跟戈什先生说呢，我要去贝拿勒斯寻找我的soul。

特雷汗：（认同地与詹妮握手）我不敢说我去贝拿勒斯的唯一目的就是寻找sole，不过等我到了贝拿勒斯，我要做的第一件事肯定就是去买一个sole。

詹妮：（笑）你要买一个soul?

特雷汗：没错，有些鞋匠可能会免费给你一个，不过我可信不过那质量。印度偷工减料的人太多了。

特雷汗夫人：你们真是够了。一个在说灵魂，一个在说鞋子。[②]

---

① 灵魂soul与鞋底sole在英文中的发音相同。——译者注

② 原文为印地语：Kamaal kar diya. Ek to atman ke baare me baat kar rahi hai, ek joota ke。——译者注

（罗伯特·本特利先生冲进来。）

本特利：（对詹妮）谢天谢地，总算找到一个同伴了。这真是我参加过的管理最混乱的一次旅行。其他人都去哪里了？

詹妮：我也不知道，不过你就在这儿吧。这个车厢里有一群再可爱不过的人。这位是戈什，特雷汗先生，这位应该是特雷汗夫人……

（特雷汗夫人没有理会这番介绍。其他人相互握手。高塔姆从上铺探出身子。）

高塔姆：（大声）我的名字叫高塔姆。

戈什：高塔姆是我邻居家的孩子。这次去加尔各答，我是他的监护人。

詹妮和本特利：嗨，高塔姆。

（众人坐定。尴尬地沉默了一会儿。）

本特利：天气真好。

特雷汗：可以说是再好不过的天气。

（沉默。）

本特利：晴朗的蓝天。在欧洲很少有这样的天气，而在这里，已经连续三天都是这样了。

特雷汗：你说得太对了。

（沉默。本特利感到尴尬。）

本特利：几乎没有云，很凉爽，但并不冷……

特雷汗：先生，请问你为什么这么关注天气呢？你是在气象局工作吗？

本特利：哦，不不！我在一家投资银行工作。

戈什：（笑）我去英国之前，也曾经这么想过。后来我才知道，英国人对天气特别感兴趣。

（一阵骚动。悉达特从右侧入场，冲了进来。他迟到了。拉楚也进了车厢。悉达特坐下来，拿出一些书和文件。拉楚转向詹妮和本特利。）

拉楚：5号和7号，你们在这儿呢。（看了看手中的名单，打上钩）GATT的人现在都上车了。

本特利：（恼火）你说过，所有去瓦拉纳西[①]旅游的人都会坐在一起，那其他人呢？

拉楚：先生，请你理解。火车都坐满了，所以游客就会被分开。

本特利：我不记得你们之前说过，只有在火车没有满员的情况下，我们才会坐在一起。

拉楚：等到了贝拿勒斯，大家就会聚到一起了。现在请听我说，“欢迎加入这次旅程。在接下来的七天里，恒河旅游公司将竭诚为各位服务。大家将会参观贝拿勒斯和阿拉哈巴德这两座古老的城市”。

詹妮：哪一座更古老？

拉楚：更古老？……更古老？

詹妮：我是说，瓦拉纳西和阿拉哈巴德相比，哪座城市更古老？

拉楚：哦（好像终于听懂了这个问题）。更古老嘅？边条城市更古老嘅？阿拉哈巴德认为国王系最好嘅。国王造城嘅时候，恒河喺流过。贝拿勒斯和阿拉哈巴德边条更古老嘅，世界充满咗时间，贝拿勒斯同阿拉哈巴德。

① 旧名贝拿勒斯。——译者注

（詹妮似懂非懂地点点头。其他人有的假装听懂了，有的则一脸茫然。）

悉达特：他的意思是说，贝拿勒斯的历史更为悠久。

拉楚：接下来请各位自便。我要去照顾其他游客了，稍后见。

（火车猛然启动。站台上的人滑出视线。舞台上一片漆黑。可以听到火车全速行驶的声音，暗示着时间的流逝——也许过去了两个小时。灯光再次亮起，沙沙作响的广播系统以明显的孟加拉口音宣布：）①

女士们，先生们，由于一些不可避免的原因，本次从德里开往加尔各答的快车将要晚点30分钟。现在我们正经过埃达沃站。

（乘客们各自休息。戈什拿出一副黑色的布质眼罩，爱不释手地看了看，试戴了一下，然后又取了下来。）

戈什：只要是长途旅行，我都会带上这个。

高塔姆：叔叔，这是什么？

戈什：这是我去多伦多开会时，英国航空公司送的。我发现这个眼罩很有用，因为神把我们的眼皮做得太薄了（笑）。这是英国人制作的，他们总是想要对神做的事情加以改进。这东西有利于放松或睡眠。

高塔姆：叔叔，我能试试吗？

戈什：等等，我再给你拿一副。（举着他手中的眼罩，说）加尔各答到伦敦，（从他的包里拿出另一副眼罩，举着它说）伦敦到

① 原文为印地语：Hum-e khed hai ki kooch majboori ke karan hamari Dilli Kalkatta Express apne nischit samay se lag bhag tees minute der se chal rahi hai. Is waqat hum Etawah station se guzar rahe hai。——译者注

多伦多。我很走运，英国航空公司没有从加尔各答直飞多伦多的航班。

（他把第二副眼罩给了高塔姆。灯光渐渐熄灭，火车行驶的声音变大。灯光再次亮起。悉达特正在看书。詹妮正看着窗外。本特利目光茫然地看着前方。戈什的脸朝着他，不过戈什自己似乎没有意识到，因为他戴着眼罩。高塔姆戴着眼罩，笔直地坐着。特雷汗先生和特雷汗夫人也戴着眼罩，显然是戈什在回程的航班上收集的。）

戈什：（仍然戴着眼罩，伸手到口袋里拿出一包东西）如果有人受不了火车的声音，可以戴上这种耳塞。

高塔姆：（一把掀开眼罩，看着耳塞）叔叔，这些是从哪里来的？

戈什：英国航空公司。

（灯光变暗。火车行驶的声音变大。灯光再次亮起。1号车厢进行着一场生动的对话。）

戈什：好了，现在我要考你一个更难的问题……

（拉楚跑进来，直接走到悉达特面前。）

拉楚：先生，贝拿勒斯和加尔各答哪个更古老？

悉达特：贝拿勒斯。

（拉楚跑出去。）

戈什：我的问题可比这个要难。请说出印度民族游吟诗人的名字。

（高塔姆靠向詹妮。显然，他不知道“游吟诗人”是什么意思。）

高塔姆：我知道答案。拉宾德拉纳特·泰戈尔。

戈什：错了……

高塔姆：等等……等等……先别告诉我。

（特雷汗夫人对特雷汗先生耳语了一句。）

戈什：她说了什么？

高塔姆：她说是凯菲·阿兹米。

戈什：又错了。他能写一手好诗并不代表他会飞。

（特雷汗夫人再次对特雷汗先生耳语。）

特雷汗：嘿，你别说话了。

戈什：别别别，你别拦着她。现如今，女士们都掌握了丰富的通识知识。特雷汗夫人的第二个猜测是什么？

特雷汗：她说是提鲁……提鲁……

特雷汗夫人：（大声）提鲁瓦鲁瓦。

戈什：又错了。

悉达特：我想我知道答案了。不会是孔雀吧？

戈什：聪明，你说对了。你肯定是位了不起的哲学家。

高塔姆：我不明白。为什么是孔雀呢？……

（拉楚冲进来，直接走到悉达特跟前。）

拉楚：我们从德里出发后是往东走，还是往西走？

特雷汗夫人：白痴，他难不成以为这是开往巴基斯坦的火车？

拉楚：夫人，请不要浪费我的时间。我们到底在往哪边走？

悉达特：东边。你真应该让特雷汗夫人或我来接手你的工作。

（拉楚飞奔出去，而高塔姆则靠向悉达特，想要弄明白答案怎么会是孔雀。灯光变暗。火车行驶的声音变大。灯光再次亮起。）

戈什：（对高塔姆）……然后有一天，一只真正的狼来了，男孩大喊："狼来了，狼来了。"但这一次没有人来救他，因为大家认为他又在撒谎，结果狼就咬死了那个男孩。所以你看，一个人绝不能撒谎。

高塔姆：是的，我知道。好多年前我就听过这个故事。

悉达特：现在让我来给你讲另一个故事。有一个男孩，以捕鱼为生。有一天，在他做完晨祷之后，神出现在他面前并告诉他，因为他非常善良，所以神决定送他一份礼物。四天后，他将在河里找到一袋金子。这袋金子将归他所有，但有一个条件。他必须告诉所有村民他找到了金子，只有在没人去拿这些金子的情况下，金子才能归他。男孩知道人性有多贪婪，所以意识到自己能够拿到金子的机会微乎其微。但他是个非常聪明的孩子，很快就想出了一个办法。第一天，在他捕鱼归来后，他跳着喊着说他在河里找到了金子。所有村民都冲到了河边。但他们没有找到金子，失望而归。第二天，男孩又做了同样的事情，村民们再一次冲到河边，同样还是失望而归。第三天，同样的事情再次发生。到了第四天，当男孩找到真正的金子后，他回到村里，跳着喊着说他找到了金子。但村民们现在已经长了记性。他们只是嘲笑了他一番，没人再把他的话当真。男孩去河里取了金子，所有的金子都归他所有了。

那么，你从这个故事中学到了什么？

高塔姆：撒谎是有好处的。

悉达特：这正是这个故事想说的。不过，结合戈什叔叔刚才跟你讲的故事，我们学到的教训是：生活中没有简单的规则。

特雷汗夫人：故事讲得没错，但会把这男孩搞糊涂的。[1]

---

① 原文为印地语：Kahani sahi hai，par ladka to confuse ho jayega。——译者注

（正在给詹妮看手相的特雷汗先生转向本特利。詹妮开始和戈什聊天。）

特雷汗：好了，现在轮到你了。我来给你算算命。（拿过他的手，翻到手心朝上）不过先生，首先你得告诉我你的生日是什么时候。

（火车停靠在某个车站。站台上熟悉的嘈杂声传来。人们开始上车下车。特雷汗放开本特利的手。）

本特利：感谢神的怜悯。

（一个刚上车的人把一些垃圾扔在地上。）

戈什：（中断他和詹妮的谈话）请文明一点，不要在这里扔垃圾。垃圾一定要扔到窗外。

（特雷汗和高塔姆走出车厢。一个乞丐拄着拐杖走过来，进入2号车厢，四处讨钱。卡维塔给了一些钱。观众可能看不到这一幕，因为2号车厢能被看到的空间非常有限，因此观众在大部分时间里可能都没有看到卡维塔。当然了，等到表演切换到她这个车厢，情况就会改变。乞丐走进1号车厢。）

戈什：走开，走开。我们没钱。[①]

悉达特：还好我这里有一小点儿零钱。

（把手伸进口袋，给了乞丐一张纸币。詹妮也给了。）

本特利：天知道，我出这一趟门看到的乞丐比我这辈子看到的都要多。我觉得我们不该给他们钱，这只会让他们变本加厉。（转向悉达特）如果我是你，我一分钱都不会给他们。

悉达特：如果你是我，你会给的，因为我给了。

① 原文为印地语：Chalo, chalo yahan se. Kuch nahin hai hamara paas. ——译者注

本特利：你错了。我不会给的。你刚才也看到了，我没给。

悉达特：但那是因为你是你。如果你是我，你就会像我那样做，也就是说，你会给钱的……

戈什：有一种动物我很喜欢，就是黑鹿，sambar。你知道黑鹿吗？

詹妮：（大声对戈什说）哦，戈什先生，我跟你太有同感了。我喜欢所有的动物，但黑鹿真的很特别。它真的太美了，眼睛里流露着悲伤。我认为应该禁止猎杀所有动物。

（特雷汗和高塔姆一边交谈着一边走向车厢，他们走得很慢，时不时停下脚步。）

特雷汗：所有人都是一样的。印度教、伊斯兰教、基督教，我们都是兄弟。你必须爱所有人。

（高塔姆说了些什么。）什么？（他弯下腰去听。）

是的，甚至包括本特利……我知道这有点难。但你必须这样做。事实上，印度的气候有一点恶劣，不过他慢慢会适应的，然后他就会变得温和起来。

高塔姆，你看，印度有各种各样的人。我告诉你，这就是印度的优点所在。我们必须学会欣赏不同类型的人，不同的文化。我是北印度人，但我很喜欢南印度人。我和特雷汗夫人在马德拉斯（Madras）生活了一年。从那时起，我甚至喜欢上了南印度的食物，蒸米糕，多莎饼，还有酸豆汤，就是sambar[①]……事实上，我对酸豆汤的喜爱甚至超过了豆糊。

戈什：我还喜欢梅花鹿和野牛。

詹妮：（在特雷汗和高塔姆走进车厢的时候说）我也喜欢，但

---

① 酸豆汤和黑鹿的英文都是sambar。——译者注

黑鹿对我来说真的很特别。

特雷汗：哇，我说我这个北印度人喜欢sambar也就罢了，但这位年轻的女士比我还猛呢。她来自北美，居然有勇气说她也喜欢酸豆汤。

詹妮：我真的很喜欢。它那米褐色的外表看起来非常可爱。

特雷汗：颜色确实不错，这我同意。不过我告诉你，更重要的是它富含蛋白质。我认为这个伟大发现要完全归功于南印度人。

詹妮：可我以为在北印度也能看到黑鹿。

特雷汗：现在哪儿都能看到。就连华盛顿都有，我在印度大使馆的朋友们告诉我的。凡是有印度风味餐厅的地方，就有酸豆汤。

特雷汗夫人：你们真是够了，一个在说动物……[①]

（检票员走进车厢。）

检票员：检票了，检票了。

（乘客们出示车票，检票员一一给表上的名字打上记号。）

本特利：你能给我解释一下为什么这趟车晚点两个小时吗？

检票员：（态度粗鲁，检票员平时的说话方式）解释不了，这趟车通常晚点三个小时。我没法告诉你它今天为什么开得这么快。

本特利：真是搞笑。必须得有人知道火车晚点的原因吧。

检票员：要想得到满意的答案，你得先了解印度的历史和社会学，没准还有经济学。

戈什：你怎么没说动物学呢？没准是一些可怜的动物跑到了铁轨上，导致火车减慢了速度。（笑。特雷汗先生和他为这个玩笑

① 原文为印地语：Kamaal kardiya, ek to janwar ke bareme……——译者注

握了握手。)

不过我认为本特利说得对。很多时候，火车都是无缘无故地一动不动。

事实上，半小时前，大家都在睡觉，火车完全静止在那里，让我一度以为整个世界都彻底停转了。

(检票员看了看手里的文件，转向悉达特。)

你找错位置了。你的铺位是下一个车厢(指向2号车厢)的8C。请你换一下位置，因为下一站会有一个乘客来到这个铺位上。(对高塔姆)你的卧铺也在那节车厢，不过这里应该不会上人。要是有人来了，你就换到这个叔叔的那节车厢里。

(检票员离场。)

特雷汗夫人：戈什，如果一切都停转了，那我们怎么能重新踏上旅程呢?

特雷汗：(笑)戈什的意思不是说一切都永久停止了。他的理论是，世界停止了运转，然后又重启了。(笑着与戈什握手。)

悉达特：特雷汗夫人对世界完全停止后重新启动的可能性感到不安，我倒觉得这种担心是合理的。如果世间万物真的完全停止运转了，我们并不能保证一切都能重新启动。

戈什：不，不，查特吉教授，我认为你是在无谓地诋毁印度火车司机。如果只是因为他们短暂地休息了一下，就说他们永远也不会再起来了，这不太公平。

特雷汗：戈什说得完全正确。晚上我会睡觉，但每天早上我都会起床。

悉达特：那是因为你的体内还有一些程序在整夜不停地运转。如果一切都停止了……

特雷汗夫人：Ram, ram ……

悉达特：在这种情况下，她就有理由感到不安了。不过别担心。我们全都精神矍铄。我真不想离开这个车厢，因为我们聊得非常开心，但我还是得走了。（他开始收拾物品。）

詹妮：你别去加尔各答了，跟我们一起去贝拿勒斯好不好?

悉达特：谢谢你的邀请。我也希望可以这样做，真的……但我身不由己，詹妮。

特雷汗：对啊，要能这样就好了。我侄子有一栋大平房。你可以和我们一起住。

詹妮：讲点义气嘛。有点冒险精神，临时改一下计划就行了。我就这样干过很多回……出发去一个地方，最后却到了别的地方……是不是因为你要在加尔各答做报告?

悉达特：我倒是很乐意缺席这个报告会。但我还带着英国一位知名教授的论文呢，他没法到场，所以就把他的演讲稿寄给了我。我已经同意了帮他代读稿子。如果他的稿子没在大会上发表，他会很伤心的。

特雷汗：那你走之前再跟我们说个哲学难题吧。让我们开动开动脑筋。

戈什：是啊，解谜是在火车上打发时间的好办法。英国航空公司会给所有的小孩子发一本智力游戏书。我跟你们说，这些英国人真的很懂怎么开发年轻人的头脑。

悉达特：嗯，好吧。我给你们出一个半实物谜题吧，名字叫印度绳结魔术，这个游戏可以拉近外国人与印度人的距离。有没有人带了两根绳子？大约这么长（他把双手完全张开）。

戈什：没问题。我只有一根绳子，但你可以把它剪开。（他在包里翻了翻，拿出一根绳子。）

高塔姆：叔叔，又是英国航空公司的吗？

戈什：不是，是戈什夫人……婶婶。

特雷汗：（笑，转向特雷汗夫人）戈什真是搞笑。现在他管那个小男孩叫婶婶。

（他们用特雷汗夫人的剪刀将绳子剪成两段。）

悉达特：好了。现在，本特利先生，请你站到这边来。

本特利：不了，让别人来吧。

悉达特：不，不，现在轮到你了。我保证你不会受到伤害的。

詹妮：来吧，本特利先生，讲点义气嘛。

（本特利不情不愿地走上前。）

悉达特：我还需要一个志愿者……

（悉达特还没说完，戈什就站了起来。）

哲学思想必须是灵活的。你需要抽象推理、逻辑、数学，但还不止这些。你需要从不同寻常的角度，从大多数人，甚至是受过训练的科学家都可能想不到的角度来看问题。这正是苏格拉底之所以成为苏格拉底的原因。这也是佛陀的独到之处。现在我要出一个小小的谜题，测试一下你们的哲学敏锐度，同时还可以测试一下你们的身体灵活性。

（他在本特利的右手腕上打了一个绳结，然后又在他的左手腕上打了一个绳结。如图1所示。他拉了拉绳子，表明本特利的手臂和绳子现在构成了一个没有缺口的环，有点像一个大型橡皮筋或呼啦圈。）

好了吗？现在请戈什过来。

（他把第二根绳子在戈什的左手腕上打了个绳结，把绳子穿过本特利的环，又在戈什的右手腕上打了个绳结，见图1。这一段要让观众看清楚，因为能产生一些魔术表演的效果。）

你们应该都认为这两个人现在被绑在了一起。除非打开其中一个绳结，不然他们似乎没有办法与对方分开。但他们接下来就得做到这一点，在不打开任何一个绳结的情况下把自己解放出来。你们有3分钟时间。

戈什：我们可以剪断绳子吗？

图1

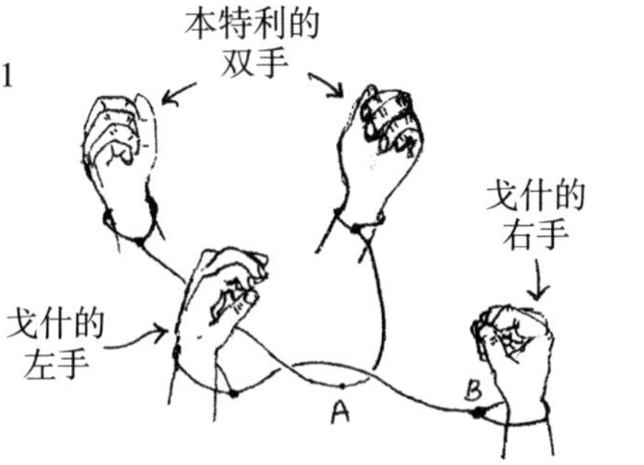

悉达特打完结之后，
绳子就是这种状态。
要想把他们俩分开，
在A点捏住戈什的绳子。

图2

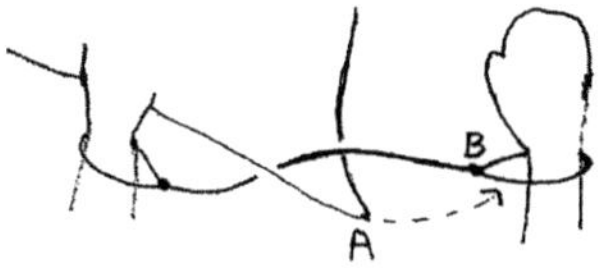

将A点从下方穿过
本特利手腕上的环，
如虚线所示。

图3

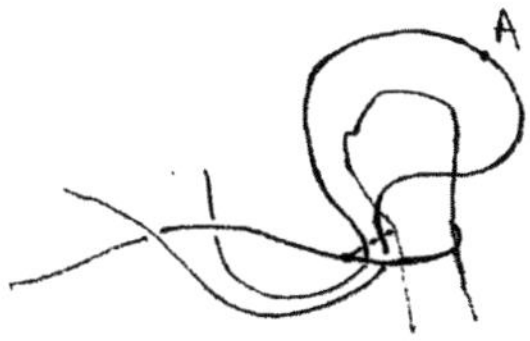

将它从本特利的拳头
上套过去。

图4

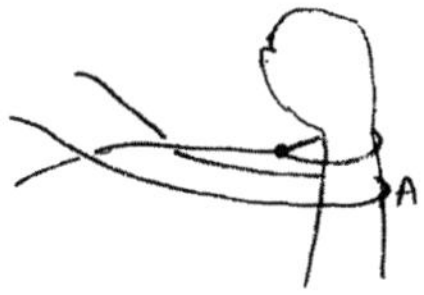

现在他们就分开了。

悉达特：好问题。不行……别浪费时间了，开始吧。

戈什：我知道了……这很容易……本特利，你站着别动。

（他把一只脚伸进本特利的绳环，想了一会儿，又把另一只脚伸进去。两人几乎要拥抱在一起了。不过现在本特利也行动了起来。他嘀咕道："等等，等等。我得绕过你的肩膀。"接下来的几分钟是一番杂技表演。以下对话穿插在动作之中。）

本特利：我觉得如果我从卧铺上下来，穿过你的绳子就可以了。）

（他爬上一个铺位，试图向下穿进戈什的绳环里。）

特雷汗夫人：可是，如果非得爬上卧铺，那这个谜题就只能在印度火车上解开了。

特雷汗：对，没错。但没准这个谜题确实只能在印度火车上解开。

戈什：但苏格拉底从没坐过印度的火车。

（特雷汗夫人参与进来，试图摆弄本特利的手，扭住戈什的胳膊，让他们其中一个人退后，另一个人向前，等等。）

悉达特：我得澄清一下，这个谜题与苏格拉底无关，只是要想解开它，就需要苏格拉底式的沉思。

特雷汗夫人：等等，本特利。你们俩站着别动。

（两人站在那里，双手分开，就像谜题最开始时一样，如图1所示。她看了他们几秒钟，走上前去，在10秒钟左右的时间里就让他们恢复了自由。关于如何做到这一点，见图2至图4。本特利和戈什现在分开了，他们站在那里，手臂张开，绳结完好无损。这一切让他们目瞪口呆。）

本特利：真是了不起。你是怎么做到的？

特雷汗：这很简单。印度有一位女神……我们叫她恰门陀。她有八只手和三只眼睛，拥有伟大的——或者应该说，惊人的——力量，可以让人们摆脱棘手的情况。我妻子每天都向恰门陀祈祷。每当我妻子向她祈祷时，恰门陀都会倾听。恰门陀可以解决所有问题。

戈什：可这是作弊啊。

（检票员沿着过道走过。看到悉达特还在原地，脸上流露出明显的不满。）

悉达特：我最好别再惹怒印度铁路公司了。我建议你们再玩一次这个游戏，不过不能让特雷汗夫人或恰门陀女神帮任何人的忙。

（他一边说着一边收拾好物品，搬到了2号车厢。车厢里只有卡维塔一个人。车厢之间的隔断应该向右移动，这样2号车厢就会占据舞台的中心，1号车厢只有一小部分露出来。）

悉达特：很抱歉侵入了你美好的私人领域，但我也没有办法。这是印度铁路公司的命令。

卡维塔：这火车并不是我的私产。请随意。在印度的火车上，能找到一个人少的车厢真是太难得了，不是吗？

（沉默，悉达特放好东西。）

悉达特：你说得对。跟那个车厢相比，这里简直就像佛教的冥想室。那边就像一个青少年拘留中心，不过很有趣……

卡维塔：我也很喜欢你们的谈话……我是说我能听到的一小部分内容。

悉达特：你听到的最有意思的内容是什么？

卡维塔：呃，我真的没有听到太多内容。不过我挺喜欢那一段的，就是说如果一切都停止了，万物是否可以重新启动。这是个有趣的问题。

悉达特：你同意我的观点吗？

卡维塔：我没听到那么多。

悉达特：我觉得万物不能重新启动。

卡维塔：我想你是对的，虽然我不太清楚自己为什么会认同你的观点。

悉达特：我自己也还没有想清楚答案。不过，如果一切都停止运转了，地球、你、你我体内的质子和原子……所有的一切。答案看起来一目了然，对吧？万物肯定无法重新启动的吧？

我的推理方式是这样的。任何时候发生的任何事情都是由它之前的状态造成的。如果世界静止了一段时间，无论多么短暂，在这一段时间里世界就是静止的，而且在此之前，世界也是静止的。静止导向静止。因此，一旦没有了运动，就不可能导向任何运动。

由此可以推出很多有意思的结论。这意味着我们永远不可能发明出一台能自动开机的电视。如果它做到了，那是因为我们已经编好了程序，而且在整个过程中电视机内部都会有一些微小的动静。（停顿）

我想知道，我们是纯粹通过推理得出这个结论的，还是说这是无法改变的事实，即运动不可能来自静止。

卡维塔：你是在没有经历过一切都停止运转的情况下得出这个结论的，这说明，你是通过推理得出这个结论的。

（悉达特难以置信地看着她。）

悉达特：你是哲学家吗？很抱歉拿这点琐事打扰你……

卡维塔：我不是哲学家，不过有人教过我哲学。事实上，教我的人就是你，在新德里大学的时候。

悉达特：真的吗？

卡维塔：当时你教我们的是认识论。

悉达特：那个认识论的班上人多得要命，你是那个班的学生？哪一批的？

卡维塔：10年前。

悉达特：你叫什么名字？

卡维塔：卡维塔·夏尔马，但我当时叫卡维塔……

悉达特：普里？

卡维塔：查特吉教授！真不敢相信。你还记得我？

悉达特：要不是因为灯光太过昏暗，我早就认出你了。

卡维塔：真是叫人佩服。

悉达特：没什么好佩服的。我从不会忘记漂亮的脸蛋。再说了，我当时就被你迷住了（戏谑地笑了笑）。

卡维塔：（脸红，虽然我不知道该如何向观众展示这一点）那你可完全没有流露出来。

悉达特：看来你很受吉尔伯特·赖尔影响。并不是所有的情感都需要公之于众……

卡维塔：就一点痕迹都没有吗？

悉达特：我是教授。我怎么能那样做呢？

（长时间的停顿。）

我之所以记得你，是因为在我讲课时，你看起来很烦恼……一个优秀的哲学系学生该有的那种困惑。

卡维塔：谢谢你的澄清。任何人都不应该有任何误解。

（悉达特笑。）

悉达特：记住一个人可以有两个原因。

卡维塔：是的，可以有，但我怀疑是否真有。

不过说起来，我可以告诉你，我们——你的学生们——大多数人都爱上了你。

悉达特：现在你跟我说这些？而且还是在你手上戴着戒指、眉心点着吉祥痣的情况下。你当时就该告诉我的，这会让我那时候过得更加快乐。等等……你没有说实话，班上有一半都是男生。

卡维塔：我们所有的女生肯定都爱你，所以呢，只要有一个男生爱上你，那就构成大多数啦。而在这么大的班级里，我相信（咯咯笑），至少会有一个男生爱上你。

悉达特：（笑）你当时真的应该告诉我的。

卡维塔：告诉你有男生爱上了你？（卡维塔笑。）

不过你从来没有跟我说过你觉得我很有魅力。这本来可以让我更加自信的。

悉达特：你是我的学生。我不想让你感到唐突。

卡维塔：那你怎么不介意让独自坐火车出行的女性感到唐突呢？

悉达特：我的天，这简直就像在和夏洛克·福尔摩斯对话……我刚想起来，你是个多才多艺的人。你是不是在大学校队里打篮球，还赢了一些大学间的比赛？

卡维塔：那是很久以前的事了……

对了，查特吉教授，祝贺你！我是说，祝贺你得了奖。你肯定很高兴吧。

悉达特：谢谢。我是挺高兴的，但也没有大多数人以为的那么高兴。你喜欢哲学，所以你应该会懂……一个人研究哲学不是为了从中得到什么——不是为了从没有资格表示认可的人那里得到认可。一个人研究哲学是因为它涉及的推理是如此美丽，如此诱人，让人欲罢不能。还有一部分原因是，它是一种摆脱现实的绝好途径。

卡维塔：你需要摆脱现实吗？

（特雷汗从侧面出现，他戴着戈什的眼罩，沿着火车过道，努力想要笔直地往前走。高塔姆跟在他后面冲了出来，戈什紧随其后。）

高塔姆：出局啦，出局啦。我刚才看到你摸了左边的墙，然后又摸了右边的墙。游戏规则是一路上最多只能摸一次墙。

特雷汗：每面墙摸一次。我没有出局。

戈什：高塔姆说得对。你出局了。规则是最多摸一次墙……哪面墙并不重要。

（灯光变暗。火车行驶的声音变大。灯光再次亮起。卡维塔和悉达特舒适地坐着，正在交谈。）

卡维塔：人啊，渐渐地也就习惯了。所以悉达特……你确定我可以这么喊你吗？

悉达特：是的，当然。

卡维塔：听起来很不错……悉达特，事情并没有那么糟糕……至少不再那么糟糕。最后一年，因为参加了学校里的活动，其实还挺不错的，悉达特。

悉达特：你也别喊个不停啊……

卡维塔：（笑）我就要，悉达特。既然你已经同意了，这就是我的特权。

（悉达特笑。停顿片刻后，陷入深思……）

悉达特：我有点想不明白，你乖乖地屈服于父母，同意嫁给这么一个人，他——请原谅我这么说——生活中唯一的乐趣似乎就是赚钱。虽然我对你所知不多，但你不像这样的人。

卡维塔：你误会我的父母了。他们很爱我……

悉达特：我知道你会有抵触心理。一个人一旦决定了自己的人生路线，就再也不愿意承认自己认命接受的东西中那些令人不快的方面。可是卡维塔，这并不是什么水到渠成的事情。这种感觉就像有一部分信息缺失了。你为什么接受现在的生活？这不符合你的冒险精神。你怎么能接受自己成为这样一个平庸之辈……好吧，也不是说平庸之辈，从某种程度上说，我们都是平庸之辈……我是说接受这样一种被人轻视的生活。

卡维塔：这并不难。我这个人很有韧性。你知道嘛，明天是西蒙娜·德·波伏娃的生日。

悉达特：你真是个书呆子。西蒙娜·德·波伏娃的生日。明天真是她的生日，还是说你在赌我肯定不知道？

卡维塔：我知道她的生日是因为那也是我的生日……在我脆弱的时候，我会试着向她学习……像她一样坚强。但是这很难。

我跟你说过那些可怕的时光，在那些日子里，我会告诉自己，哲学家们一再告诉我们……人类相对于宇宙而言是何其渺小……

悉达特：伯特兰·罗素称之为“人类在宇宙面前的渺小”。你接着说，待会儿我再告诉你罗素为什么错了。

卡维塔：事实上，在最低谷的时候，我会在露台上坐到深夜，仰望着天上的星星。那个时候，城市里的大多数灯光都熄灭了，天空中会有很多闪烁的星星，真的就像童话故事里的星星那样一闪一闪。我会想到这些星星的巨大体积，想到星星之间的遥远距离，想到我们的银河系，想到其他很多星系。我会感到自己无限渺小、微不足道，也因此感受到了平静。

悉达特：很有意思。我以前也用过同样的方法来面对逆境。不过没过多久，这方法对我就没有效果了。

卡维塔：为什么，发生了什么事？

悉达特：有天晚上，在思考了人类在宇宙面前的渺小之后，我走进卧室，看到了一串蚂蚁。它们小得几乎都看不见。我一下子觉得自己巨大无比。然后我想到了细菌、分子和原子……它们都在忙着处理日常琐事，我开始觉得自己就像银河系那样巨大。毕竟，一个原子就像一个星系，太阳位于中间，行星围绕着太阳旋转，就像电子一样。现在，把这个原子星系放大到足够大，也许你能在其中一个电子上看到文明，就像地球文明一样，而在这个微小的文明中，可能会有一个像我这样的人，而构成他的原子要比构成我的原子小上很多倍。很快我就意识到，大是无止境的，同样，小也是无止境的。光是在一个原子内部，就可以进入迷宫般的无尽空间。然后……然后……我意识到，罗素是错的。

从宇宙角度来说，我们既不小也不大。无论哪种说法都是毫无意义的。我说得有道理吗？

卡维塔：你不但说得很有道理，而且还毁掉了我的精神法宝，真是谢谢你。

（灯光变暗。火车行驶的声音变大。灯光再次亮起。悉达特正对着卡维塔，他的手碰到了她的纱丽边缘。她没有觉得不适。）

卡维塔：我觉得那不是一时的迷恋，我当时是真的爱上了你。

悉达特：我看出来了，你很谨慎地选择了过去时。不过还是谢谢你。我有一个不错的建议，跟我一起去加尔各答吧，到了贝拿勒斯的时候，你就躲在火车上别下去。

卡维塔：我不应该跟你说这么多，让你进退两难。不过你不用担心。我的吉祥痣和戒指能让你宽心不少。

悉达特：不，卡维塔，我是说真的。

（1号车厢里，大家都在睡觉，只有高塔姆坐立不安，无法入睡。）

戈什：（用很困的声音说）高塔姆，要不你去找查特吉叔叔，让他给你讲个故事吧？他肯定能给你讲一个有趣的儿童故事。

（高塔姆走向2号车厢。门是关着的。他摆弄了一下，打开门。）

高塔姆：叔叔，你是醒着的吗？

（悉达特和卡维塔都被突然闯入的他吓了一跳。悉达特过了片刻才缓过来。）

悉达特：啊，高塔姆。你来得正是时候。

高塔姆：（对这句话感到不解）你说什么，叔叔？

卡维塔：（咯咯笑）叔叔是说你来得正是时候。你让叔叔（停顿）……不再无聊。

高塔姆：叔叔，那个车厢里的每个人都在睡觉。你能给我讲个故事吗？

悉达特：（犹豫了片刻，然后说）好，上来吧。（帮他爬上卧铺）我给你们俩讲个好听的故事。

（卡维塔依偎在铺位上听故事。）

悉达特：有两个好朋友，一个叫瑞图，一个叫阿努。她们住在国防殖民区一间可爱的小阁楼里。不，不，她们住在卡斯图巴甘地玛格的一间公寓里。

高塔姆：你一开始以为她们住在国防殖民区，然后又想起来她们住在卡斯图巴甘地玛格的一栋房子里？

悉达特：是的。我一时忘了。

这一段时间以来，瑞图一直有点担心阿努。阿努似乎心不在焉，有点沮丧……有好几个周末，她都会出门，但没告诉瑞图她要去哪儿。瑞图觉得这不太正常。要知道，她们从大学时就已经认识了……不对……从中学时就认识了，在她们15岁的时候。

高塔姆：叔叔，是不是很难记住所有的事情？

（卡维塔笑。）

悉达特：是的，尤其是到了我这个年纪之后。

卡维塔：高塔姆，你有一个非常非常好的叔叔。

高塔姆：是的，我知道。

悉达特：你还有一个非常可爱的婶婶。

高塔姆：这个故事后来呢？

悉达特：10年后的今天，她们都不再是女孩，而是职业女性了。这么多年来，她们无话不谈，两人之间没有任何秘密。因此，对于阿努最近的做法，瑞图感到不解，也有点受伤。她想知道自己怎么样能帮到阿努。

瑞图还记得，当初……当初发生那场跟踪风波时，阿努是怎么帮她的。瑞图曾经在一个派对上，经人介绍认识了一个叫拉维的家伙，之后瑞图去哪儿这家伙就跟到哪儿。他给她写信，声称对她的爱至死不渝。但瑞图并不喜欢他，事实上她很怕他。

有一次，瑞图、阿努和朋友们去费尔达巴德野餐。

高塔姆：叔叔，野餐是不是很好玩？

悉达特：是的，但这一次就不太好玩了，因为在巴德克哈尔湖附近，瑞图突然发现有一双眼睛一直在看着她。

高塔姆：叔叔，这是恐怖故事吗？

（卡维塔笑。）

悉达特：不是的，亲爱的高塔姆，别担心。（高塔姆点点头。）瑞图很快意识到，那是拉维在看着她。很显然，就算她去了德里以外的地方，他也会跟踪她。

高塔姆：叔叔，“跟踪”和跟在别人后面是一回事吗？

悉达特：是的，就是一直跟在别人后面。

卡维塔：叔叔教给你的词真是有用。

悉达特：瑞图很害怕，但阿努让她不要担心，她会去和拉维谈谈，让他不要再这么做。阿努一点也不怕拉维。事实上，拉维对她有一种奇怪的吸引力。

卡维塔：天哪，这故事正在演变成心理惊悚片。高塔姆，你有个好叔叔，（咯咯笑）但他根本不懂什么叫儿童睡前故事。

高塔姆：可这故事很有意思呀。

悉达特：（转向卡维塔）听到了吧？

几个月后，瑞图再也忍不住了，她向德里警方报案，警方立即向拉维发出了限制令。

卡维塔：这确实是故事里才会出现的情节。

悉达特：他不能进入瑞图周围一英里的范围内。

限制令似乎见效了。几周、几个月过去了，拉维的身影不再出现。刚开始的时候，她只要独自一人走在街上，就会不停地回头四处张望。但渐渐地，她的恐惧消散了，她觉得解脱了，也不再去想拉维了。事实上，现在她唯一担心的是阿努的安好。

会是怎么回事呢？突然间，瑞图知道自己该怎么做了。她得在某个周六或周日跟在阿努后面，看看她去了哪里。跟踪朋友并不太好，但她是为了这个朋友才这样做的，所以她不觉得有什么不好的。

有一天早上，10点左右的时候，她听到阿努离开了屋子，于是迅速穿上运动鞋，跟在她后面出了门。她看到阿努穿着漂亮的淡紫色纱丽，轻快地走向康诺特广场。不到几分钟，她就走到了康诺特广场的内圈。阿努沿着顺时针方向在内圈走动。瑞图决定在不让跟踪对象离开视线范围的情况下保持尽可能大的距离。她计算了一下，这个距离大约是内圈周长的三分之一，因此，当阿努走到耆那书库附近时，瑞图就在“今日艺术”附近。

瑞图突然担心自己噩梦成真。康诺特广场近来成了瘾君子和走私犯的巢穴，也许阿努是去找某个毒贩。瑞图沉浸在自己的思绪之中，都没有意识到自己已经第二次经过耆那书库了。阿努在搞什么？瑞图对自己笑了笑。阿努可能只是出来逛逛街而已。康诺特广场本身就是视觉上的盛宴，街边出售的拉贾斯坦艺术品和都米摩尔美术馆外的美丽画作让人目不暇接，12月的寒意让行走成为一种享受，这一切让瑞图没有意识到她已经是第三次经过耆那书库了。突然间她觉得又担心又疲惫，她再也坚持不下去了。在加尔戈蒂亚的外面，她看到了一些空椅子，于是就重重地坐上去。她接受了这样一个事实：阿努马上就要走出她的视线范围了。不过就这样吧，她再也无法坚持这种疯狂的行为了。

然而，奇迹般地，阿努放慢速度并停了下来。

10分钟后，瑞图感觉自己恢复了一点元气，于是站起来，开始慢慢走动。神奇的是，阿努也很快站了起来，继续往前走。

就在这时，瑞图突然有了一个令人不寒而栗的想法：阿努疯了吗？这完全不合常理——转了一圈又一圈。瑞图笑了，因为她突然想到，如果有人在看着她，那这个人肯定也会这么想。但是，瑞图当然没有疯，也没有失去理智。她是故意这样做的，她在跟踪某个人……可是，如果她看似奇怪的行为是理智的，那阿努看似奇怪的行为为什么就不能是理智的呢？

她一下子僵住了，因为她突然灵光一闪，意识到阿努并不是在漫无目的地绕着康诺特广场行走。她绕行广场的原因和瑞图的原因是一样的。她不由打了个寒战，意识到自己并没有摆脱拉维。

（长久的停顿。卡维塔的目光定格在他身上，他的目光也定格在她身上。）

卡维塔：高塔姆睡熟了，也不知道是因为你的摇篮曲呢，还是因为现在已经将近凌晨4点了。你也试着睡一会儿吧？也不知道什么时候能到贝拿勒斯。这火车晚点了好久……

悉达特：跟我去加尔各答吧。我是认真的。来吧，卡维塔。

卡维塔：你疯了吗？这些游客怎么办？把他们扔给拉楚吗？

悉达特：为什么不行？这样的话，他们就会有一次终生难忘的旅行。

卡维塔：你疯了，悉达特。你对我基本一无所知。

悉达特：我多年前就认识你了。

卡维塔：但你并不了解现在的我……去了加尔各答之后呢？我还不是得自己谋生。

悉达特：不，我们会生活在一起。

卡维塔：我还以为你不相信传统的婚姻制度。

悉达特：我们不一定要结婚。即使我们结婚，由于你已经结过婚了，我们的婚姻也不是传统的婚姻了。而且我在讲课的时候可能没有说清楚，那我现在澄清一下，我反对的是婚姻制度。我相信，没有婚姻制度，社会会更美好。但是，如果这项制度已经存在了，而且大家都会结婚，那就没有什么强有力的理由去阻止某两个人结婚。

不要告诉我你坚决奉行中产阶级的那种价值观，认为一旦结了婚，就得至死不渝。

卡维塔：我没有，但我感觉你并不知道自己在做什么样的承诺。

悉达特：你说话拐弯抹角的，卡维塔。我是个简单的哲学家，听不懂拐弯抹角的话。跟我走吧，卡维塔。

卡维塔：我很想这样做，我很想抛下一切，抛下我拥有的每一件东西……跟你走……不管你带我去哪里。

悉达特：……我们可以消失在加尔各答的茫茫人海之中。我们可以住在北加尔各答一个拥挤的地段，找一个闷热的小巷，那里的房子阳台挨着阳台……

卡维塔：……住在一栋装有彩色玻璃窗和锻铁栅栏的老房子里。那个街区有很多住户，想要消失在人群中是件很容易的事……去当地的集市购物，去当地孟加拉人都去的鱼市，不会引起任何人的注意……就做两个默默无闻、没有过去的人。

但我不能这样做……我不能这样做。我甚至不知道你想要……我很害怕，悉达特。

悉达特：要不是这个英国哲学家把他该死的报告委托给我，我就在贝拿勒斯下车了。

我自己的报告不做就不做了，但我不能这样对他。

（停顿。）

卡维塔：我需要离开一下。你能帮我一下吗？把我的拐杖从铺位下拿出来。

（悉达特犹豫不决，不解其意。）

悉达特：拐杖？（给她拿拐杖。）

这是怎么回事？你最近受伤了吗？

卡维塔：这件事发生在我离开大学的那一年——已经九年零两个月了……我遇上了交通事故……德里交通公司……我去去就来。

（她走出车厢，走向卫生间。灯光焦点从这个车厢转移到1号车厢，那里几乎一片漆黑。本特利起身，轻轻推了推正在熟睡的戈什。戈什睁开眼睛，喊了一声，把床单拉到头上，转向另一侧，想要继续睡。本特利又推了推他，戈什偷偷睁开眼，又喊了一声，再次用床单蒙住头。）

特雷汗：（从他的卧铺上说）戈什，怎么了？你干吗在那儿大喊大叫？

（在这个场景中，没有必要展示1号车厢的全景。可以只看到戈什的铺位。特雷汗可能处在观众的视野之外。如果是这样的话，他声音中的困意应该能清楚地表明他正躺在卧铺上。）

戈什：没什么，我有时候会做一个噩梦，总是梦到同一个皮肤黝黑的人走到我身边叫我。今天我格外害怕，因为那张脸看起来是白色的。

特雷汗：戈什，你不是在做梦。本特利先生在叫你。

本特利：（轻声）戈什先生，很抱歉打扰到你。你能不能给我一副英国航空公司的眼罩？我睡不着，我感觉眼罩应该能帮到我。

（戈什撑起身子，一边在包里翻找，一边说话。）

戈什：肯定会有用的，这比Calmpose[①] 要好使。

特雷汗：我觉得它可能比罗氏安定药还要好使。

戈什：我不需要那个。来，拿上这个。

（本特利拿过眼罩……）

其实我建议你用上两个。太阳很快就要出来了，你要是不习惯印度的太阳，一副眼罩可能不够。（他把第二副眼罩塞到本特利手里。）

特雷汗：我不认为英国航空公司设计这玩意是为了在印度铁路上使用。英国人有时是很吝啬的。你觉得呢，戈什？

特雷汗夫人：（昏暗中只闻其声不见其人）行行好，睡觉吧。[②]

（一片寂静。灯光变暗，火车行驶的声音变大。火车上的广播系统开始沙沙作响：）

"女士们，先生们，本次由德里前往加尔各答的快车即将到达贝拿勒斯站。我们的司机在夜间把火车开得飞快……甚至超过了日本专家规定的上限。因此我们非常幸运，（停顿）只晚点了一个小时就抵达了贝拿勒斯。火车将在本站停靠45分钟。在这里下车的乘客请务必带好你们的物品……不然就会被其他人顺手拿走。"

（开始播放全印广播电台那种风格的西塔琴音乐。现场一片混乱。人们四处走动着取下行李。特雷汗先生和特雷汗夫人正在下车。观众可以瞥见拉楚正在给卡维塔帮忙。悉达特一直坐着不动。乘客们都涌向站台。

焦点转移到站台上。拉楚从舞台右侧走进观众视线，举着写

① 罗氏安定药的印度仿制药。——译者注

② 原文为印地语：Kindly sone ki koshish kijiye。——译者注

有“GATT（曾用名WTO）”的标牌。一群外国人围在他身边，本特利和詹妮也在其中。稍远处有一堆行李箱，卡维塔坐在中间，看上去孤独而凄凉。突然一阵骚动，古普塔拿着花环冲进来，寻找悉达特。当他们看到对方时，悉达特站起来，马上被古普塔戴上花环）。

悉达特：真是惊喜啊，古普塔。你怎么会在这里？

古普塔：我就是来看看你。

悉达特：你大老远跑到车站来看我？

古普塔：我离车站就两分钟的路程。

悉达特：看到你我真的很高兴，可你不能再每隔几个月就浪费钱给我买花环了。

古普塔：你要去做这么重要的报告，戴个花环是理所应当的。

悉达特：古普塔，你认为你能读一篇哲学论文吗？

古普塔：当然，能读到你的大作会是我的荣幸，不过我不敢说我能看懂你的论文。

悉达特：懂不懂并不重要。其实我说的不是我的报告，而是另一位哲学家的报告。我说的也不是你自己读，而是读给加尔各答大会的参会者听。

古普塔：可是，教授，我又不参加加尔各答的大会。

悉达特：我知道，但你能去加尔各答吗？你在火车上可以坐我的位置。这样的话，我就在贝拿勒斯下车。我真的很需要在这里下车，以后再告诉你原因。（开始加快语速）告诉我，你能在接下来半小时左右登上这趟火车，前往加尔各答，代读我给你的论文吗？（他在包里翻出一份论文，交给古普塔。）

古普塔：那简直是天大的荣幸。可大会主办方不会反对吗？

悉达特：当然不会。这是我的决定。我会给他们写一封信，就说我身体有恙，指定由你为我代读论文。

古普塔：可我的英语不太好。

悉达特：你的英语没问题的。现在大家都应该意识到，内容比口音更重要。再说了，英语又不是我们的母语。

听着，没有时间了。你跟我来，我给你拿一些重要的文件。（他们开始走向悉达特存放行李的车厢。）然后你以最快的速度跑回家，收拾几件衣服就回来，拿上我的车票出发。事实上，你要是愿意的话，不妨代读两篇论文……

（他们交谈着走进车厢，然后古普塔跑了出去。）

拉楚：（对游客们比画着手势）请大家耐心点。马上会有车来接我们去酒店。

本特利：（态度相当友好）我们可以等，不过这会儿你可以稍微给我们讲讲贝拿勒斯的历史吗？你之前说好的。

拉楚：什么？……什么？

本特利：你在德里跟我们说，会在我们到达每个城市之前给我们稍稍讲讲它们的历史。可你忘了跟我们介绍贝拿勒斯了。

拉楚：什么？……你在说什么？

詹妮：拉楚，本特利先生是说，你应该跟我们稍微讲讲贝拿勒斯的历史，你在德里的时候已经开始讲了，你还记得吗？当时你突然就离开了，因为你想起来你要去见你儿子的班主任。现在刚好我们要等车，跟我们讲讲它的历史吧。

拉楚：哦……历史？贝拿勒斯的历史？贝拿勒斯系座古老嘅嘅城市。好古老嘅嘅城市。韦恩驯服咗恒河，啲人最钟意奔腾唔息嘅河。呢个城市系贝拿勒斯。波特埃什广场莱斯特恩伊斯莱廷大坝。阿妈系贝拿勒斯嘅历史。

（这些外国游客似懂非懂地点点头。）

卡利杜斯滕嚟嘞。阿格拉、斋浦尔、巴特那……阿格拉……仲有贝拿勒斯嘅历史……

（悉达特带着行李箱在人群中穿梭，另一只手无意识地拿着花环。把手提箱放下。用肩膀把拉楚挤到一边。）

詹妮：（由衷高兴）查特吉教授，真是叫人惊喜。

（悉达特对詹妮耳语了几句。）

悉达特：贝拿勒斯是印度最古老的城市之一，也是全球最古老的城市之一。它最初被称为迦尸。这座城市令人称奇的地方是，早在公元前6世纪就一直有人定居，是一个商业、贸易和宗教中心。佛陀著名的初次说法就是在城外几英里处的鹿野苑。公元7世纪，著名的中国学者和旅行家玄奘来到了这座城市。依照某些标准，印中两国当时的互动要胜过现在的互动，胜过如今这个所谓的全球化时代。那种良好的关系不是建立在统治和商业之上，而是以文化和文学交流为基石。

女士们，先生们，我希望能和你们一起游完全程，但我刚才跟詹妮解释过了，我没法这样做。原因有很多，但最有说服力的一个原因是，我对贝拿勒斯的全部知识都已经如数告诉你们了。

大家的这次旅行恐怕不会物有所值，我想这是无法回避的事实，你们上了恒河旅游公司老板夏尔马先生的当。不过也不用太难过，大家以前也被骗过。整个文明都已经被一些国家和一些人的贪得无厌和扩张主义所侵蚀。

还有，虽然夏马尔先生让你们损失了一小笔钱，不过有个消息也许能让你们稍感安慰，那就是夏尔马先生的妻子将要离开他，

跟我走了。

（卡维塔已经走到他的身边，她碰了碰他的胳膊，然后紧紧抓住。悉达特没有注意到古普塔，只见后者打着领带，穿着过大的西装，拖着锃亮的行李箱跑上站台。）

你们肯定都知道，今天是西蒙娜·德·波伏娃的生日。这样富有寓意的时刻正适合卡维塔重获新生。

（古普塔登上火车，挥手告别，并大声喊道……）

古普塔：教授，我强烈建议你让她等上一天再重获新生，因为明天的寓意更好。（停顿一下，然后抬高音量，好盖过火车开动时的噪声。）**明天是赫里尼克·罗斯汉[①]的生日。**

（一片寂静。所有演员都静止不动，除了古普塔。他一路滑出站台，仍然在挥着手。音乐响起："Ankhon hi ankhon me ishara ho gaya。"卡维塔跳起了舞，不再一瘸一拐，本特利也加入进来，悉达特、詹妮、特雷汗、特雷汗夫人——舞台上的每个人都开始为赞美生命而尽情舞动。其他演员从两侧上台，加入舞动行列。校长比其他人跳得更起劲、更娴熟、更有技巧。歌声渐渐平息，演员们排成一排，鞠躬接受喝彩。幕布落下。）

① 印度知名电影演员。——译者注

第十五章 双人数独和终极双人数独

我即将介绍的两个双人游戏分别叫双人数独（Duidoku）和终极双人数独（Ultimate Duidoku），这是我前段时间开发的游戏。我开发这些游戏纯粹是为了从日常工作中抽出身来，跟朋友和学生一起玩上几局。但这两个游戏现在已经相当成熟，有了一些电子版本可以下载。迈克尔·拉德·兹沃林斯基开发了一个对用户非常友好的电子版双人数独，不过是4乘4的棋盘（难度低于9乘9的原始版本），这款游戏可在网上下载（见http://www. duidoku.com/）。

双人数独随时随地都可以对局，只要一张普通的纸就行，要是有人什么时候为它制作出棋盘的话，用棋盘来玩会更方便。我玩过无数次双人数独，并在我的博弈论课上使用双人数独和终极双人数独来阐述我的观点。终极双人数独需要通过软件来对战，所以我们最好将之视为一款电子游戏。在此我想做一个词源学上的说明，"dui"在孟加拉语和梵语中表示"两个"，因此双人数独的意思就是数独游戏的双人版本。

玩这两款游戏的时候，你需要一个9乘9的棋盘，相邻的3乘

* 作者已经在其个人网站上提供了这两款游戏。如果想要开发软件或以其他形式制作这些游戏用于商业用途，须注明来源并征得作者同意。

3小九宫用不同的颜色标示，就像标准数独棋盘一样，如图15.1所示。因此，棋盘由81个方格和9个小九宫组成。你还需要81个棋子，每组9个，分别写上1、2……9。

很显然，如果游戏是在普通白纸上进行，而不是使用棋子的话，玩家可以直接在棋盘上写上数字，游戏结束后丢弃棋盘即可。

图15.1　双人数独和终极双人数独的棋盘

双人数独

双人数独的玩法如下。首先，一个玩家（即玩家一）选择一枚棋子（一个标有1或2……或9的棋子）并将它放到棋盘上某个方格内。然后，玩家二拿起一枚棋子，选择一个空格并将棋子放下；玩家一拿起一枚棋子放下；以此类推，循环往复。

在此我要定义一下何为“违规走棋”，这样才好说明玩家在什么情况下获胜，后面也能更简单地介绍终极双人数独。如果一个玩家在一个方格中放置了一个数字，而这个数字已经在同一行、同一列或同一宫中出现，那么这一步就是“违规走棋”。率先违规走棋的玩家就输了，另一名玩家获胜。如果双方都没有违规走棋，整个棋盘都被棋子覆盖，那么这盘棋就是平局。

终极双人数独

有了上面的定义之后，现在介绍终极双人数独就很容易了。这是一个双人游戏，玩家就像在双人数独中一样走棋。输家要么是率先违规走棋，要么是走出的一步棋导致游戏后续只能在违规走棋的情况下才能继续下去。换句话说，谁率先走出违规棋步，或是导致游戏后续不可避免要出现违规棋步，谁就是输家，另一名玩家就是赢家。如果游戏没有分出胜负，换句话说，游戏一直进行到棋盘上布满了棋子，而且没有任何违规走棋，那游戏就是平局。

很显然，在终极双人数独游戏中，玩家通常需要一台电脑来识别出一个人走了败棋。因此，最好将它视为一个电子游戏。

写给博弈论者的说明

对不想玩游戏、只想分析游戏的博弈论者来说，这两款游戏也同样有趣。博弈论者喜欢问一个游戏的“解”是什么，或者更通俗地说，如果完美玩家来玩这个游戏的话，结果会是什么？根据德国数学家恩斯特·策梅洛在1912年证明的一个定理，对于此类游戏，如果由完美玩家进行游戏，那么每一次的结果都会是一样的。但是会是哪一个结果呢？对于某些游戏，我们知道答案是什么，而对于其他游戏，如国际象棋，我们不知道答案是什么。我想指出的是，就终极双人数独游戏而言，完美玩家最终总是以平局收场的。这款游戏不存在先手优势或劣势。确保平局的策略非常复杂（事实上，我也不知道是什么策略），因此作为一款室内游戏，虽然它的“解”是已知的，但这个游戏仍然很有意思。

证明如下。请注意，没有人能在第一步就输掉游戏。无论哪个数字被放在哪里，我们下一步总是可以拿起其他数字填到棋盘上，因此这两步棋都不会构成违规走棋。假设存在着第n步棋，走出这步棋的玩家会输掉游戏。我们刚刚已经证明过了，这个n一定大于1。这就意味着，无论玩家怎么走第n步棋，此后的对局如果不走出违规棋步的话就无法终结。请记住，参加游戏的是完美玩家。但这又意味着，第n–1步棋会使下出这步棋的玩家输掉游戏。这是自相矛盾的。也就是说，不存在导致玩家输掉的第n步棋。因此，游戏只能以平局结束。

如果完美玩家去玩双人数独的话，结果会是怎样的？答案不像终极双人数独那么简单，事实上我也不知道答案。

人名索引

乌沙·巴苏（Usha Basu），第XIV页

约翰·伊登斯尔·李特尔伍德（John Edensor Littlewood），第IX页、第XI页

哈代（G.H. Hardy），第XI页

斯里尼瓦萨·拉马努金（Srinivasa Ramanujan），第XI页

伍德豪斯（P.G.Wodehouse），第XIII页

般吉姆（Bankim），第XIII页

萨拉特·钱德拉（Sarat Chandra），第XIII页

伯特兰·罗素（Bertrand Russell），第XIII页、第064页、第094页、第170页、第228页、第247页、第318页、第319页

哈罗德·品特（Harold Pinter），第XIII页

西蒙·格雷（Simon Gray），第XIV页

阿拉卡·巴苏（Alaka Basu），第XIV页、第004页、第005页

苏普里约·德（Supriyo De），第XIV页

什维塔（Shweta），第XIV页

尼塔莎·德瓦萨（Nitasha Devasar），第XIV页

让·德雷兹（Jean Drèze），第IV页、第V页

阿吉特·米什拉（Ajit Mishra），第IV页

特里迪普·雷（Tridip Ray），第IV页

阿瑟·刘易斯（Arthur Lewis），第VII页、第130页
哈尔·范里安（Hal Varian），第VIII页
亚当·斯密（Adam Smith），第IX页、第139页、第141页、第191页、第225页、第238页、第242页
里昂·瓦尔拉斯（Leon Walras），第IX页
肯尼思·阿罗（Kenneth Arrow），第IX页、第103页、第114页、第115页、第116页、第117页、第124页、第125页、第242页
杰拉德·德布鲁（Gerard Debreu），第IX页、第116页
蒯因（W.V. Quine），第X页
卢梭（Rousseau），第010页
皮浪（Pyrrho），第010页、第111页、第112页
泰门（Timon），第010页
塞克斯都·恩披里柯（Sextus Empiricus），第010页、第112页
吉姆·科贝特（Jim Corbett），第015页、第017页、第018页
泰德·菲什曼（Ted Fishman），第020页
曾旺达（Wanda Tseng），第020页
斯蒂芬·科恩（Stephen Cohen），第020页
乔伊迪普·穆克吉（Joydeep Mukherji），第020页
马丁·沃尔夫（Martin Wolf），第020页、021页
曼莫汉·辛格（Manmohan Singh），第V页、第023页、第063页、第080页、第103页、第125页、第126页、第132页、第134页、第180页、第182页、第204页
奇丹巴拉姆（P. Chidambaram），第023页
卢·多布斯（Lou Dobbs），第025页
托马斯·西蒙斯（Thomas Simons），第026页

康多莉扎·赖斯（Condoleeza Rice），第026页

拉坦·塔塔（Ratan Tata），第044页

布兰科·米兰诺维奇（Branko Milanovic），第045页

克里斯·休斯（Chris Hughes），第045页、第046页、第047页

马克·扎克伯格（Mark Zuckerberg），第045页、第046页

雷沙德·卡普钦斯基（Ryszard Kapuscinski），第053页

希罗多德（Herodotus），第053页

马克斯·韦伯（Max Weber），第055页

桑吉夫·库马尔（Sanjeev Kumar），第056页

托马斯·卡莱尔（Thomas Carlyle），第058页

瓦西里·康定斯基（Wassily Kandinsky），第059页

加布里埃尔·穆特（Gabriele Munter），第059页

弗朗兹·马尔克（Franz Marc），第059页

雅夫伦斯基（Jawlensky），第059页

阿马蒂亚·森（Amartya Sen），第060页、第103页、第104页、第105页、第106页、第107页、第120页、第121页、第123页、第126页、第155页

家约西·泽拉（Yossi Zeira），第061页

吉迪恩·利维（Gideon Levi），第062页

阿米拉·哈斯（Amira Hass），第062页

普拉温·戈尔丹（Pravin Gordhan），第071页

阿里斯托蒙·瓦卢达吉斯（Aristomene Varoudakis），第076页

吉米·奥拉索（Jimmy Olazo），第077页

图伊拉埃帕（Tuilaepa），第077页

福穆伊纳（Faumuina），第077页

阿塔丽娜（Atalina Ainuu Enari），第077页

罗伯特·路易斯·史蒂文森（Robert Louise Stevenson），第078页

万妮亚·陶勒阿洛（Vanya Taule'Alo），第078页

策林·托杰（Tshering Tobgay），第082页

任达索·卡玛·乌拉（Dasho Karma Ura），第082页

吉格梅·凯萨尔·纳姆耶尔·旺楚克（Jigme Khesar Namgyel Wangchuck），第082页

金莱·多吉（Kinlay Dorjee），第082页

吉纳维芙·博伊罗（Genevieve Boyreau），第082页

乔·钱（Joe Qian），第082页

纳吉布·拉扎克（Najib Razak），第086页

辨喜（Swami Vivekananda），第088页、第090页、第168页、第247页、第290页

拉尼·拉什莫尼（Rani Rashmoni），第090页

斯瓦米·洛克斯瓦南达（Swami Lokeswarananda），第091页

拉古纳特·蒙达（Raghunath Munda），第093页

洛伦佐·德·美第奇（Lorenzo de' Medici），第095页

马里奥·比杰里（Mario Biggeri），第095页

安东尼奥·葛兰西（Antonio Gramsci），第098页

雅努什·科扎克（Janusz Korczak），第098页

迈克尔·梅内塞斯（Michael Menezes），第100页

亚历山大·弗莱明（Alexander Fleming），第102页

普拉桑塔·帕坦尼克（Prasanta Pattanaik），第103页、第106页、第107页、第108页、第125页

保罗·萨缪尔森（Paul A. Samuelson），第103页、第108页、第109页、第110页、第228页、第242页

贾瓦哈拉尔·尼赫鲁（Jawaharlal Nehru），第104页、第105页、第122页、第135页、第164页、第167页、第181页、第197页、第277页

约翰·梅纳德·凯恩斯（John Maynard Keynes），第108页、第130页、第210页

约翰·纳什（John Nash），第103页、第108页、第117页、第118页、第119页、第120页、第155页

罗伯特·索洛（Robert Merton Solow），第109页

苏克哈马伊·扎克拉瓦提（Sukhamoy Chakravarty），第110页、第123页、第125页

家姆里纳尔·达塔·乔杜里（Mrinal Datta Chaudhuri），第110页

乔蒂·巴苏（Jyoti Basu），第110页

萨特延德拉·纳特·玻色（Satyendra Nath Bose），第110页

苏巴斯·钱德拉·鲍斯（Subhas Chandra Bose），第110页

第欧根尼·拉尔修（Diogenes Laertius），第111页、第112页

布达戴布·巴塔查里亚（Buddhadeb Bhattacharya），第113页

尼鲁帕姆·森（Nirupam Sen），第113页

约尔根·韦布尔（Jorgen Weibull），第118页

阿比吉特·班纳吉（Abhijit Banerjee），第118页

约翰·海萨尼（John Harsanyi），第120页

赖因哈德·泽尔腾（Reinhard Selten），第120页

罗伯特·奥曼（Robert Aumann），第120页

罗杰·迈尔森（Roger Myerson），第120页
以赛亚·伯林（Isaiah Berlin），第120页
森岛通夫（Michio Morishima），第125页
阿肖克·米特拉（Ashok Mitra），第103页、第126页、第127页、第128页、第129页
普林·纳亚克（Pulin Nayak），第127页
拉贾·切利亚（Raja Chelliah），第127页
卡尔·夏皮罗（Carl Shapiro），第131页
乔治·阿克尔洛夫（George Akerlof），第131页
巴克哈·杜特（Barkha Dutt），第133页
阿塔尔·比哈里·瓦杰帕伊（Atal Bihari Vajpayee），第135页、第204页
特伯·玛塔（Tyeb Mehta），第136页
安杰丽·埃拉·梅农（Anjolie Ela Menon），第136页、第139页
侯赛因（M.F.Hussain），第136页
比卡什·巴塔查里亚（Bikash Bhattacharya），第136页
索萨（Souza），第136页
阿图尔·多迪亚（Atul Dodiya），第136页
安朱·多迪亚（Anju Dodiya），第136页
瓦昆塔姆（Vaikuntham），第137页
帕里托什·森（Paritosh Sen），第137页
拉克斯玛·高德（Laxma Gaud），第137页
拉鲁·普拉塞德·肖（Lalu Prasad Shaw），第137页
帕雷什·迈蒂（Paresh Maity），第137页

阿诺普·卡马特（Anoop Kamath），第137页
奈纳·卡诺迪亚（Naina Kanodia），第137页
桑杰·巴塔查里亚（Sanjay Bhattacharya），第137页
西凯罗斯（Siqueiros），第138页
迭戈·里维拉（Diego Rivera），第138页
弗里达·卡罗（Frieda Kahlo），第138页
阿姆丽塔·谢尔吉尔（Amrita Sher-Gil），第140页
赛义德·海德尔·拉扎（Syed Haider Raza），第139页
朱根·乔杜里（Jogen Chowdhury），第139页
阿巴宁德拉纳特·泰戈尔（Abanindranath Tagore），第140页
苏布拉曼亚姆（K.G. Subramanyam），第140页
穆罕默德·本·图格鲁克（Mohammad bin Tughlak），第148页
拉马林加·拉贾（B. Ramalinga Raju），第152页、第153页
伯纳德·麦道夫（Bernard Madof），第153页
查尔斯·庞齐（Carlo Ponzi），第153页
戴维·威尔逊（David Wilson），第161页
阿拉辛嘎（Alasingha），第168页
凯文·哈塞特（Kevin Hassett），第168页、第169页
米歇尔·巴切莱特（Michelle Bachelet），第173页
纳拉亚纳·穆尔蒂（Narayana Murthy），第182页
克劳斯·阿宾克（Klaus Abbink），第199页
乌特约·达斯古普塔（Utteeyo Dasgupta），第199页
拉塔·甘加达兰（Lata Gangadharan），第199页
塔伦·贾因（Tarun Jain），第199页
玛丽亚·伯林（Maria Berlin），第200页

秦蓓（Bei Qin），第200页

吉安卡·斯帕尼奥洛（Gianca Spagnolo），第200页

杰克·博格尔（Jack Bogle），第219页

马蒂·威茨曼（Marty Weitzman），第220页

希勒尔·斯泰纳（Hillel Steiner），第220页

理查德·弗里曼（Richard Freeman），第220页

马特·布鲁尼格（Matt Bruenig），第220页

约翰·怀亚特（John Wyatt），第223页

马丁·魏茨曼（Martin Weitzman），第224页

德布拉吉·瑞（Debraj Ray），第224页

罗伯特·霍克特（Robert Hockett），第224页

卡尔·莫恩（Kalle Moene），第224页

安东尼·奥古斯丁·古诺（Antoine Augustin Cournot），第225页、第242页

阿里斯托敏·瓦鲁达基斯（Aristomene Varoudakis），第234页

斯蒂芬·布雷耶（Stephen Breyer），第238页

胡果·格劳秀斯（Hugo deGroot），第239页

斯蒂芬·莫里斯（Stephen Morris），第242页

姆里纳尔·潘德（Mrinal Pande），第243页

斯瓦米·苏帕南达（Swami Suparnanda），第247页

希布拉姆·查克拉博蒂（Shibram Chakraborty），第251页、第256页

汤姆·斯托帕德（Tom Stoppard），第269页

田纳西·威廉斯（Tennessee Williams），第270页、第271页、第287页、第288页

哈比卜·坦维尔（Habib Tanvir），第272页

阿吉特什·班迪奥帕迪亚（Ajitesh Bandyopadhyay），第272页

维加伊·滕杜卡尔（Vijay Tendulkar），第272页

贾巴尔·帕特尔（Jabbar Patel），第272页

奥古斯都·波瓦（Augusto Boal），第272页

波·德瑞克（Bo Derek），第277页

迈克尔·拉德·兹沃林斯基（Michael Rudd Zwolinski），第332页

恩斯特·策梅洛（Ernst Zermelo），第335页

刊物索引

《美国经济评论》(*The American Economic Review*)，第VII页、第VIII页

《曼彻斯特学派》(*Manchester School*)，第VII页、第VIII页

《印度斯坦时报》(*Hindustan Times*)，第003页、第015页、第050页、第103页、第136页、第147页、第175页

BBC新闻在线（*BBC News Online*)，第003页、第035页、第050页、第147页、第175页

《小杂志》(*Little Magazine*)，第004页、第251页、第256页、第269页

《瞭望》(*Outlook*)，第009页

《印度快报》(*Indian Express*)，第015页、第050页、第103页、第187页

《纽约时报》(*The New York Times*)，第016页、第020页、第187页

《纽约时报杂志》(*The New York Times Magazine*)，第020页

《国际货币基金组织概览》(*IMF Survey*)，第020页

《金融时报》(*Financial Times*)，第020页

《信用周刊》(*Credit Week*)，第020页

《侦探》(*Private Eye*)，第021页

美国有线电视新闻网（*Cable News Network*，简称CNN），第025页

《印度经济统计手册》（*Handbook of Statistics on Indian Economy*），第029页

《2003—2004年经济调查》（*Economic Survey 2003—04*），第029页、第030页、第031页、第034页

《年国民账户统计》（*National Accounts Statistics*），第030页

《世界发展指数》（*World Development Indicators*），第035页

《印度时报》（*The Times of India*），第050页、第103页

《新秩序》（*L'Ordine Nuovo*），第098页

《经济杂志》（*Economic Journal*），第107页

《经济研究评论》（*Review of Economic Studies*），第107页

《经济理论杂志》（*Journal of Economic Theory*），第107页

《计量经济学》（*Econometrica*），第107页

《经济与政治周刊》（*Economic and Political Weekly*），第127页

《电讯报》（*The Telegraph*），第127页

《营商环境报告》（*Doing Business*），第159页、第171页、第172页、第173页

《今日印度》（*India Today*），第175页

《公共经济学杂志》（*Journal of Public Economics*），第199页

《经济学人》（*The Economist*），第209页